全国思政课名师工作室（临沂大学）建设项目
山东省思政金课"思想道德与法治"建设项目

"思想道德与法治"专题教学研究

杨志刚◎编著

新华出版社

图书在版编目（CIP）数据

"思想道德与法治"专题教学研究 / 杨志刚编著 .
北京 : 新华出版社 , 2024. 12.
　--ISBN 978-7-5166-7787-2
　Ⅰ . G641.6；D920.4
中国国家版本馆 CIP 数据核字第 2024G1Q220 号

"思想道德与法治"专题教学研究

作者：杨志刚

出版发行：新华出版社有限责任公司

（北京市石景山区京原路 8 号　邮编：100040）

印刷：河北赛文印刷有限公司

成品尺寸：170mm×240mm 1/16　　　**印张：**18.75　　**字数：**270 千字

版次：2024 年 12 月第 1 版　　　　　**印次：**2025 年 2 月第 1 次印刷

书号：ISBN 978-7-5166-7787-2　　　　**定价：**93.00 元

微店

视频号小店

抖店

京东旗舰店

请加我的企业微信

微信公众号

喜马拉雅

小红书

淘宝旗舰店

扫码添加专属客服

绪　论

立足新时代新征程，中国青年的奋斗目标和前行方向归结到一点，就是坚定不移听党话、跟党走，努力成长为堪当民族复兴重任的时代新人。一代人有一代人的长征，一代人有一代人的担当。新时代中国青年对先辈最好的告慰、对历史最大的负责，就是坚定走好新时代的长征路。

——《习近平在中国人民大学考察时强调 坚持党的领导 传承红色基因 扎根中国大地 走出一条建设中国特色世界一流大学新路》(《人民日报》2022年4月26日第1版)

"思想道德与法治"课程（简称"德法"课）是大学一年级学生必修的思想政治理论课程。"德法"课建设是中国特色社会主义进入新时代以后一直是党和国家特别关注的热点和焦点问题。在山东省教育厅支持下，临沂大学获得山东省思政金课"思想道德与法治"（临沂大学）建设项目，由杨志刚担任项目负责人，陆寒、杜玉奎、刘洪慧、王丽作为项目的主要参与人。在"金课"项目建设过程中，又吸纳思想道德与法治教研部的其他骨干教师加入，张业蕾、孔伟、孙士玲、杜纪伟、庄缇缇、张翠芹、胡瑞欣、许金丽、牛静静、王晓娟等，另外，临沂大学马克思主义学院的硕士研究生刘铭、李志慧、张敬畏等也参与了项目的建设工作。

临沂大学"德法"课教研团队按照"两分两专"（分课论治、分段主攻，专题教学、专家授课）课程建设理念和建设总思路，在教学研究与实践中，贯穿思政课教学全过程，取得了较好的教学效果和广泛的社会赞誉。"两分两专"理念，是在深入理解和全面把握五门思想政治理论课核心内容与基本框架的前提下，为提高课堂教学效果与教师授课能力而精心设计的一种创新性的改革路径,旨在实现教材体系向教学体系的有效转化。"分课论治"是针对不同思想政治理论课的教学目的而提出的策略;"专题教学"则根据思想政治理论课教师的通用教学方法进行规划;"分段主攻"则是基于不同思想政治理论课教师的学术专长而制定;"专家讲授"则是着眼于不同思想政治理论课教师的长远发展规划。"德法"课建设理念以问题为导向,以"两分两专"为统领,遵循"点—线—面"课程建设逻辑:回答一问题,深耕一专题;运用一方法,贯穿一观念;突出一主题,锻造一品牌;锻炼一团队,完成一书籍。如:以沂蒙深厚的孝文化底蕴和承担的国家社科基金课题为依托,形成"德法"课具有浓郁地域特色和文化涵养的特色专题,有效助力学生筑牢"五观"。本书就是"德法"课金课建设的最终成果,是"完成一书籍"的最终目标。

经过三年建设,我们形成了较为稳定的七大专题,每个专题结构体例一致,表述方式一致。

第一专题　天降大任:时代新人的使命担当,由杨志刚、张翠芹、庄缇缇编写;

第二专题　出彩人生:时代新人的人生追求,由刘洪慧、王丽、胡瑞欣编写;

第三专题　逐梦笃行:筑牢理想信念的基石,由孔伟、牛静静、刘铭编写;

第四专题　传承弘扬:兴国强国的精神力量,由陆寒、许金丽、李志慧编写;

第五专题　凝心铸魂:时代新人的价值追求,由张业蕾、杜纪伟、王晓娟编写;

第六专题　德润人心:时代新人的道德涵养,由杨志刚、张翠芹、庄缇缇编写;

第七专题　法安天下:治国安邦的圭臬准绳,由杜玉奎、孙士玲、张敬畏编写。

本书的七个专题如果从破解专题的思路和内容上看,每个专题的具体内容构成如下:

第一专题　天降大任:时代新人的使命担当,由三部分内容构成,一、时代之间:辨析历史方位;二、复兴大任:功成不必在我;三、立德知法:提升修为素养。

第二专题　出彩人生:时代新人的人生追求,由三部分内容构成,一、人生初见：探究人生观；二、洞若观火：正确人生观；三、同学少年：如何度此生。

第三专题　逐梦笃行：筑牢理想信念的基石，由两部分内容构成，一、沧海云帆：理想信念之思；二、志当高远：民族复兴之梦。

第四专题　传承弘扬：兴国强国的精神力量，由三部分内容构成，一、中国精神：强国之魂；二、爱国主义：民族大义；三、改革创新：远航动力。

第五专题　凝心铸魂：时代新人的价值追求，由三部分内容构成，一、共同追求：全民所向；二、坚定自信：核心价值；三、积极践行：勤修明笃。

第六专题　德润人心：时代新人的道德涵养，由三部分内容构成，一、道德之问：核心与原则；二、道德之果：吸收与借鉴；三、道德之行：修德与实践。

第七专题　法安天下：治国安邦的圭臬准绳，由四部分内容构成，一、社会主义法律：运行与特征；二、全面依法治国：战略与布局；三、国家根本大法：宪法与我们；四、自觉尊学守用：思维与素养。

如果把七个专题的核心要素提炼出来就是：天降大任彩人生，逐梦笃行自传承，凝心铸魂启心智，德润法安再长征。

目 录

天降大任：
时代新人的使命担当

新时代的中国青年要以实现中华民族伟大复兴为己任，增强做中国人的志气、骨气、底气，不负时代，不负韶华，不负党和人民的殷切期望！

——习近平：《在庆祝中国共产党成立100周年大会上的讲话》，（《人民日报》2021年7月2日第01版）

一、专题教学目的

本专题以党的二十大关于青年大学生"有理想、敢担当、能吃苦、肯奋斗"[①]的要求为核心，全面培育新时代好青年，肩负起民族复兴的重任。我们坚持这四个基本维度，对青年大学生在新时代新征程中所面临的机遇和挑战、责任和使命进行了深入剖析。以"天降大任"的视角，我们深入阐述了青年大学生在新历史方位和新发展起点中的角色定位。通过"时代之问：辨析历史方位"这一环节，我们明确了大学生所处的新阶段和新起点，并强调了他们应具备的"刚健自信、胸怀天下、担当有为"的品质要求。本专题还充分吸纳了习近平总书记在中国人民大学考察时的讲话、在北京大学师生座谈会上的讲话等内容，以确保广大青年大学生能够真正理解立志担当、勤奋学习、艰苦奋斗的真谛。此外，我们还以第二个百年奋斗目标的历史使命为导向，引导大学生深入思考在以中国式现代化全面推进中华民族伟大复兴的新征程中，他们所应承担的责任和担当。通过这一系列的阐述和引导，我们期望广大青年能够坚定不移地听党话、跟党走，怀抱梦想又脚踏实地，敢想敢为又善作善成。我们希望他们能够立志成为一个能够承载"天降大任"的新时代好青年，让青春在全面建设社会主义现代化国家的火热实践中绽放出绚丽之花。

二、专题设计思路

本专题总体思路是能够充分体现党的二十大报告精神，以问题为导向，按照"设计专题—突出问题—分析问题—调查研究—教师教研—理论支撑—课堂探讨—师生互动—专题总结"的思路进行。本专题要通过三个重点问题进行破解，第一，时代之问：辨析历史方位；第二，复兴大任：功成不必在我；第三，立德知法：提升修为素养。

在专题教学过程中，体现教材体系向教学体系的转化，注意自己的前期研究和回答学生们的问题。要将党的二十大报告有关新时代青年的发展要求、社会主

[①] 习近平：《高举中国特色社会主义伟大旗帜 为全面建设社会主义现代化国家而团结奋斗——在中国共产党第二十次全国代表大会上的报告》，人民出版社2022年版，第71页。

义核心价值观、中国共产党人精神谱系等内容与习近平总书记关于人生观、世界观、社会主义道德建设和法治建设等问题的新的重要论述有机融入教学，把专题理论之"准"放在基础性的位置。充分体现"专家授课"的理念，通过集体备课互相学习，整理搜集最新理论成果和材料案例，把新融入的新时代十年最新成就和贴近大学生的案例充分运用到实际教学中，力争把专题的内容活灵活现地展示出来，体现专题教学之"活"。此外，全面考虑新时代大学生的成长需求及接受特性，突破教材讲解中的关键难题，深化理论阐述，展现专题的深度与透彻。以此为契机，有力推动新教材的实施，切实提升教育教学的实际效果。在此基础上，专题教学活动的实施应注意以下几点：首先，明确立场、观点与方法，详尽阐述习近平新时代中国特色社会主义思想的世界观与方法论。其次，强调理论与实践的紧密结合，结合生动实践阐述党的最新理论成果。再次，坚持以学生为核心，提升教学的吸引力、亲和力和针对性。接着，善用"大思政课"，准确把握新教材知识点与社会大课堂的结合点。最后，立足我国，放眼世界，助力培养具有理想、担当、坚韧、奋斗的新时代青年。

针对新时代大学生的时代之问，我们需要深入辨析时代新人所处的历史方位。古人云："辨方位而正则"，这正是回答"时代之问：辨析历史方位"理论延续性的关键所在。新时代，作为理解当前所处历史方位的核心词汇，经过长期的奋斗，中国特色社会主义已经进入了一个崭新的时代。这一新时代意味着，中华民族在历经磨难后，终于从站起来、富起来走向了强起来，实现了伟大的飞跃，为中华民族的伟大复兴开辟了光明的未来。同时，这也意味着科学社会主义在 21 世纪的中国展现出强大的生机与活力，让中国特色社会主义伟大旗帜在世界上高高飘扬。此外，中国特色社会主义道路、理论、制度和文化也在不断发展，为发展中国家走向现代化提供了新的选择，为解决人类问题贡献了中国智慧和方案。因此，对于新时代大学生而言，理解并辨析自己所处的历史方位至关重要。

新时代大学生的使命担当，是我们需要深入探讨的重要课题。专题中，我们将深入探讨新时代大学生所肩负的历史使命。在这个时代背景下，"复兴大任：

功成不必在我"的现实紧迫性尤为突出。针对"复兴大任：功成不必在我"这一现实议题，我们将进行详尽的阐述，以揭示其紧迫性。我们需要深刻把握世界百年未有之大变局，深入理解新教材关于世界发展大势、科技发展潮流和不确定性发展态势的分析判断。"在全媒体时代，学生获取信息的途径更加多样化和便捷化，他们可以通过互联网搜索引擎、社交媒体平台、移动应用等渠道获取各种各样的信息和知识。"[①]首先，我们需要全面把握当前世界格局的深刻变化，深入理解新教材中关于世界发展大势、科技发展潮流以及不确定性发展态势的独到见解。同时，我们还要深入了解新时代中国发展的国情社情民情，引导"00后"大学生正确认识中国与世界。在此基础上，我们要对新时代中国的发展状况、社会民情进行深入研究，引导"00后"大学生形成正确的中国观和世界观。在批判鉴别中，我们需要明辨是非，善于在复杂的环境中保持清醒的头脑。只有这样，我们才能更好地增进学生的思考、丰富学生的体验、涵养学生的情怀。同时，我们也要注重丰富学生的实践体验，培养他们的社会责任感和家国情怀。我们致力于推动"00后"大学生全面发展，培养他们成为有理想、敢担当、能吃苦、肯奋斗的新时代优秀青年，为中华民族的伟大复兴贡献青春力量。我们的终极目标是促使他们成长为具有高尚品德、卓越才能和坚定信念的新时代好青年。

在新的时代背景下，大学生肩负着民族复兴的历史使命，这就要求他们必须具备高度的个人素质和修为。其中，"立德知法：提升修为素养"对于他们来说，是至关重要的。一个人的思想道德素质和法治素养，直接决定了其能否被社会接纳，并实现自身的价值。大学生的成长过程，就是其思想道德素质和法治素养不断提升的过程。思想道德素质是一个人内在品质的综合体现，反映了一个人的思想境界和道德风貌，对个人的健康成长和社会的发展进步起着重要的保障作用。而法治素养则是人们通过学习法律知识、理解法律本质、运用法治思维、依法维护权利和履行义务的能力，是人们尊崇法治、遵守法律的重要基础。对于新时代

---

① 丁瑞兆、措吉、周洪军：《全媒体时代高校思想政治教育研究》，新华出版社2023年版，第1页。

的大学生来说，良好的思想道德素质和法治素养是他们把握发展机遇、做好人生规划、书写时代华章的必备条件。因此，他们需要在日常的学习、生活和实践中，不断培养和锤炼自己的思想道德素质和法治素养，将其内化为自身的自觉行为，这样才能真正做到遵纪守法、德才兼备，为民族复兴贡献自己的力量。

三、专题理论支撑

（一）新时代方位论

在审视当前的历史阶段时，我们应聚焦于"新时代"这一核心概念。经过长期的奋斗，中国特色社会主义已经迈入了一个崭新的阶段。这一阶段是中华民族历经沧桑巨变后，实现由站起来、富起来到强起来的伟大跨越的重要里程碑，为民族复兴的壮丽蓝图奠定了坚实基石。同时，新时代更是科学社会主义在21世纪中国展现出旺盛生命力的辉煌时期，我们矢志不渝地高举中国特色社会主义伟大旗帜。此外，中国特色社会主义道路、理论、制度和文化持续创新发展，为发展中国家迈向现代化提供了全新路径，为解决全球性问题贡献了中国智慧与方案。

在新时代的开篇之际，我们肩负着传承历史、开创未来的重大责任。目前，我们正处于夺取新时代中国特色社会主义伟大胜利的重要阶段。这不仅是全面建成小康社会、进而推进社会主义现代化建设的决定性时期，也是全国各族人民团结一心、共同创造更美好生活的关键时期，逐步实现全体人民的共同富裕。此外，这更是全体中华儿女共同努力、实现中华民族伟大复兴中国梦的时代，同时也是我国为世界作出更大贡献的时代。

党的十八大以来，在奋进新时代的伟大实践中，以习近平同志为核心的党中央团结带领全国各族人民，完成了脱贫攻坚、全面建成小康社会的历史任务，实现了第一个百年奋斗目标，成功推进和拓展了中国式现代化。在习近平新时代中国特色社会主义思想的指引下，实现中华民族伟大复兴进入了不可逆转的历史进程。新征程上，中华民族追梦之路更清晰、筑梦之基更坚实、圆梦之策更精准，正在意气风发向着全面建成社会主义现代化强国的第二个百年奋斗目标迈进。今天，我们生逢中华民族发展的最好时期，拥有更优越的发展环境、更广阔的成长空间，比历史上任何时期都更接近、更有信心和能力实现中华民族伟大复兴的目标，同时必须准备付出更为艰巨、更为艰苦的努力。

中国梦，作为一个意义深远的概念，它不仅承载着厚重的历史与鲜明的现实，更预示着一个光明的未来。它是国家的梦想，民族的追求，更是每一个中国人的共同期望。中国梦的实现，离不开每一个个体的努力与奋斗，只有当亿万人民同心协力，才能汇聚成推动中国梦实现的强大力量。青年，作为民族复兴的先锋力量，他们的梦想与责任紧密相连。在历史的长河中，青年一代始终扮演着重要的角色。在革命战争年代，他们怀揣着革命理想，为争取民族独立和人民解放而英勇斗争。在社会主义革命和建设时期，他们积极响应党的号召，勇敢面对各种困难，保卫祖国，建设祖国，为新中国的繁荣富强作出了巨大的贡献。在改革开放和社会主义现代化建设新时期，青年一代再次展现出他们的担当与勇气，他们团结起来，发出振兴中华的时代强音，勇当改革先锋，为祖国的繁荣富强不懈探索，锐意创新。如今，在中国特色社会主义新时代的历史方位下，广大青年继续肩负起历史的使命，为实现民族复兴的伟大愿景而不懈努力，用他们坚实的臂膀承担起如山的责任，用青春和汗水谱写出新的辉煌篇章。

（二）青年担当论

青年是国家发展的动力之源，他们的蓬勃朝气和创新能力是国家兴旺的基石。青年一代具备远大理想、卓越能力以及强烈责任感，是国家前途和民族希望的体现。大学生作为国家重要的人才储备，承担着人民和历史的重托。我们必须肩负起历史赋予的使命，坚定信心，立志高远，锤炼品德，努力发挥自己的才华，勇担时代重任。我们要成为具备民族复兴重任的时代新人，用我们的青春活力为国家、为民族、为人民、为全人类的进步事业贡献自己的力量。

立大志，就是要树立崇高的理想信念，牢记自身使命，保持自信自励。理想信念是人生和事业的灯塔，指引我们的方向和立场，影响我们的精神状态和实际行动。青年人如果拥有远大的理想和坚定的信念，将成为国家与民族发展的强大驱动力。缺乏崇高的理想信念可能导致人的精神萎靡，使人的勇气、意志与毅力出现问题，容易受到不良思想行为的诱惑、误导、传染，难以成为时代的先锋，甚至可能被时代淘汰。

经过详尽规划与部署，关于全面建成社会主义现代化强国的具体任务、时间节点及实施路径已清晰呈现，其中明确指出了青年一代所肩负的历史重任、应当追求的奋斗目标以及未来的发展方向。作为中华儿女，大学生应为自己的身份感到骄傲和自豪，不断提升中国人的志气、骨气、底气。"通过学习和思考，掌握新知识，积累新经验，增长新本领，不断提高科学判断形势的能力，不断提高为人民服务的能力，不断提高总揽全局的能力。"[①] 他们必须确立正确的政治导向和崇高的人生目标，坚守对中国特色社会主义道路的坚定信念、理论的自信、制度的自尊和文化的自豪。大学生应将其理想信念根植于科学理论的理性认同，建立在对历史规律的深刻理解之上，以及基于对国家基本国情的精准把握之上。大学生应保持对理想信念的激情与执着，将实现中华民族伟大复兴的中国梦的历史使命内化为自觉的责任担当，付诸实际行动。他们应坚定不移地前行，矢志不渝、笃行不怠。

明大德，就是要锤炼高尚品格，崇德修身，启润青春。"重莫如国，栋莫如德。"青年引风气之先，其道德水准和精神风貌直接影响一个民族的文明素养。在恢宏壮阔的奋进路上，青春底色需要勤加擦拭，青春的璞玉离不开大德滋养。我们要建成的社会主义现代化强国，不仅要在物质上强，更要在精神上强。持久深沉的道德力量，对于大学生成长成才极为重要。只有将正确的道德观念内化于心、将自觉的道德行为外化于行、将积极的道德实践持续于恒，我们才能自觉地树立并践行社会主义核心价值观，以崇高的道德品质塑造自身，以坚实的道德基础稳固自我。唯有如此，我们青春的航船才能在波澜壮阔的人生海洋中破浪前行，行稳致远。在日常生活中，大学生须时常用真善美来雕琢自己，努力使自己成为品德高尚的人，同时积极带动他人崇德向善。面对变幻时势，要明辨是非、恪守正道，

---

① 丁瑞兆、措吉、周洪军：《全媒体时代高校思想政治教育研究》，新华出版社 2023 年版，第 2 页。

不人云亦云、盲目跟风；面对外部诱惑，应保持定力、严守规矩，用勤劳和诚实创造美好生活，拒绝投机取巧、远离自作聪明；面对幸福生活，应饮水思源、懂得回报，感恩党和国家，感恩社会和人民；面对时代使命，要体察世间冷暖、民众忧乐、现实矛盾，从中找到人生真谛、生命价值、事业方向。

成就大才，必须具备卓越的技能和才华，通过不懈的努力和全面的发展来实现。正如古诗所言："青春虚度无所成，白首衔悲亦何及。"提升自身技能与才华的持续努力，是确保青春绽放独特光芒的核心要素。大学生所具备的素质与技能水平，对于推动民族复兴的进程具有至关重要的作用。在这个日新月异的新时代，面对世界百年未有之大变局，知识的更新速度正在大幅缩短。因此，大学生应该具备技能不足的危机意识，以及对于自身能力不足的深切认识，我深感紧迫，因此我自觉加强学习，勤奋探索，勇于实践，全面发展，不断提升自己的综合素质和技能水平，以更好地适应工作需求和社会发展。

"学如弓弩，才如箭镞。识以领之，方能中鹄。"[1]大学生要下苦功夫、求真学问、练真本领，通过学习知识，掌握事物发展规律，丰富学识，增长见识，更好为国争光、为民造福。大学生需要珍惜时间，保持持续不懈的努力，专心致志地投入学习中去，同时还应把握重点，精选学习内容，实现广博与专精的结合。在构建坚实的知识基础的同时，还需保持对最新知识的敏感和更新。大学生应坚持对理论的深入钻研，同时积极掌握实用技能，既要从书本中学习，也要从实践和群众中汲取知识。在继承优秀传统的基础上，要面向现代，努力成为兼具广博知识和深厚专业技能的优秀人才。简而言之，大学生应将学习视为首要任务，确立以学习开启梦想、以能力成就事业的观念，让勤奋学习成为推动青春前行的动力，让不断增长的能力成为青春奋斗的源泉。

担大任，就是要有"天下兴亡，匹夫有责"的担当精神，讲求奉献，实干进取。"历尽天华成此景，人间万事出艰辛。"[2]青春的美景在于承担，青年所肩负的

---

① 本书编写组：《思想道德与法治》，高等教育出版社2023年版，第7页。
② 本书编写组：《思想道德与法治》，高等教育出版社2023年版，第8页。

责任是塑造其人生价值的基石。那些勇于承担的青年，是推动时代进步的中坚力量。站在新时代的中国，我们更需秉持使命，以奋斗的姿态前行。随着中华民族伟大复兴的脚步日益临近，我们所面临的挑战与困难也日益加重。大学生的担当精神，具体表现为对祖国的奉献、对人民的服务、尽心尽力的态度以及勇于担责的勇气。大学生应自觉树立国家、民族的责任意识，将个人命运与国家、民族的前途紧密相连，通过服务集体、社会和国家，实现个人理想与价值。同时，大学生应坚持实践导向，知行合一，追求真理与务实，勇于面对生活中的挫折与挑战，勤奋刻苦，磨砺意志，脚踏实地。此外，大学生应保持积极向上的精神状态，充满创新与变革的锐气，站在时代前沿，以创新的实践推动中国的发展，以奋斗的姿态彰显青春的力量，不负这个时代，不负这段美好的年华。

当代大学生所处的建功立业舞台无比辽阔，实现梦想的前景无比光明，每个人都有可能在中国梦的伟大实践中塑造自己的人生篇章。作为新时代的学子，必须坚定不移地遵循党的指引，紧随党的步伐，既要怀揣崇高的梦想，又要脚踏实地付出努力。他们应当敢于思考、勇于创新，同时善于实践、善于成就，立志成为充满理想、勇于担当、坚韧不拔、勤奋努力的新时代优秀青年。只有在全面建设社会主义现代化国家的伟大实践中，他们的青春才能绽放出最为绚烂的光彩。要成为担当民族复兴大任的时代新人，大学生应通过思想道德素质和法治素养的不断提升，切实提高思想觉悟、道德水准和文明素养，夯实全面发展的基础，展现新时代奋进者、开拓者、奉献者的新风貌和新姿态。

（三）青年"德法"论

人的本质是一切社会关系的总和。一个人要安身立命、成长成才、贡献社会，需要不断地调整自身与他人的关系，不断实现人的社会化。其中最为重要的，就是要正确认识自己、认识他人、认识社会，学习掌握运用道德和法律规范，正确调整自己的行为。

思想道德和法律都是调节人们思想行为、协调人际关系、维护社会秩序的重要手段。思想道德与法律，尽管在调节范畴、调节手段及调节目的上存有明显差异，但均为上层建筑之核心构成，二者相辅相成，共同服务于一定的经济基础。"徒善不足以为政，徒法不能以自行。"在我国，社会主义思想道德建设和法治建设紧密联系，相互补充、相互促进，为党和国家事业提供坚实的思想基础、精神支撑和制度保障。

在法治建设的过程中，思想道德建设起到了重要的思想指引和价值基础作用。思想道德不仅为法律的制定、发展和完善提供了价值准则，而且是社会主义法律正当性和合理性的关键支撑。此外，思想道德还能够激发人们自觉遵守、学习、尊重和应用法律，从而维护法律的权威性。在调整社会关系方面，思想道德的方式和范围更加广泛和灵活，与法治建设相辅相成，共同促进了社会的和谐稳定。

同理，法治建设也为思想道德建设提供了必要的制度支撑和法律保障。通过确认思想道德的基本原则，法治建设为思想道德建设提供了国家的强制力保障。科学的立法和民主的立法过程，使得思想道德得以有机地融入法律体系，使法律具有明确的道德导向，从而实现了良法善治的目标。严格的执法和公正的司法实践，有助于维护社会的公平正义，弘扬真善美，打击假恶丑，确保思想道德要求在实际中得到切实执行。此外，全民普法和全民守法活动的推广，也有助于提高人们的法律素养和思想道德水平，引导人们自觉履行法定义务，承担家庭责任和社会责任。

四、专题问题聚焦

在时间的洪流中，每一代青年都需直面时代的挑战，提交属于他们的答卷。我们身处的这个时代，既彰显了中国特色社会主义的鲜明特色，也为广大青年学生提供了成长、成才的宝贵机遇。这个时代，既是中国近代以来最繁荣昌盛的时期，也是实现民族伟大复兴的关键阶段。作为与新时代共同进步的一代，我们青年既享有无限的发展可能，也承担着前所未有的历史重任。为了不辜负这个伟大的时代，当代大学生应树立远大的理想，勇于担当，不怕困苦，坚持不懈，全面提升自身的思想道德素质和法治观念。只有这样，我们才能真正成为新时代的栋梁之材，为民族复兴的伟大事业贡献青春的智慧与力量。通过本专题的讲授、分析和研讨，我们要明晰以下几个问题。

（一）什么是新时代？有何特点？

新时代是对我们当前历史位置的精准诠释。经过多年的不懈努力，中国特色社会主义已迈入崭新的发展阶段。这标志着历经沧桑的中华民族实现了由站起来、富起来到强起来的历史性跨越，展望了实现中华民族伟大复兴的宏伟蓝图；这展示了科学社会主义在 21 世纪的中国焕发出勃勃生机，为全球范围内高举中国特色社会主义伟大旗帜树立了光辉典范；这反映了中国特色社会主义道路、理论、制度、文化的持续进步，为发展中国家探索现代化道路提供了新路径，为那些渴望加速发展同时保持自主性的国家和民族提供了全新选择，为解决全球性问题贡献了中国智慧和中国方案。在这个新的历史阶段，我们肩负着承前启后、继往开来的重任，致力于在新的历史条件下进一步推进中国特色社会主义伟大事业。这是一个决胜全面建成小康社会的关键时期，同时也是全面建设社会主义现代化强国的崭新阶段。在这个阶段，全国各族人民紧密团结，共同奋斗，致力于创造更加美好的生活，并逐步实现全体人民的共同富裕。同时，这也是全体中华儿女齐心协力、共同追求中华民族伟大复兴中国梦的重要时期。我们致力于将中国建设成为一个更加强大、更加繁荣的国家，为人类社会的进步和发展作出更大的贡献。在这个过程中，我们将继续秉持严谨、稳重、理性的态度，以官方和正式的语言风格，推动国家的发展和进步。

新时代是指当前我们所处的历史时期，它是在经济、政治、科技、文化等多个领域都发生了深刻变革的一个时代。新时代的特点主要体现在以下几个方面：

新时代的经济发展呈现出新的特点。随着全球化的加速和信息技术的快速发展，新经济、新产业、新业态不断涌现，数字经济、共享经济、绿色经济等新型经济形态逐渐成为主导。同时，创新驱动成为经济发展的重要动力，创新链、产业链、资金链、人才链深度融合，推动了经济持续健康发展。新时代的政治发展也呈现出新的特点。民主法治建设不断加强，公民权利得到更好保障，社会公平正义得到更好维护。同时，国家治理体系和治理能力现代化水平不断提升，政府服务更加便捷高效，人民群众的获得感、幸福感、安全感不断增强。新时代的科技发展也呈现出新的特点。人工智能、大数据、云计算、物联网等新一代信息技术快速发展，深刻改变了人们的生产生活方式。同时，科技创新与产业融合不断加速，推动了产业转型升级和高质量发展。新时代的文化发展也呈现出新的特点。文化多样性得到更好尊重和保护，文化交流互鉴更加频繁和深入。同时，文化创新创造不断涌现，文化产业成为国民经济的重要支柱，推动了文化强国建设不断取得新进展。总之，新时代是一个充满变革、创新、发展的时代，它涵盖了经济、政治、科技、文化等多个领域。在这个时代里，我们需要不断适应变革、勇于创新、积极进取，为实现中华民族伟大复兴的中国梦贡献自己的力量。

（二）新时代与大学生的关系是什么？

新时代与大学生的关系可以说是紧密而深远的。新时代，特指当前我们所处的这个信息化、全球化、知识化高速发展的时代，这个时代带来了前所未有的机遇和挑战，对于正在接受高等教育的大学生来说，这种关系表现得尤为明显。新时代为大学生提供了前所未有的学习和发展机会。随着信息技术的飞速发展，大学生可以通过网络获取到海量的知识和信息，可以随时随地进行学习，这不仅拓宽了他们的知识视野，也提高了他们的学习效率。同时，新时代也为大学生提供了更广阔的发展空间，他们可以接触到更多的领域，有更多的机会去尝试和探索，找到自己真正感兴趣的领域和擅长的方向。新时代也对大学生提出了更高的要求。在这个知识更新速度极快的时代，大学生必须具备快速学习、持续学习的能力，才能在激烈的竞争中脱颖而出。此外，新时代也要求大学生具备更强的创新意识和创新能力，能够独立思考，敢于挑战传统，勇于探索未知。

（三）怎样认识自己所在的学校？

认识自己所在的学校，不仅是对学校的基本情况的了解，更是对学校文化和精神的领悟。学校，作为学生生活的重要组成部分，其影响力深远而持久。我们要了解学校的基本情况。这包括学校的历史、办学理念、教学设施、师资力量等。学校的历史可以告诉我们这所学校的成长轨迹，办学理念则反映了学校的教育目标和社会责任感。教学设施和师资力量则直接关系到我们的学习效果。通过了解这些情况，我们可以对学校有一个初步的认识。我们要深入体验学校的文化和精神。学校的文化和精神是学校的灵魂，是学校在长期的办学过程中形成的独特气质和价值观念。我们要通过观察学校的校园环境、课堂氛围、师生互动等方式，去感受学校的文化和精神。在这个过程中，我们要注意发现和欣赏学校的优点和特色，同时也要对学校存在的问题和不足保持清醒的认识。我们要积极参与学校的各项活动。学校的各项活动是学生展示自我、锻炼能力、提升素质的重要平台。通过参与活动，我们可以更深入地了解学校的文化和精神，同时也可以结交更多的朋友，拓宽自己的视野和交际圈。

临沂大学，这所综合性大学，坐落在充满历史底蕴的山东省临沂市。临沂市不仅是商贸物流的中心，更是滨水生态之城、红色旅游城市、全国文明城市。临沂大学多学科协调发展，特色鲜明，涵盖经、法、教、文、史、理、工、农、医、管、艺等多个学科领域。作为山东省应用型本科高校建设的首批支持高校和山东省应用型人才培养特色名校，临沂大学被教育部评为"本科教学工作水平评估优秀高校"。作为沂蒙革命老区唯一的综合性大学，临沂大学的历史可以追溯到1941年，当时得到了中国抗日军政大学第一分校的大力支持。历经滨海建国学院、临沂第一师范、临沂教师进修学校、临沂教育学院、临沂师专、临沂师范学院等多个发展阶段，终于在1998年开始本科办学。2010年，经教育部批准，学校更名为临沂大学。2018年，临沂大学获得硕士学位授予单位的资格。临沂大学始终坚守传承红色基因、弘扬沂蒙精神的使命，致力于培育时代新人。学校的校训是"明义、锐思、弘毅、致远"，校风则以"实"为特色。这些传统和特色，形成了临沂大学"有信仰、能吃苦、善创新、敢担当、乐奉献"的独特品质和"团结包容、崇实尚贤、艰苦创业、勇于争先"的精神。学校为党和国家培养了37万余名优秀毕业生，这些毕业生不仅继承了革命老区大学的红色基因，还展现了鲜明的办学特色。进入"十四五"时期，临沂大学以习近平新时代中国特色社会主义思想为指导，全面贯彻党的教育方针，落实立德树人根本任务。学校确立了"一二三五六"

的总体思路，即树立"一个奋斗目标"，遵循"两高两有"工作方针，实施"三大办学战略"，采取"五大行动"和推进"五大工程"，坚持"六大原则"和实现"六个转变"。这些举措旨在坚守为党育人、为国育才的初心，聚焦内涵式高质量发展，不断谱写"区域一流、省内一流高水平综合性应用型大学"建设的新篇章。

（四）新时代对大学生有何要求？

新时代要求大学生具备更加全面的知识和技能。随着科技的不断进步和创新，各行各业对于人才的需求也在不断地变化。因此，大学生需要不断地学习和更新自己的知识和技能，以适应社会的需求和变化。同时，还需要具备跨学科的知识和能力，以便更好地应对未来社会的发展和变化。新时代要求大学生具备更强的创新意识和创新能力。创新是推动社会进步和发展的重要动力，也是大学生必备的核心素质。大学生需要具备独立思考和创新的能力，能够发现和解决问题，提出新的想法和方案，为社会的发展和进步作出贡献。新时代要求大学生具备更强的团队合作和沟通能力。在未来的工作和生活中，团队合作和沟通能力是必不可少的。大学生需要学会与他人合作，善于沟通和协调，能够处理人际关系和合作中的问题，以达到更好的合作效果。新时代要求大学生具备更强的社会责任感和使命感。作为新时代的青年，大学生需要积极承担社会责任，关注社会问题和公益事业，为社会作出自己的贡献。同时，还需要具备坚定的信仰和使命感，为国家和民族的繁荣和发展贡献自己的力量。

中国梦既承载历史的厚重，又展现现实的活力，更承载未来的憧憬；它既是国家的梦，也是民族的梦，更是每一个中国人的梦。只有当每个人都为实现这个美好的梦想而不懈奋斗，才能汇聚起强大的力量，共同推动中国梦的实现。青年作为实现民族复兴的重要力量，他们的梦想始终与肩负的振兴中华的责任紧密相连。在革命战争年代，青年一代怀揣着革命理想，勇敢地为民族独立和人民解放而奋斗，甚至不惜牺牲自己的生命。在社会主义革命和建设时期，青年们积极响应党的号召，迎难而上，保卫祖国，建设祖国，在新中国的广阔天地中挥洒汗水，艰苦创业。在改革开放和社会主义现代化建设的新时期，青年一代再次挺身而出，发出振兴中华的时代强音，他们争当改革先锋，为祖国的繁荣富强不懈努力，锐意创新。如今，在中国特色社会主义新时代，广大青年继续接过历史的接力棒，为实现民族复兴的历史使命矢志不渝。他们不仅用臂膀扛起沉重的责任，更用青春和汗水创造出新的辉煌。每一代青年都在自己的时代里，为实现中国梦贡献着自己的力量。

（五）时代新人应具备什么能力素质？

青年是国家发展的基石，他们的成长和进步直接关系到国家的繁荣和强盛。只有当青年一代具备远大的理想、扎实的本领和勇于担当的精神，国家才能拥有光明的前途，民族才能充满希望。大学生作为国家的宝贵财富，承载着人民的期望和历史的重任。我们应当牢记自己的使命，坚定信心，追求崇高的理想，培养高尚的品德，努力成为才华横溢的人才，承担起推动社会进步和民族复兴的重大责任。让我们将青春的热情和智慧投入到为祖国、为民族、为人民、为人类的奋斗中，为实现中华民族伟大复兴的中国梦贡献我们的力量。

为了成为能够肩负起民族复兴重任的新时代青年，大学生应致力于持续提高思想道德素质和法治素养，从而切实增强自身的思想觉悟、道德标准和文明程度。这样的提升不仅为个人的全面发展奠定了坚实基础，更展现出了新时代奋进者、开拓者和奉献者的崭新风貌与姿态。人的本质在于其社会关系的总和。为了在社会中立足、成长并为社会作出贡献，个体需要不断地调整自身与他人的关系，以实现人的社会化进程。在这一进程中，至关重要的是要正确认知自我、他人以及社会，学习和运用道德及法律规范，以指导并规范自身行为。

五、专题延伸内容

（一）本专题与新教材关系梳理

本专题是"德法"课系列专题的第一个，对应教材的绪论部分，本专题以新教材为蓝本和基础对教材内容进行专题化阐释。本专题呈现的书写体例与其他六个专题一致。专题采用了"专题名称：标题内容""习语"以及七个板块构成，七个板块分别是："专题教学目的""专题设计思路""专题理论支撑""专题问题聚焦""专题延伸内容""相关习题解析""专题参考资料"。专题阐释继续保留教材的可读性、丰富内容，同时突出了专题"专精深"的特点，强调了学理性阐释和问题意识为导向。专题能够体现与学生的互动感，体现专题的典型性、时代感和吸引力。

首先，我们应将党的最新理论成果融入专题教学，确保习近平新时代中国特色社会主义思想在课堂中的全面覆盖，并深刻影响学生的思想。对于当前青年大学生关注的热点问题，例如"躺平"现象，我们需要给予积极回应和引导。引入习近平总书记教育广大青少年朋友时所讲的："社会主义是拼出来、干出来、拿命换来的，不仅过去如此，新时代也是如此。"① 我们可以警示青年大学生要保持艰苦奋斗的精神，拒绝躺平的生活态度，理解只有通过不断奋斗才能实现个人价值和社会发展。

在撰写专题时，我们需要充分考虑整体的统一性，不仅要关注每个专题本身的完整性，还要关照到所有专题之间的关联性和协调性。为了实现这一目标，我们首先对7个专题进行了全面的梳理和分析，确保它们在主题、内容和结构上都有明确的定位和划分。同时，我们还特别注意到了这7个专题所涵盖的32个分专题的统一性，确保每个分专题都能为主题服务，并且相互之间不会出现重复或矛盾。在具体操作中，我们采取了多种方法来保证整体性和统一性。首先，我们对每个专题进行了深入的研究和分析，充分挖掘其内在的联系和规律，从而确保每个专题的独立性和完整性。其次，我们加强了对各专题之间关联性的研究，寻找它们之间的内在联系和逻辑关系，以便更好地将它们整合在一起。此外，我们还特别注重了对32个分专题的整合和优化，确保它们在内容上相互补充、相互呼应，共同构成了一个完整的专题体系。

为了更好地实现整体性和统一性，我们还借助了一些工具和方法。例如，我们使用了思维导图等工具来梳理各专题之间的关系和结构，从而更加清晰地把握

---

① 习近平：《在陕西延安和河南安阳考察时强调 全面推进乡村振兴 为实现农业农村现代化而不懈奋斗》，《人民日报》2022年10月29日。

整体脉络。同时，我们还利用了一些项目管理软件来协调各专题之间的进度和协作，以确保整个撰写过程的顺利进行。通过这些工具和方法的应用，我们不仅提高了工作效率，还进一步保证了整体性和统一性。

为了更好地理解和应用党的二十大报告中的最新表述，我们应当在实践中充分融入这些理念和思想。在党的二十大报告中，提出了许多新思想、新论断和新要求，这些内容不仅反映了我们党对于当前形势和任务的深刻认识，也为我们今后的工作指明了方向。我们要深入学习党的二十大报告中的最新表述，全面把握其内涵和实质。这些新表述涵盖了政治、经济、文化、社会、生态文明建设等多个领域，既有对过去工作的总结，也有对未来发展的规划。通过深入学习，我们可以更好地理解这些新表述的背景和意义，从而更好地将其融入实际工作中。我们要结合实际情况，将这些新表述转化为具体的专题内容和教学工作措施、行动方案。在实践中，我们要紧密结合学生的实际情况，将这些新表述与日常工作相结合，制订出切实可行的工作计划和措施。同时，我们还要注重创新，积极探索符合实际情况的新思路和新方法，推动各项工作取得实效。充分融入党的二十大报告中的最新表述是我们每个人的责任和使命。通过深入学习、结合实际、加强宣传等方式，我们可以更好地将这些新表述融入专题教学中，为实现中华民族伟大复兴贡献自己的力量。

通过实施一系列措施，我们将进一步丰富专题中党的最新理论成果的展示形式。我们将引入更多鲜活、具体的实例和论据，以帮助学生深化对思想理论的理解。这些实例和论据将来自现实生活中的实际案例，以及历史上的经验和教训。通过这些具体的事例，学生可以更好地理解理论知识的实际应用和意义。同时，我们强调培养学生的独立思考能力和批判性思维。我们将引导学生正确分析和看待各类社会现象和问题，让他们学会从多个角度思考问题，不盲目接受表面的信息和观点。通过这样的培养，学生将具备独立思考的能力，能够自主判断是非曲直，形成自己的见解和判断。此外，我们还将注重培养学生的实践能力和创新精神。我们将鼓励学生积极参与社会实践和创新创业活动，让他们在实践中锻炼自己的能力和技能，发现自己的潜力和特长。通过这样的实践和创新，学生将能够更好地适应社会发展的需要，为未来的发展打下坚实的基础。

总之，通过实施上述措施，我们将进一步丰富专题中党的最新理论成果的展示形式，引入更多鲜活、具体的实例和论据，助力学生深化对思想理论的理解。同时，我们强调培养学生的独立思考能力和批判性思维，引导他们正确分析和看待各类社会现象和问题。通过这样的培养和教育，学生将能够更好地适应社会发展的需要，为实现中华民族伟大复兴贡献自己的力量。

二是更新辅助材料的相关内容和数据，重点突出新时代十年（2012—2022）的新实践和新成就，以新时代中国特色社会主义建设的伟大成就为契机，对青年大学生进行深刻的教育。通过32个具体专题，全面反映了新时代十年的历史性变革和历史性成就，明确了大学生所处的新历史方位和新发展起点。为增强专题教学的时效性和深度，还新增了有关新时代"公民道德建设""《民法典》的颁布实施"等方面的内容，这些内容充分展示了新时代十年法治中国建设的成果和经验。这些更新举措不仅使辅助材料更具时代感，而且充分展现了新时代十年辉煌成就的全貌，对于激发青年大学生的自豪感、自信心和责任感、使命感具有积极意义。

我们坚信，通过深入学习和理解这些内容，青年大学生们将能够更清晰地认识自己在新时代的历史重任，为实现中华民族的伟大复兴而不懈努力，贡献自己的智慧和力量。

（二）如何理解中华优秀传统文化和道德规范

中华优秀传统文化内涵丰富，博大精深。要全面理解和把握这一文化，需从其核心思想理念、历史文明进程以及经典文艺创作三个维度进行深入探讨。核心思想理念作为中华优秀传统文化的灵魂，是指导人们社会生活和价值取向的重要思想基础。这些理念涉及对自然、人类、国家、道德等重大命题的深入思考，如天下为公、民为邦本、为政以德等理念，共同构筑了中华文明的宇宙观、天下观、社会观和道德观。这些理念不仅代表了中华文化的精神底色和精神标识，更需要在新的历史条件下不断继承、弘扬和创新。中华文明的历史进程则是中华优秀传统文化的具体体现。这一历史进程中，涌现出许多深切著明、波澜壮阔的历史实践，如履仁蹈义、握发吐哺等故事，都体现了核心思想理念在实践中的伟大力量。要真正理解中华优秀传统文化的品格和实践伟力，必须深入了解中华文明的历史渊源，以推动其创造性转化和创新性发展。经典文艺创作是中华优秀传统文化的生动形象。通过诗歌、小说、书画等文艺形式，人们能够更直观地感知和了解核心价值理念和历史文明。这些经典作品如《望岳》《将进酒》《三国演义》《水浒传》《祭侄文稿》《千里江山图》等，都以独特的艺术形式展现了中华优秀传统文化的精神面貌和美学风范。综上所述，中华优秀传统文化是一个多维度的文化体系，需从核心思想理念、历史文明进程以及经典文艺创作等多个角度进行深入研究和理解。只有这样，我们才能真正把握这一文化的精髓和价值，并在新的历史条件下为其注入新的活力。

对于"优秀"的理解，关键在于深入探究中华优秀传统文化的内涵。只有明确何为优秀，我们才能更好地提炼其精华，去其糟粕，推动中华优秀传统文化的创新性发展。这样，我们才能真正将"第二个结合"落到实处。优秀文化具有持久的影响力，时间不仅不是它的负担，反而是检验其价值的试金石。在某些人的观念中，对传统文化持有固定的偏见，简单地将传统文化视为封建落后的遗留产物而加以排斥。然而，实际上文化具有多样性，优秀的文化并不受限于特定的社会形态。甚至在某些社会形态相对落后的环境中，优秀文化仍能孕育而生，并最终超越其时代。以马克思所引述的希腊神话为例，它是世界公认的文化经典。尽管其创作基础在工业革命后已不复存在，但其精髓——借助想象征服自然力、支配自然力，以及将自然力形象化的精神——却能跨越时代的界限，为后世的人们提供审美的滋养。这充分说明，文化的优秀与否并非与物质基础的一般发展成比例，而在于它能否超越某一特定时代，持续地为人类生存与发展提供精神动力。正如总书记所言，历史进程中积淀的优秀文化传统，绝不会因时间的流逝而变得落后。时间是一把检验某一文化形态及其具体表现形式价值的试金石。如果一种文化随着时间的推移逐渐消失在历史长河中，那么它很难被称为优秀；而如果它经受住时间的考验，传承不息，被历史铭记，得到人民的认同和热爱，并积淀为世代相传的价值观念和文化心理，那么它无疑是优秀的。

中华文化具有强大的变革力，其源远流长、生生不息的重要驱动力在于守正创新。中华文化能够历久弥新、传承不息，根本原因在于它能够直面时代变迁，回应时代关切，在坚守正道的基础上不断创新。早在夏商周时期，三代的礼乐制度就是在传承中不断损益变革的。到了春秋战国，礼崩乐坏，诸子百家纷纷提出新主张、新思想，用以救世安邦。汉代之后，大一统王朝需要统一的思想学说来维系，汉唐经学应运而生。中唐以后，为了应对经学僵化，儒学的心性之维被重新发现，以至宋明理学擅场绝伦。明清以降，为了矫正空谈性理的弊端，经世致用之学纷至沓来。在文学领域，不同风格体式竞相登场，正变、尊卑交错互动。雄浑豪迈的唐诗写到极致之后，转现出婉约蕴藉的宋词；宋词雅化到了一定程度，俗趣盎然的元曲悄然而兴。可以说，中华文化史的主脉就是一部守正创新的历史。中华文化的这一基因，不仅成就了传统文化中的优秀内容，而且汇入了革命文化和社会主义先进文化建设的洪流之中，使中华文化嬗变而不离其宗，日新而不失其正。从传统文化的各类糟粕中反思，大抵由于脱离正宗正道，因循僵化而未能变革，以致堕落衰朽。比如，在古代社会条件下，君臣父子本为各慎其德所设，却逐渐堕入专制统治的理论依据而不能自新；阴阳观念本为体察天地之道而生，却不免附丽于性别压迫的话语魅惑而难以自拔；科举制度本为打破贵族特权所设，却逐渐堕入寻章摘句的陈腐套路而钳制思想。历史上的正反两方面经验，无不昭示着守正创新乃是塑造和判别优秀文化的关键所在。

中华文化以其广泛包容性为特色，多元一体构成了其内在的独特气质。在追溯中华文明的历史源头时，我们可以看到各区域文化各自绽放，展示出其独特魅力。这些文化在交流互动中，信仰、知识、生产生活方式等元素逐渐紧密相连，形成了以中原为核心、周边区域多元共生的基本格局，被誉为"重瓣花朵"。

这种多元一体的文化格局，经过长期的演变，在周秦之际得以整合和定型。

其中，思想文化的多元一体性表现得尤为显著。春秋战国时期的百家争鸣，为中华文化史上铸就了一个黄金时期；而从诸子时代到经学时代的转变，则标志着文化由多元向一体的整合。

值得注意的是，儒术的独尊并不意味着对其他学派的打压。在两千年的时间里，儒道、儒法、儒墨、儒释等学派之间的交流互鉴，不仅推动了儒学的创新发展，也促进了本土儒家与外来思潮的融合。最终，这些学派都融入了多元一体的中华文化之中。

回顾中华文化的发展历程，我们可以看到，充分发挥"多元一体"的特质、创造开放包容的文化环境，往往能推动文化的繁荣兴盛，促使优秀的文化成果不断涌现。反之，如果处理不好"多元"和"一体"的关系，无论过于分散缺乏核心，还是看似一体却实则单调无味，都无法产生具有深远意义的优秀文化成果。

总结来说，优秀文化的特质主要表现在其超越时代的永恒魅力、守正创新的辩证基因以及多元一体的综合禀赋。对于这些具备显著优秀特质的传统文化，我们理应予以尊敬、继承，并持续地发扬光大。而对于那些特质并不显著的传统文化，特别是那些与当代渐行渐远的文化遗存，我们至少应该怀有一种了解之同情。在此基础上，我们需要进一步深入总结传统文化在演进过程中的功过与得失，从而为当代文化建设提供宝贵的历史借鉴。

（三）新时代中国青年的历史使命

在新时代的历史征程中，中国共产党的核心使命是引领全国各族人民共同努力，全面建成社会主义现代化强国，达成第二个百年奋斗目标。这一宏伟目标不仅为新时代的中国青年指明了奋斗方向，更是青年们肩负的历史重任。作为新时代的青年，我们必须深刻理解和把握中国式现代化的本质特征、核心要义和基本原则，树立起坚定的历史自信、自觉和主动。同时，我们要以中国式现代化对青年群体的期待为镜鉴，审视自身不足，以时不我待的历史责任感积极提升自身素质，努力成为推动中国式现代化的先锋力量。坚持大历史观，坚定对中国式现代化的科学认知、情感认同和行动自觉，是新时代中国青年必须坚守的重要原则。

大历史观作为马克思主义的方法论,有助于我们透过纷繁复杂的历史和社会现象,洞察历史的本质和规律。因此,我们要从更长远的历史视角、更宽广的社会领域、更全面的历史材料和更详细的事件细节中,以系统观念、全局意识和战略思维来把握历史的主流和本质。只有这样,我们才能更好地完成新时代赋予的历史使命,为实现中华民族伟大复兴的中国梦贡献青春力量。

习近平总书记曾深刻指出:"社会主义是拼出来、干出来、拿命换来的,不仅过去如此,新时代也是如此。"[①]中国式现代化是我们党领导全国各族人民经过长期探索和实践,付出了巨大代价和艰辛努力取得的重大成果,是大历史观的科学运用,符合社会发展的客观规律。因此,对于新时代的中国青年来说,认清中国式现代化的历史大势、把握历史主动、融入历史进程,始终站在历史正确的一边,是一项重要的历史使命。我们要强化对中国式现代化是中国共产党领导的社会主义现代化的理论认同。全面推进中华民族伟大复兴,需要青年一代坚定不移地听党话、跟党走。党的领导决定了中国式现代化的根本性质,直接关系到中国式现代化的发展方向、前途命运和最终成败。在中国共产党的坚强领导下,我们仅用几十年时间就完成了西方发达国家几百年才完成的工业化历程,创造了经济快速发展和社会长期稳定的奇迹,以及人类文明史上人口大国成功应对疫情大流行的奇迹。这是中国共产党长期有效执政的最大合法性来源、最大民意基础和物质基础,也是中国式现代化的最大底气。

根据国家统计局公布的数据,2022 年我国人均国内生产总值(GDP)达到了 85698 元,较上年增长 3.0%。按照年平均汇率折算,人均 GDP 达到 12741 美元,连续两年保持在 1.2 万美元以上。世界银行报告显示,2013—2021 年,中国对世界经济增长的平均贡献率达到了 38.6%,对全球减贫贡献超过 70%。联合国开发计划署发布的《2021—2022 年人类发展报告》表明,全球人类发展指数(HDI)连续两年出现倒退下降,超过 90% 的国家在 2020 年或 2021 年呈现下降

① 习近平:《习近平在陕西延安和河南安阳考察时强调 全面推进乡村振兴 为实现农业农村现代化而不懈奋斗》,《人民日报》2022 年 10 月 29 日。

趋势；而连续两年下降的国家占比达到 40% 以上。然而，在 HDI 普遍下降的全球背景下，中国 HDI 由 2019 年的 0.761 提升至 2021 年的 0.768，实现了逆势增长。在新时代，中国青年应深刻理解历史结论和现实成就中体现的党的领导的合法性、合理性、正当性和规律性，增强对党的基本理论、基本路线、基本方略的政治认同、思想认同和情感认同。同时，应更加深刻领悟"两个确立"的决定性意义和历史必然性。

在新时代的征途上，中国青年肩负着不可推卸的历史使命。必须坚定地站在党的领导下，以高度的政治自觉和战略眼光，有效防范和抵御国内外敌对势力的意识形态渗透和"认知战"等破坏行为。这些势力试图通过散播谣言、混淆视听等手段，干扰和阻碍我国现代化的稳健进程。他们企图否定中国共产党的领导，解构中华优秀传统文化，诋毁中华民族的伟大精神和文明传承，甚至利用"政治正确"议题冲击我们的社会主义意识形态和价值观。面对这些严峻挑战，新时代中国青年应挺身而出，积极应对。必须坚定不移地维护马克思主义在意识形态领域的指导地位，坚守中国共产党的领导核心。只有如此，我们才能确保国家的红色江山永不褪色、永不变色。中国式现代化的推进，是遵循历史、社会、政党发展规律的科学选择。它不仅代表着马克思主义中国化时代化的重大成就，也是这一理论逻辑、历史逻辑、实践逻辑的必然演进。因此，新时代中国青年必须深刻理解和把握中国式现代化的科学内涵和重大意义，积极投身其中，为实现中华民族伟大复兴的中国梦贡献青春力量。这既是对历史的尊重，也是对未来的担当。让我们携手前行，共同开创中国特色社会主义事业新局面。

（四）新时代青年与中国式现代化

1938 年 10 月，毛泽东同志在党的六届六中全会上首次提出了马克思主义中国化的概念，引领了党的理论创新方向。同时期，一些马克思主义理论工作者积极倡导"学术中国化"的理念，并在实践中付诸行动。例如，著名哲学家艾思奇在 1938 年 4 月发表的《哲学的现状和任务》一文中，明确提出了哲学研究需要中国化和现实化的要求。

随着改革开放和社会主义现代化建设的深入推进，以邓小平同志为主要代表的中国共产党人，创造性地提出了"中国式的现代化"的发展理念。1979年1月，邓小平同志在谈及科学研究和四个现代化的关系时，强调要创造出中国式的、更为先进和新颖的发展成果。同年3月21日，他在会见英中文化协会执行委员会代表团时，正式提出了"中国式的四个现代化"的概念，强调我们的现代化建设必须从中国的实际出发，体现中国的特色。

中国式现代化是对我们党长期以来对"中国式的现代化"探索实践的继承和发展，也是在我国人口众多、基础薄弱的国情下，对现代化道路的螺旋式上升和发展。早在1954年9月15日，毛泽东同志在全国人民代表大会第一次会议上的开幕词中，就明确提出了我们党的目标，即在几个五年计划内，将经济文化落后的国家建设成为工业化的、具有高度现代文明的国家。周恩来同志在这次会议的政府工作报告中，也进一步阐述了我国现代化建设的必要性，提出了建设强大现代化工业、农业、交通运输业和国防的任务，旨在摆脱落后和贫困，实现革命目标。

1979年3月21日，邓小平同志在会见英中文化协会执行委员会代表团时，进一步明确了我们的目标，即在20世纪末实现四个现代化。他提出的"中国式的四个现代化"概念，不仅强调了必须从中国实际情况出发，还指出中国式的现代化必须符合中国的特点。这是在中国人口众多、基础薄弱的国情下，实现基本现代化的有效路径。而中国式现代化，则是在此基础上进行的高质量现代化，它以实现中华民族伟大复兴为目标，是对传统现代化道路的继承和创新。

我们必须坚定而不动摇地增强对中国式现代化终将取得全面胜利的信念和决心。这份自信，深深根植于中国人民在探索现代化道路的初期，就明确选择了非资本主义的发展道路。在现代化的理论与实践中，西方国家长期占据主导地位，但中国式现代化以其独特的理念和实践，已经形成了具有广泛影响力的发展模式，从而打破了"现代化即等同于西方化"的固有观念。西方国家的现代化进程，往往伴随着战争、殖民和掠夺，而试图模仿这种模式的后发国家，其成功的例子寥寥无几。中国的现代化道路，始终坚持将本民族的文化底蕴与中国特色社会主义的本质特征相结合,走出了一条独具特色的现代化之路。早在1933年,《申报月刊》就对中国实现现代化的条件和方式进行了深入的探讨。从政治角度看,中国式现代化承载着社会主义意识形态的核心观念,包括世界观、价值观、历史观等,这些观念需要在全社会成员中广泛传播,特别是在广大青年中深植。这是一个涉及新旧观念、文化和心态相互碰撞、相互融合的过程,需要长期的积累和发展。因此,新时代的中国青年应深入理解和吸收历史的智慧,树立坚定的自信,更加积极地投身于中国式现代化的伟大实践中。

在新时代背景下,中国青年应坚定不移地坚信中国式现代化必将取得成功。作为天然的爱国主义者,中国青年在情感上有时会出现波动,但我们必须保持坚定的立场,不受外部因素影响。尽管许多青年展现出了自信、自强和思辨精神,但仍有一部分青年未能完全实现心理平等和平视。他们可能对我国快速发展及其成就持怀疑态度,这需要我们警惕并解决。我们不能盲目夸大我国的发展水平,也不能因不自信或自卑而低估我国的成就。根据中国社会科学院的调查,大多数青年对我国在国际地位、军事实力、执政能力方面持积极态度,认为我国处在世界中上或上层水平。然而,在评价我国经济实力、文化实力和生态环境状况时,有些青年认为我国处于上层水平的比例较低。这反映出部分青年对我国真实水平的认知存在一定偏差。因此,中国青年应拓宽国际视野,以更宽广的视角来评估我国的贡献,并将我国经济社会的巨大进步转化为内心的自豪和自信。我们应该更加理性地看待我国国际地位、军事实力、执政能力等方面的成就,同时也要正视我国在经济实力、文化实力和生态环境状况方面所面临的挑战和机遇。总的来说,新时代中国青年应该更加理性、自信地看待我国的发展,并坚定不移地支持中国式现代化的进程。只有这样,我们才能更好地为实现中华民族伟大复兴的中国梦贡献自己的力量。

中国式现代化与新时代中国青年成长进程紧密相连,青年群体作为核心力量,有效推动了这一历史进程。当前社会呈现出多代际共存的客观现象,包括新生代、中年代和老年代。新生代不断涌现,正值时代变迁与社会发展的关键时刻。每当社会新价值观形成或主导价值观发生变化，这往往与新生代正处于价值观塑造的重要时期相契合。新生代倾向于将社会的重大变革融入自身的价值观与行为体系中，并通过其独特的生活方式和青年文化进行展现。从世界历史的视角看，新价值观的形成和主导价值观的变迁，通常通过新生代逐渐取代中年代和老年代来实现。马克思和恩格斯在《德意志意识形态》中明确指出："历史无非是各个世代的依次交替。每一代都利用以前各代遗留下来的材料、资金和生产力；由于这个缘故，每一代一方面在完全改变了的环境下继续从事所继承的活动，另一方面又通过完全改变了的活动来改变旧的环境。"①

这种世代交替不仅是一个自然过程，更是一个深刻的社会变迁过程。新生代通过新的生活方式、行为习惯和青年文化，在日常生活中展现出新现象、新事物和新文化，对中年代和老年代的人们产生积极或消极的影响，标志着他们在社会结构中的崛起。新生代的社会本质是，新的年龄群体以相似的群体意识、行为、诉求和社会期待进入社会结构，并以稳定的社会群体方式进行社会行动和利益博弈。新生代社会地位的稳固意味着新社会群体的生成与发展，同时也意味着原有社会结构内世代关系的调整。因此，作为新时代中国青年的核心力量，他们应深刻认识到自身在历史进程中的时代责任，确保自身的世代转化与中国式现代化的历史进程保持一致。新时代中国青年应充分发挥其在现代化进程中的关键作用。中国式现代化是一场长期且艰巨的社会革命，与青年在新时代的稳固发展和社会融入密切相关。这一进程依赖于和谐的世代交替、有序的世代传承，以实现更好的社会发展。正如恩格斯在《共产主义原理》一文中所强调的："用整个社会的力量共同经营生产和由此引起的生产新发展，也需要一种全新的人，并将创造出这种新人来。"②青年作为最为活跃的要素，在中国式现代化发展中扮演着至关重要的角色。中国式现代化的历史进程必然是一个由青年群体率先实现，进而覆盖全体社会成员的渐进过程。

---

① 《马克思恩格斯文集》（第一卷），人民出版社 2009 年版，第 540 页。
② 《马克思恩格斯选集》（第一卷），人民出版社 1995 年版，第 242 页。

　　在新的历史发展阶段，中国青年承载着推动和完成中国式现代化的重要使命，应致力于成为具备德智体美劳全面素养的新时代先锋。青年一代应积极主动向老一辈及中老年群体学习，努力构建和谐的社会关系，并通过文化传承等手段，协助他们提高适应中国式现代化的能力和素质。中国式现代化虽具有各国现代化的共性特征，但亦对青年提出了现代化的基本素质要求。然而，当前青年在某些方面尚需进一步提升。因此，青年应敢于担当，不断追求高质量发展，努力具备与中国式现代化相匹配的精神品质、现代化素质和综合能力。同时，青年应成为推动中国式现代化的中坚力量。与西方现代化不同，中国式现代化主要依赖于自身的努力和创造，成功推动了现代化的进程并实现了其拓展。它以内生动力为核心驱动力，与西方发达国家依赖外部动力、以原始资本积累为主的现代化发展方式形成鲜明对比。因此，新时代的中国青年应积极激发中国式现代化的内生动力，为中国式现代化的推进和拓展贡献青春力量。

　　习近平总书记强调，人民是推动历史前进的真正动力，激发他们自力更生、艰苦奋斗的精神至关重要。中国式现代化的核心动力，源于其与中华优秀传统文化的深度融合，以及中华民族所蕴含的青春活力。中华民族始终保持着青春的活力，这种活力正是推动现代化进程的强大内生动力。中国式现代化是在党的领导下，全体社会成员齐心协力、共同奋斗的成果。这种团结合作的精神，源于相互之间的信任。而这种信任，又能进一步增强社会的团结合作。这种紧密的团结合作，既激发了社会的内生动力，也实现了个体力量的最大化。从社会角度看，青年群体无疑是内生动力的主要来源。只有让青年成为推动中国式现代化的积极参与者，才能真正实现这一目标。由此观之，中国青年对于共同目标的追求及团结合作的力量，对于中国式现代化的推动具有举足轻重的作用。因此，新时代的中国青年应深化对党、政府及社会的信任，通过践行社会公德、展现友善行为和积极参与志愿服务等行动，以推动全社会信任度的提升。唯有如此，我们才能凝聚全社会之力，实现有机团结与合作，共同推动中国式现代化的进程不断向前迈进。

　　在新时代背景下，中国青年应积极成为自觉主动的劳动者，为推进中国式现代化贡献力量。提高劳动参与率和劳动生产率，是实现国家现代化的关键环节。随着国家经济的快速发展和劳动生产率的不断提高，人民的生活水平得到了显著提升。然而，我们也必须正视一些青年人中出现的消极现象，如惰气、暮气、邪气等，这些现象表现为眼高手低、心浮气躁，缺乏实际行动力，甚至寄托于不切实际的幻想。这些消极态度对中国式现代化的进程造成了一定程度的阻碍。新时代中国青年应增强对个人、家庭、社会、民族、国家和历史的责任感，通过不断学习和实践，提升自身素质和能力，积极投身劳动力市场。这不仅是对个人发展的负责，更是对国家和民族未来的担当。青年人应成为实现中华民族伟大复兴和推进中国式现代化的先锋力量，勇于担当，积极作为。

在科技创新方面，新时代中国青年也肩负着重要使命。科技自立自强是中国式现代化的核心，而青年则是科技创新的中坚力量。他们应积极参与科技研发和创新活动，推动科技进步和产业升级，为国家的经济发展和社会进步贡献智慧和力量。新时代中国青年应以更加自觉主动的态度参与劳动和科技创新，为实现中国式现代化贡献自己的力量。他们需要发挥自己的创造力和想象力，勇于探索未知领域，为实现高水平科技自立自强作出贡献。只有这样，我们才能更好地推进中国式现代化进程，实现国家的繁荣昌盛。

习近平总书记曾强调，人才是科技创新的关键因素，创新的事业需要创新的人才。青年群体，作为国家的未来与希望之所在，其创新能力无疑是国家持续发展的核心驱动力。我国的人才资源丰富，不仅规模庞大，且领域广泛，种类齐全。尤为值得一提的是，我国研发人员的总量在全球范围内独占鳌头。为了全面推进新时代的人才强国战略，我国必须全面布局，不仅要注重人才的培育，还要加强人才的引进与合理使用，以期迅速构建一个具有全球影响力的人才聚集地和科技创新高地。

根据世界知识产权组织所公布的《2022年全球创新指数报告》，中国在全球创新排名中取得了第11名的显著成绩，这充分展现了我国在科技创新领域所取得的非凡成就，并为我国推动中国式现代化进程奠定了坚实的基石。然而，在对比高收入国家和高度现代化的国家时，我们仍需认识到我国在科技创新方面尚存在的差距。

对于新时代的中国青年，尤其是那些投身科技领域的青年才俊，我们鼓励你们树立坚定的科技自信，立志自强，积极弘扬科学家精神，勇攀世界科技高峰。基础研究是科技创新的基石，我国正在加强其前瞻性、战略性和系统性的布局。尽管过去十年间，我国科技实力实现了显著提升，全社会研发经费和基础研究投入均有所增长，但我们必须认识到，我国基础研究经费占比相较于发达国家仍有待提高。此外，我国青年科技人才在对待基础研究时的长期坚守和耐心、毅力等方面仍需加强。

因此，我们呼吁新时代的中国青年增强对基础研究的投入和热情，以"功成不必在我，功成必定有我"的态度，不断夯实基础研究实力，提升源头创新能力。这样，科学技术作为第一生产力、创新作为发展第一动力，将在推进中国式现代化进程中发挥更加显著的作用。同时，我们必须对中国式现代化带来的美好生活和发展过程中可能出现的各种问题保持清醒的认识和理性的预期。中国式现代化为我们提供了一条通往理想境界的道路，但这并不意味着我们会自动获得优越的发展条件。相反，我们需要一代又一代人接续奋斗，始终保持顽强拼搏、勇于开拓的精神，才能确保我们在现代化的道路上不断前行。

新时代中国青年要做坚定者、奋进者、搏击者，而不做犹豫者、懈怠者、畏难者，更不能做空想者、躺平者、搭车者、啃老者。中国社会科学院"2021年中国社会状况综合调查"结果显示，从不公平现象方面来看，分别有35.5%、33.3%、29.1%的青年认为在财富及收入分配、城乡之间的权利或待遇、工作与就业机会方面存在不公平现象。由此可以看出，新时代中国青年尤其是正在进入社会结构中的"00后"对社会公平公正的制度建设和现实情况有着更高要求和期待。因此，新时代中国青年既要明白中国式现代化不是自然而然的历史过程，而是需要通过付出极大努力才能实现的；也要明白中国式现代化进程中还存在诸多不足，这些不足是发展过程中难以避免的，也正是我们需要努力解决的。新时代中国青年要与中国式现代化进程中可能遭遇的阻力、压力、困难、问题、风险挑战作坚决的斗争。我国越是发展壮大，遇到的阻力和压力就会越大，面临的外部风险就会越多。当前，世界百年未有之大变局加速演进，世界进入新的动荡变革期，中国式现代化不会是一帆风顺的发展过程，必然会遇到各种可以预料和难以预料的风险挑战、艰难险阻甚至惊涛骇浪。习近平总书记指出："机会总是留给有准备的人的，也总是留给有思路、有志向、有韧劲的人们的。"[①] 这就要求新时代中国青年要理性对待中国式现代化过程中可能出现的困难和问题，理性对待个人与集体之间可能出现的矛盾，提升风险防控意识和风险防控能力，自觉地把"小我"融入"大我"。此外，要深刻把握中国式现代化的本质特点、逻辑规律，超越既得利益和路径依赖，尽可能摆脱自身利益偏好，审慎科学对待中国式现代化过程中的新现象、新事物。全面提升以健康和教育为核心内容的劳动实践能力。每一位社会成员达到人的现代化水平，是中国式现代化的突出表征。"发展的核心是人的发展。"人的发展是以认识能力和实践能力为主要内容的全面发展。由此，新时代中国青年要充分利用高等教育普及化的红利以实现人才强国战略和人力资源强国目标。

自 21 世纪初起，提高高等教育质量及全民文化素养已成为世界各国的共同追求。自党的十八大以来，我国高等教育紧跟时代步伐，实现了历史性的发展成就与格局变化。在育人模式、办学方式、管理体制以及保障机制等方面，我们持续创新，为世界重要人才中心和创新高地的建设提供了坚实的支撑。数据显示，我国高等教育毛入学率自 2012 年的 30.0% 大幅上升至 2022 年的 59.6%，增长了 29.6 个百分点。必须强调的是，高等教育的发展水平是衡量一个国家整体发展水平和潜力的关键指标。目前，众多国家和地区正致力于推动高等教育的发展，将高质量的青年人才视为其核心竞争力，导致各国在高等教育领域的竞争愈发激烈。

在新时代的大背景下，我国青年必须全方位提升身心健康水平，以满足中国式现代化的迫切需求。身心健康作为现代化进程中的核心标准与基本追求，对推

---

① 习近平：《在中国科学院第十七次院士大会、中国工程院第十二次院士大会上的讲话》，人民出版社 2014 年版，第 11 页。

动中国式现代化进程具有不可估量的重要作用。然而，当前部分青年的身心健康状况与现代化要求尚存差距。具体而言，部分青年体质未达标，一些青年面临情绪与孤独困扰，还有部分青年深受睡眠问题影响。对此，我们必须高度重视青年体质问题。根据最新国民体质监测数据，20~39岁青年体质达标率呈下降趋势，亟须采取有效措施改善。同时，青年心理问题亦不容忽视，情绪与孤独问题日益严重。据《2022年青少年心理健康状况调查报告》，约14.8%的青少年存在不同程度抑郁风险，需加强心理干预。为培养身心健康、精神素养高、实践能力强的新时代好青年，党和政府需在制度设计、政策制定、资源配置、社会动员等方面全面发力。唯有如此，方能为中国式现代化提供坚实的人才保障。

（五）对党和人民事业具有重大现实意义和深远历史意义的三件大事

中国共产党第二十次全国代表大会报告中提到了对党和人民事业具有重大现实意义和深远历史意义的"三件大事"。这三件大事不仅对当前的中国发展具有重要意义，而且对未来的历史进程也将产生深远影响。

第一件大事是中国共产党成立一百周年。2021年，我们迎来了中国共产党成立一百周年，这一年是具有里程碑意义的一年。中国共产党的诞生，是中国历史上一场划时代的重要事件，它为身处水深火热之中的中国人民指明了方向，注入了希望之光。经过百年的砥砺前行，中国共产党引领中国人民完成了新民主主义革命的胜利，宣告了新中国的诞生；继而推进了社会主义革命和建设，稳固确立了社会主义的基本制度；并开启了改革开放和社会主义现代化建设的新篇章，成功开创、坚持并发展了具有中国特色的社会主义道路。在中国共产党的坚强领导下，中国实现了从站起来、富起来到强起来的伟大历史性跨越。

第二件大事是完成了脱贫攻坚、全面建成小康社会的历史任务。作为世界上人口最多的国家，中国脱贫攻坚的胜利具有世界意义。经过八年持续奋斗，中国如期完成了新时代脱贫攻坚目标任务，近一亿人脱贫，取得了令全世界刮目相看的重大胜利。这一胜利不仅大大改善了中国人民的生活，也为全球贫困治理作出了巨大贡献。全面建成小康社会是中国特色社会主义现代化建设的重要里程碑，它意味着中国的经济实力、综合国力、人民生活水平都得到了大幅提升，中国正向着全面建设社会主义现代化国家的目标迈进。

第三件大事是胜利实现全面建成社会主义现代化强国的第二个百年奋斗目标。中国共产党第二十次全国代表大会是在全面建成小康社会取得伟大胜利、迈向全面建设社会主义现代化国家新征程的关键时刻召开的一次十分重要的大会。这次大会明确了未来五年的主要目标任务和到 2035 年、本世纪中叶的发展蓝图，为中国特色社会主义现代化建设指明了方向。在这次大会的指引下，中国人民必将胜利实现全面建成社会主义现代化强国的第二个百年奋斗目标。

这三件大事不仅对中国的未来发展具有重要意义，而且对世界历史进程也将产生深远影响。中国共产党的领导是中国取得这些胜利的根本保证。在未来的发展过程中，我们要继续坚持党的领导，不忘初心、牢记使命，为实现中华民族伟大复兴的中国梦而努力奋斗。

六、相关习题解析

（一）课后思考题

1. 习近平指出，要立足中华民族伟大复兴战略全局和世界百年未有之大变局，“国之大者”，把握大势，敢于担当，善于作为，为服务国家富强、民族复兴、人民幸福贡献力量。谈谈新时代青年在实现第二个百年奋斗目标中应担负的历史使命。

答：习近平总书记在《在纪念五四运动一百周年大会上的讲话》中明确指出，新时代中国青年运动的核心主题、发展方向以及青年使命，就是坚决拥护中国共产党的领导，与人民同行，共同为实现“两个一百年”的奋斗目标、实现中华民族伟大复兴的中国梦而努力奋斗。每一个历史阶段都承担着特定的历史使命和任务，第二个百年奋斗目标便是全面建成社会主义现代化强国。新时代青年在实现第二个百年奋斗目标中应担负的历史使命主要包括：

（1）要树立远大理想。青年一代，怀揣远大理想、坚定信念，是国家和民族不断向前的核心驱动力。在新时代背景下，中国青年应勇担时代重任，在挑战中磨炼品质，在履行责任中成长。让青春在改革开放的壮阔舞台上绽放光彩，以勇往直前的姿态追逐中国梦的实现。努力成为德智体美劳全面发展的社会主义建设者和接班人，为国家的繁荣昌盛贡献青春力量。

（2）要热爱伟大祖国。爱国主义作为我国民族精神的核心，是中华民族团结奋斗、自强不息的精神纽带。新时代的青年应将爱国视为自身的本分与职责，深刻理解爱国是立身之本、成才之基，坚定地高举爱国主义的伟大旗帜，积极投身于民族复兴的伟大事业中。在为祖国、为人民、为人类的奉献中，青年应焕发出更加绚丽的光彩，为国家的繁荣发展贡献力量。

（3）要担当时代责任。在当今时代，青年人肩负着民族振兴的重任。作为新时代的中国青年，我们应以青春之我、奋斗之我，勇往直前，成为时代的奋进者、开拓者和奉献者。我们要坚定信念，不畏艰难险阻，执着追求梦想，永不言败。我们要以自立、自强、自信的姿态，成为新时代的弄潮儿，为实现中华民族伟大复兴的中国梦贡献自己的智慧和力量。只有这样，我们才能不辜负党的期望、人民的期待和民族的重托。

（4）要勇于砥砺奋斗。青年朋友必须坚定不移地树立理想信念，立志高远，同时又要脚踏实地，勇于担当时代的重任。要敢于做时代的先锋，不断开拓创新，在实现中国梦的伟大实践中展现青春的活力与激情。同时，要在为人民利益的不懈奋斗中，书写属于我们的人生篇章，为国家和民族的繁荣发展贡献自己的力量。让我们携手共进，共同创造更加美好的未来！

（5）要练就过硬本领。新时代的青年应具备扎实的本领，为国家服务奠定坚实基础。在履行服务国家的使命中，青年应积极担当、勤奋实干。面对多元化的社会思潮和各类社会热点，青年应具备敏锐的价值判断和行为抉择能力，将自己的力量融入国家发展的伟大进程中。

（6）要锤炼品德修为。习近平总书记明确指出，我们应深刻锤炼自身品德，自觉地树立和践行社会主义核心价值观。同时，我们要积极汲取中华优秀传统文化、革命文化以及社会主义先进文化的养分，以此培植我们的精神之根、铸造我们的灵魂之源。在此基础上，我们要不断提升道德修养，明晰是非曲直，坚定自我立场，矢志不渝地追求更高境界、更有品位的人生目标。

2. 新时代大学生如何成为担当民族复兴大任的时代新人。

答：青年兴则国家兴，青年强则国家强。大学生作为国家宝贵的人才资源，其理想、本领与担当对于国家前途和民族希望至关重要。在新时代背景下，为成为肩负起民族复兴重任的优秀人才，大学生需要树立远大志向，提高自身品德修养，不断积累专业知识和技能，并勇于承担社会责任。

（1）立大志，就是要有崇高的理想信念，牢记使命，自信自励。若缺乏坚定的理想信念，个体将面临精神上的脆弱，易患上所谓的"软骨病"。在新时代背景下，大学生作为中国年轻一代的代表，必须具备中国人的坚毅志向、傲骨铮铮的气节以及坚定的信心。例如，烈士陈延年，在年仅 27 岁的年纪英勇就义时，面对国民党的反动军队，他毫不动摇地坚守着党的机密，坚决不背叛组织。面对敌人的拷问与羞辱，他毫无惧色地高呼："革命者光明磊落、视死如归，只有站着死，决不跪下！"陈延年的崇高志气、不屈的骨气以及深厚的底气，是新时代大学生应效仿的楷模。大学生需时刻保持对理想信念的热情与执着，将实现中华民族伟大复兴的历史使命转化为自觉的责任与行动。

（2）明大德，就是要锤炼高尚品格，崇德修身，启润青春。我们要建设的社会主义现代化强国，不仅要在物质层面上强大，更要在精神层面上强大。对于大学生的成长成才，持久深沉的道德力量是至关重要的。在面对变幻莫测的国际形势时，大学生应具备明辨是非和良莠的能力；在享受幸福生活的同时，也要保持居安思危的反思和饮水思源的感恩之心。大学生应自觉树立和践行社会主义核心价值观，为国家的发展作出贡献。

（3）成大才，就是要有高强的本领才干，勤奋学习，全面发展。在日新月异的时代背景下，面对世界百年未有之大变局，知识的更新速度正在迅速加快。作为大学生，我们需要认识到自身本领的不足，时刻保持危机感和紧迫感，积极加强自身学习，勤奋探索，勇于实践，以实现全面发展。随着科学技术的不断发展，我们获得知识的渠道也越来越多，越来越方便。因此，大学生应该树立终身学习的理念，不仅要为自己读书，还要为国家读书。我们要敢于站在变革的前沿，引领时代潮流，守正创新，以新的实践创造更大的成就。中华民族伟大复兴的实现离不开我们每一个人的努力奋斗。让我们携手共进，为实现中华民族伟大复兴的梦想而不懈努力！

（4）担大任，就是要有"天下兴亡，匹夫有责"的担当精神，讲求奉献，实干进取。每一代人都有其独特的使命。新时代的青年，应准确判断我国当前的社会发展阶段，深入理解新时代的背景、新矛盾的挑战、新使命的担当、新战略的布局以及新征程的规划。这要求他们坚定信念，决心为建设一个富强、民主、文明、和谐且美丽的社会主义现代化强国贡献青春力量。为此，青年们应充分发扬奋斗精神，坚决抵制满足现状、坐享其成、不劳而获等消极思想，积极应对各种新的历史特点的挑战和斗争。他们应以顽强的毅力、拼搏的精神，不畏艰难险阻，勇往直前，持续奋斗在新时代的征程中。同时，他们应积极攀登科技高峰，瞄准科技前沿和关键领域，勇于攻克核心技术的难题，为建设社会主义现代化强国提供坚实的科技支撑。

3.结合自身实际，谈谈新时代大学生如何提升思想道德素质和法治素养。

答：思想道德和法律在调节人们思想行为、协调人际关系、维护社会秩序方面具有不可替代的重要作用。作为即将成为时代新人的大学生，必须通过持续提高自身的思想道德素质和法治素养，以切实提升自身的思想觉悟、道德水准和文明素养。这是夯实自身全面发展的基础，也是展现新时代奋进者、开拓者、奉献者新风貌、新姿态的必然要求。

（1）思想道德素质是人们内在的精神面貌和外在的行为表现的集中体现，涵盖了个人的思想观念、政治立场、价值取向、道德情操和行为习惯等方面。它不仅反映一个人的思想境界和道德水准，更是推动个体成长和社会进步的重要基石。要提升思想道德素质，首先需要深入学习思想道德理论，全面理解其内涵，确保理论知识真正内化于个体心中。在此基础上，个体应将所学知识外化为行动，即在日常生活中积极践行道德理论，持续规范自身的价值观和人生观，从而实现思想道德素养的不断提升。法治素养是个体通过学习法律知识、理解法律本质、运用法律思维、依法维护权利和履行义务等方面的能力与品质的综合体现。它对于培养人们的法治观念、促进社会法治化进程具有至关重要的意义。提升法治素养，一方面要求个体系统学习法律知识，深刻理解我国法律体系；另一方面，更为重要的是将法律真正内化于心，成为个体自觉的行动指南，这样法治精神才能真正深入人心。

（2）在新时代背景下，大学生应注重提升自身的思想道德素质和法治素养。首先，应深入学习思想道德理论课程，切实理解和认同其中的内容，使其内化为自身的价值观和行为准则。同时，在日常生活中，应以高标准来要求自己的行为习惯，形成良好的法治思维，自觉遵守思想政治理论的要求。通过这种方式，大学生可以具备优秀的思想道德素质和法治素养，为未来的发展奠定坚实的基础。

（二）考研真题再现

1. 多项选择题（下列每题给出的四个选项中，至少有两个选项是符合题目要求的）

作为调节人们思想行为、协调人际关系、维护社会秩序的两种重要手段的思想道德与法律，二者的不同点主要体现在（　　　）。

A. 调节领域　　　　　B. 调节方式

C. 调节目标　　　　　D. 理论基础

【答案】ABC

【解析】思想道德和法律在调节人们思想行为、协调人际关系、维护社会秩序方面，各自扮演着不可或缺的角色。虽然它们的调节领域、调节方式和调节目标存在显著差异，但二者之间是相互补充、相互促进的关系，缺一不可。

2. 简答题

中国特色社会主义进入新时代的三个"意味着"及新时代的内涵是什么？

答：新时代是我们理解当前所处历史方位的关键词，中国特色社会主义进入新时代的三个"意味着"以及新时代的内涵，具体如下：

（1）中国特色社会主义进入新时代的"三个意味着"

①意味着近代以来久经磨难的中华民族迎来了从站起来、富起来到强起来的伟大飞跃，迎来了实现中华民族伟大复兴的光明前景。

②意味着科学社会主义在 21 世纪的中国焕发出强大生机活力，在世界上高高举起了中国特色社会主义伟大旗帜。

③意味着中国特色社会主义道路、理论、制度、文化不断发展，拓展了发展中国家走向现代化的途径，给世界上那些既希望加快发展又希望保持自身独立性的国家和民族提供了全新选择，为解决人类问题贡献了中国智慧和中国方案。

（2）新时代的内涵

①新时代是承前启后、继往开来、在新的历史条件下继续夺取新时代中国特色社会主义伟大胜利的时代。

②新时代是决胜全面建成小康社会、进而全面建成社会主义现代化强国的时代。

③新时代是全国各族人民团结奋斗、不断创造美好生活、逐步实现全体人民共同富裕的时代。

④新时代是全体中华儿女勠力同心、奋力实现中华民族伟大复兴中国梦的时代。

⑤新时代是我国日益走近世界舞台中央、不断为人类作出更大贡献的时代。

七、专题参考资料

[1] 习近平：《高举中国特色社会主义伟大旗帜为全面建设社会主义现代化国家而团结奋斗——在中国共产党第二十次全国代表大会上的报告》，人民出版社 2022 年版。

[2] 习近平：《论党的青年工作》，中央文献出版社 2022 年版。

[3] 冯秀军：《时代新人培养与新时代的大学使命》，《东北师大学报》（哲学社会科学版）2019 年第 2 期。

[4] 徐建飞:《新时代高校思政课供给侧结构性改革:意涵、问题与路径》,《广西社会科学》2021 年第 2 期。

[5] 丁正亚:《论移动互联网时代"00 后"高职新生思想政治教育》,《教育与职业》2019 年第 14 期。

[6] 聂莹莹:《奋斗精神涵育时代新人的三重意蕴》,《人民论坛》2022 年第 2 期。

[7] 黄超、丁雅诵:《培养担当民族复兴大任的时代新人》,《人民日报》2021 年 12 月 10 日。

[8] 刘嘉圣、梁超锋:《党史教育对时代新人培育的功能和作用》,《思想教育研究》2021 年第 11 期。

第二专题 出彩人生：时代新人的人生追求

　　要树立正确的世界观、人生观、价值观，掌握了这把总钥匙，再来看看社会万象、人生历程，一切是非、正误、主次，一切真假、善恶、美丑，自然就洞若观火、清澈明了，自然就能作出正确判断、作出正确选择。

——习近平：《青年要自觉践行社会主义核心价值观——在北京大学师生座谈会上的讲话》，人民出版社2014年版，第15页。

一、专题教学目的

二十大报告指出："我们所处的是一个充满挑战的时代，也是一个充满希望的时代"①，面对全面建设社会主义现代化建设强国的新挑战，面对世界百年未有之大变局，新时代青年如何确立自己的人生方向，成就出彩人生，这正是本专题所要解决的课题。本专题教学目的主要是从以下四个方面引导新时代大学生领悟人生真谛，把握人生方向，实现人生价值，成就出彩人生。

一是深刻理解马克思主义关于人的本质的解读，明确每个人是社会关系网中的一个特定结点，从这个结点出发形成不同的社会关系，在不同的社会关系中人就不同的角色定位，相应的也就有不同的责任和使命，也正是在这种承担责任和担当使命的过程中实现着人生价值。正确认识人的本质是处理人生问题的依据。

二是确立科学高尚的人生目的。人生目的作为人生观的核心回答"人为什么活着"这一问题。人生目的规定了人生的方向，指引着人生具体实践。确立不同的人生目的，意味着不同的人生道路选择，也就意味着不同的人生结果。从这个意义上来说，树立什么样的人生目的，就会有什么样的人生。也就是说人生目的一旦确定，人生努力的根本方向也就明确了。时代新人应该有怎样的人生追求？人民群众是社会历史的主体，是社会历史的创造者，因此，服务人民、奉献社会的人生目的以其科学性、高尚性，成为人类社会迄今最先进的人生追求。

三是具有积极向上的人生态度。习近平总书记在考察中国政法大学时说："青年在成长和奋斗中，会收获成功和喜悦，也会面临困难和压力。要正确对待一时的成败得失，处优而不养尊，受挫而不短志，使顺境逆境都成为人生的财富而不是人生的包袱。"②新时代大学生要勇敢面对和正确处理各种人生矛盾，确立积极进取的人生态度。

四是创造有意义的人生。正确理解和评价人生价值，反对错误的人生观，在

---

① 习近平：《高举中国特色社会主义伟大旗帜 为全面建设社会主义现代化国家而团结奋斗——在中国共产党第二十次全国代表大会上的报告》，人民出版社 2022 年版，第 63 页。

② 习近平：《论党的青年工作》，中央文献出版社 2022 年版，第 142—143 页。

实践中顺应时代潮流，增强使命担当，实现人生价值，成就出彩人生。

二、专题设计思路

新时代青年大学生的特点是思维活跃，有强烈的问题意识，尤其在大学这个人生的关键阶段关于人生相关问题的思考和疑问也比较多，所以本专题围绕解疑释惑展开。本专题遵循"人—人生—人生观"的逻辑来解决相关人生课题。第一部分"人"，解决人的本质是什么的问题；第二部分"人生"，解决人生的有限性和无限性及其关系的问题；第三部分"人生观"，解决我们应该有什么样的人生目的、人生态度以及实现什么样的人生价值的问题。本专题以新时代青年大学生在人生观价值观方面遇到的问题为导向，采取课前课中课后相结合的方法，遵循"课前找出问题——课上解决问题——课后强化认知"的思路进行，通过本专题的学习让学生学会用马克思主义的立场观点和方法分析和解决人生观、价值观方面的问题，领悟人生真谛，把握人生方向，树立正确的人生观、价值观，通过本专题学习将正确的人生观、价值观的理念内化于心，外化于行。

（一）课前找出问题

主要从以下三个方面来找问题：一是教师在备课环节结合习近平新时代中国特色社会主义思想关于人生观等问题的最新论述，以及当前一些社会热点问题，充分研读教材，找出引导新时代青年大学生确立正确的人生观、价值观所要解决的重大理论和现实问题。二是教师调研学生，向学生征集问题，了解学生所思所想，知晓他们在人生观、价值观方面的困惑，从而使接下来的教学活动能做到有的放矢。三是教师集体备课环节，任课教师集思广益，在交流碰撞中凝练出该专题所要解决的问题。

（二）课上解决问题

课堂学习是帮助学生解决人生观和价值观问题、形成正确认知的重点环节。因此我们要构建高效的课堂，在有限的时间内最大限度地达成教学目标，首先就要求我们做好充分的上课准备工作，这就要求任课教师在自我充分备课的基础上进行集体研讨备课，然后任课教师再根据集体备课的情况进一步备课，设计出适合自己班级特点的授课模式。此外，在课堂教学活动中注重把握以下几个方面。

一是注意运用马克思主义的立场、观点、方法，以及习近平新时代中国特色社会主义思想关于人生观等问题的最新论述，将基本理论知识讲"深"讲"透"。

习近平总书记认为树立正确的世界观、人生观、价值观是人生的一把总钥匙，可见，青年大学生思考人生、规划未来、找到人生发展方向，离不开总钥匙的指引。柏拉图曾提出著名的人生三问："我是谁？我从哪里来？我要到哪里去？"纵观历史，学者们给出的答案各不相同，而对于人的本质是什么马克思给出了科学的回答，那就是："人的本质不是单个人所固有的抽象物，在其现实性上，它是一切社会关系的总和"。① 这一对于人的本质的科学解读立足具体的、历史的、社会关系中从事社会实践的个人，每个人作为生活于具体社会历史条件下的一个个体，在实践活动的展开过程中与社会发生这样或那样的关系，因此，个人与社会的关系问题是认识和处理人生问题的着眼点和出发点。在所有关系中，利益关系是最根本的，因此，个人与社会的关系，最根本的是个人利益和社会利益的关系。理解了人的本质以及个人与社会的关系，也就为确立正确的人生观奠定了良好基础。

习近平总书记在庆祝中国共产党成立100周年大会重要讲话中指出："人民是历史的创造者，是真正的英雄。"服务人民、奉献社会成为当今最高尚的人生追求。每个人的人生道路并非坦途，其中充满了坎坷和曲折，青年大学生应当正确看待和处理得与失、苦与乐、顺与逆、生与死、荣与辱等人生矛盾，以积极乐观进取的人生态度，在人生历练中成长，让青春在奉献中焕发光彩。正如习近平总书记所说："无数人生成功的事实表明，青年时代，选择吃苦也就选择了收获，选择奉献也就选择了高尚。"② 习近平总书记说："新时代中国青年要……自觉抵制拜金主义、享乐主义、极端个人主义、历史虚无主义等错误思想，追求更有高度、更有境界、更有品位的人生，让清风正气、蓬勃朝气遍布全社会！"③ 青年大学生

---

① 《马克思恩格斯选集》（第一卷），人民出版社1995年版，第60页。

② 习近平：《江山就是人民　人民就是江山：习近平总书记系列重要论述综述：2020-2021》，人民日报出版社2022年版，第242页。

③ 习近平：《在纪念五四运动100周年大会上的讲话》，人民出版社2019年版，第11页。

要注意反对错误的人生观，与历史同向、与祖国同行、与人民同在，在实践中让奋斗成为青春最亮丽的底色，成就出彩人生。

二是注重理论联系实际，将新教材中党的理论创新和实践创新成果与社会实践相结合，把人生观、价值观基本理论知识讲"活"。教材知识偏向理论性、知识性、综合性，课堂教学活动中应注意理论向实践的转化，紧密结合社会时政热点，实现思政小课堂和社会大课堂的有机结合，让学生不但知其然而且知其所以然，切实解决学生关注关心的问题。例如：时代楷模黄文秀，放弃在大城市工作的机会，让青春绽放在脱贫攻坚一线，她科学把握个人与社会、个人利益与社会利益辩证关系，主动将个人之"小我"融入社会之"大我"中，将个人发展与党和国家事业发展有机结合；中国冬残奥会上轮椅女孩杨洪琼首位勇夺三金，结合她认真训练、顽强拼搏的事迹，让学生认识人生价值的实现需要个体在实践中需要不断增强能力和本领，从而激发学生学习的动力，为实现人生价值做准备；习近平总书记考察红旗渠时的讲话指出："红旗渠就是纪念碑，记载了林县人不认命、不服输、敢于战天斗地的英雄气概。"[1] 强调新时代的青年要继续发扬吃苦耐劳、自力更生、艰苦奋斗的精神；习近平总书记在清华大学考察时的讲话中指出："当代中国青年是与新时代同向同行、共同前进的一代，生逢盛世，肩负重任。"[2] 同时结合时代楷模杜富国等的先进事迹，引导青年大学生顺应时代潮流，增强使命担当，成就出彩人生。

三是注意突出教师主导学生主体的理念，让课堂活跃起来。学生走进课堂时是带着期待、希望有所收获来听课，因此要采取灵活多样的授课方式，如主题讨论、案例分析、辩论赛等，让学生参与到课堂中，充分发挥学生的主体作用，实现用鲜活的形式吸引人、用优质的内容说服人、以寓教于乐的方式激发课堂活力，增强课堂的生动性和趣味性。例如：主题讨论之一：当代青年能否选择"躺平"？

---

① 水利部编写组：《深入学习贯彻习近平关于治水的重要论述》，人民出版社2023年版，第311页。

② 习近平：《论党的青年工作》，中央文献出版社2022年版，第236页。

引导青年学生认识到人生方向不是闭门造车造出来的，明确人生方向需从两个层面来考量，一方面是向内，问自己要答案，是时代的召唤，选择承担属于自己的责任，不断成长，实现自我超越；另一方面是向外，在社会实践中问时代要答案，新时代赋予青年大学生新的使命担当，响应时代召唤，必定能找到自己正确的人生方向。主题讨论之二：消费越多人就越幸福吗？引导学生树立正确的消费观和幸福观。主题讨论之三：我们为什么要谈人生价值？引导学生思考每个个体的生存之于自己、之于他人、之于社会的意义是什么，从而在实践中通过自己的劳动服务人民、奉献社会，成就出彩人生。

（三）课后强化认知

通过课后实践教学活动，实现对课堂知识的延伸、对教学内容的扩展，使学生在实践中强化对课堂理论的认知感悟，达到内化于心外化于行的效果。本专题的实践教学活动是安排学生以小组为单位利用课余时间做一次以"爱的奉献"为主题做一次志愿活动，可以走进敬老院、儿童福利院、学屋、学校图书馆、学校食堂、社区……在奉献中，他们收获的不仅是快乐，更多的是人生的感悟。通过这次实践活动，使学生懂得人与人的温情是最为宝贵的，从而带着一颗善良的心去走人生之路，明白人生的价值在于奉献，在服务人民、奉献社会中实现自己的人生价值。

三、专题理论支撑

（一）人的本质论

希腊古城特尔斐神庙的阿波罗神殿上刻着七句名言，其中流布最广、影响最深，以至被认为点燃了希腊文明火花的却只有一句，那就是："人啊，认识自己"。人的自我认识既是一个古老的问题，又是一个现实的问题。在中外思想史上，许多思想家都从不同角度提出了自己的见解，其中不乏真知灼见，为科学揭示人的本质提供了大量的思想资料。在马克思主义对人的本质作出界定之前，中国古代从人性善恶的角度去认识人；在西方，柏拉图曾将人定义为"双足而无羽毛的动物"，这是从生理特征上认识人；亚里士多德认为"人是天生的政治动物"，这是从某种特殊的社会属性来界定人；黑格尔认为人的本质就在于自由自觉的活动，即劳动，但他所说的劳动并非具体的实践活动，而是指抽象的精神理性活动，这又陷入了唯心主义；费尔巴哈认为："人在世界上最初的出现，只归于感性的自然界"。他对人的本质的认识从黑格尔的精神回归现实的人本身。费尔巴哈之前的哲学家通过人之外的事物来界定人，费尔巴哈对人的界定不仅回归到人本身，而且从停留于意识层面的人向现实生活中的人深化。马克思借鉴了费尔巴哈对人的界定，运用辩证唯物主义和历史唯物主义的立场、观点、方法，逐渐形成了以实践为核心表征的人的本质认识，这就是："人的本质不是单个人所固有的抽象物，在其现实性上，它是一切社会关系的总和。"[①] 形成了对人的本质的科学表述。这一科学论断表明：人的本质是现实的、具体的；人的本质是由社会关系的总和决定的，诸如家庭关系、地缘关系、业缘关系、经济关系、政治关系、法律关系、道德关系等；人的本质是随着历史的发展而发展的，是随着社会生产力和生产关系的矛盾运动而不断变化和发展的。马克思主义对人的本质的科学论述有着重要的当代价值；立足于实践，突出了人的根本作用，坚持"以人民为中心"，尊重人民的主体地位，发挥人民的本质力量，推动全面建成社会主义现代化强国事业的发展；同时，始终把满足人民对美好生活的需要作为人的本质力量的"理想复归"，从而努力实现人的全面发展。

（二）人生目的论

人生目的是人们在社会实践中关于自身行为的根本指向和人生追求，回答"人为什么活着"的问题。无论你是否认真思考或理性审视过自己的人生目的是什么，在现实层面上，我们每个人都会有所追求，并且这样的人生追求会影响着甚至是指导着我们的生活。新时代青年大学生正确回答这一问题是确立正确人生观的关键。正确理解人生目的的内涵，我们要明确以下三点：第一，人生目的是人类所特有的精神现象。马克思曾经说过："蜜蜂建筑蜂房的本领使人间的许多建筑师感到惭愧，但是，最蹩脚的建筑师从一开始就比最灵巧的蜜蜂高明的地方，是他

[①]《马克思恩格斯选集》(第一卷)，人民出版社 1995 年版，第 60 页。

在用蜂蜡建筑蜂房以前,已经在自己的头脑中把它建成了……他还在自然物中实现自己的目的。"① 他还指出:"在社会历史领域内进行活动的,是具有意识、经过思虑或凭激情行动的、追求某种目的的人;任何事情的发生都不是没有自觉的意图,没有预期的目的的。"② 可见,人的活动是自觉的、有目的的,这与动物的本能活动有着本质的区别,也就是说,人在实施一项活动之前首先在大脑中对活动所要达到的目的有一个预期,明确知道自己通过这项活动取得自己想要的一个什么样的结果,然后对如何实施行动进行设计、规划,在活动过程中,围绕着自己所要达到的最终结果可以实时调整自己的行为,以期达到自己想要的最理想的结果。这种对行为活动对象性的自觉认识和自觉的对象性活动本身,是人类所特有的自觉的能动性。正是这种"自觉的意图"和"预期的目的"使人生及其过程具有了理性自觉的意义。第二,人生目的是社会生活实践的产物,同时人们对人生目的认识又受制于社会实践发展水平。根据辩证唯物主义社会存在决定社会意识的原理,人生目的作为人类所特有的精神现象,属于意识的范畴,它不是凭空产生的,而是社会实践的产物。可见,人们的实践活动不同,社会存在不同,相应的就形成不同的人生目的。人们在实践中不断认识客观世界,围绕着自身的生存和发展不断改造客观世界,使之更适合自身的生存和发展,在此基础上又进一步在实践中创造更有利于自身发展的条件,所以说,实践不断发展,人生目的也随之变化。反过来,人们对人生目的的认识、理解和把握又受制于一定生产力发展水平以及相应的生产关系。在不同的社会形态下,不同阶级的人们的人生目的是不同的,而且其实现程度不会不同,在私有制为基础的社会中,广大劳动人民的人生目的基本上是无法实现的。社会主义制度的建立为大多数人实现人生目的的理想奠定了坚实的基础,开辟了广阔的前景。第三,人生目的是主体与客体相互作用过程中主观与客观的对立统一。人是人生目的的主体,目的对象是客体。人为了达到某种目的所从事的实践活动,就构成了人生目的的主体与客体的矛盾运

---

① 《马克思恩格斯全集》(第四十二卷),人民出版社 2016 年版,第 168 页。
② 《马克思恩格斯全集》(第二十八卷),人民出版社 2018 年版,第 356 页。

动。实践活动中，主体的设想、计划、方案的提出以及随着实践的进程的推进，围绕客体计划、方案的调整，无不体现了主客体相互作用过程中主观与客观的对立统一。

人生目的是人生观的核心，人生目的决定人生道路、人生态度和人生价值选择。第一，人生目的决定人生道路。有什么样的人生目的，就会有什么样的人生道路。这是因为人生目的不仅规定了人生活动的大方向，在社会生活中对个人的具体活动起指向标作用，而且人生目的是人生前进的动力之源，一个人有了正确的人生目的后就会勇往直前，即使遇到困难曲折，也会表现出坚强的意志力。马克思为了人类的解放事业，面对生活的贫困、疾病的困扰、各国反动政府的驱逐和迫害，依然顽强斗争，勤奋工作；周恩来少年时代立志"为中华之崛起而读书"，青年时代为救国救民"面壁十年图破壁"。古今中外众多创造了辉煌壮丽人生的仁人志士，多在青年时期就确立了正确的人生目的，从而在面对人生的一系列重大课题时，能作出正确的选择，始终朝着正确的人生发展方向前进。第二，人生目的决定人生态度。有什么样的人生目的，就会有什么样的人生态度。"立大志、明大德、成大材、担大任，做到在复杂形势面前不迷航、在艰巨斗争面前不退缩。"[1]人生的道路有时会一帆风顺，有时也会崎岖不平，遇到坎坷，人生道路上总是充满各种各样的矛盾和挑战。面对各种各样的矛盾和挑战，不同的人生目的会使人采取截然不同的人生态度。正确的人生目的可以使人无所畏惧、顽强拼搏、积极进取、乐观向上；错误的人生目的则会使人或是投机钻营、违法犯罪，或是虚度人生、放纵人生，或是悲观消沉、厌世轻生。在历史上和现实生活中，许多事业有成者，无不是在正确人生目的的引导之下，以昂扬乐观的人生态度正确对待人生道路上的顺逆曲直。第三，人生目的决定人生价值选择。有什么样的人生目的，就会有什么样的人生价值选择。正确的人生目的会使人懂得人生的价值首先在于奉献，从而在工作中尽心、尽力、尽责；错误的人生目的则会使人把人生价值理

---

[1] 丁瑞兆、措吉、周洪军：《全媒体时代高校思想政治教育研究》，新华出版社2023年版，第3页。

解为向社会或他人进行索取，只把个人私利视为人生的价值追求，而漠视对国家、社会、集体和他人的义务与责任。

可见，人生目的作为人生观的核心，对个人的人生轨迹有着重要的影响。马克思主义认为，科学高尚的人生目的总是与奋斗奉献联系在一起。新时代青年大学生要正确地处理个人和社会的关系，准确把握个人利益和社会利益的关系，顾大局、讲奉献，将自己的命运与国家前途、民族命运、人民幸福联系在一起，在服务人民、奉献社会的过程中成就出彩人生。

（三）人生价值论

人生价值的内涵是什么？价值是人生价值的起点概念，所以我们先从价值谈起，价值不是一个实体，而是一种关系，即客体满足主体需要或主体需要与客体功能属性之间的对应或契合关系，这种客体与主体之间的关系就是价值，这种关系可以是物与人的关系，也可以是人与人关系。如果说一般意义上的价值是人与物的关系，反映的是"物的价值"，那么人生价值则是人与他人、社会的关系，反映的是"人的价值"。人生价值在其现实中表现为，人的生命及其实践活动对于社会和个人所具有的作用和意义。人生价值内在地包含了两个方面即人生的自我价值和社会价值。人生的自我价值，是个体的人生活动对自己的生存和发展所具有的价值，主要表现为对自身物质和精神需要的满足程度。人生的社会价值，是个体的实践活动对社会、他人所具有的价值。人生的自我价值和社会价值两个方面既相互区别，又密切联系、相互依存。

正确认识人生价值及人生自我价值和社会价值两个方面的关系，要以一定的价值观为基础。基于上述对人生价值内涵的解读，人生的自我价值是个体的人生活动对自己的生存和发展所具有的价值，可见，正确的价值观是立足于正确处理个人与社会的关系，尤其是个人利益与社会利益的关系。从需要理论来看，人生在世，既要满足"吃、喝、住、穿"等生理或物质需要，又要获得安全、归属、尊重和爱等心理上的体验，更要从人的思想或本质力量层面完成自我实现，人的需要是分层次的。不管是哪个层次的需要，其满足既受制于一定的社会政治、经济、文化的发展状况，又受个人的主观需要的自我布局及满足需要手段的个人选择的影响。在人的众多需要中，总有占主导地位的需要，这个占主导地位的需要直接影响人的价值观和人生价值。有的人把满足自身物质需要作为主导性需要，在获取物质利益时，有的人脚踏实地、诚信肯干，有的人偷奸耍滑、欺上瞒下；有的人把满足自身精神需要作为主导性需要，他们有着"为天地立心，为生民立命，为往圣继绝学，为万世开太平"的价值追求，有着"苟利国家生死以，岂因祸福避趋之"的人生境界。

　　客观、公正、准确地评价社会成员人生价值的大小，既要掌握科学的标准，也要掌握恰当的评价方法。评价人生价值的根本尺度，是看一个人的实践活动是否符合社会发展的客观规律，是否促进了历史的进步。个人对社会的物质贡献和精神贡献是评价人生价值的主导性标准。评价人生价值的方法主要有：第一，坚持能力有大小与贡献须尽力相统一。每个人的能力大小是不一样的，很多平凡而普通的人，他们在自己的岗位上默默地做着自己力所能及的事，他们的人生价值获得了社会的普遍认可。考察一个人的人生价值，要把个人对社会的贡献同他的能力以及发挥自己能力相对应的社会条件联系起来。第二，坚持物质贡献与精神贡献相统一。人类生产劳动是物质生产劳动和精神生产劳动的统一，人类在长期的生产劳动中不仅创造了丰富的物质文明，也创造了丰富的精神文明。现实生活中，由于劳动分工的不同形成了不同职业，有的职业侧重于物质财富的创造，有的职业侧重于精神财富的创造，职业没有高低贵贱之分，只是分工不同，所有创造物质财富与精神财富的职业都值得尊重和鼓励。评价人生价值，既要看一个人对社会作出的物质贡献，也要看他对社会作出的精神贡献。第三，坚持完善自身与贡献社会相统一。评价一个人的人生价值主要看其对社会的贡献，但这不意味着要否定人的自我价值，因为自我价值的满足是个人为社会创造价值的前提。只有个人自我价值得到满足，不断满足自己的需要，促进自我的全面发展，才能为社会创造更多的价值。人生价值是自我价值和社会价值的统一，我们对于人生价值的评价也必然要坚持完善自我与贡献社会相统一。

每个人都在社会实践中努力实现着自己的人生价值，人生价值的实现一方面要从社会客观条件出发。改革开放以来，中国经济社会发展取得了巨大成就，党的十八大以来，中国特色社会主义进入新时代，党的二十大擘画了全面建成社会主义现代化强国的宏伟蓝图，社会的发展进步为新时代青年大学生人生价值的实现提供了有利条件和良好机遇。大学生要珍惜难得的历史机遇，把自己的人生追求及人生价值的实现建立在正确把握当今中国社会发展实际的基础上。人生价值的实现另一方面要从个体自身条件出发。不同人之间的自身条件是有差异的，每个人应客观认识自己，从自身条件出发，在实践中不断增强自身能力，增强实现人生价值的本领。

（四）人生出彩论

美好的人生目标的实现离不开社会实践。新时代青年大学生在正确的人生观、价值观指引下，在实践中正确对待人生矛盾，自觉抵制错误人生观，砥砺奋进，才能成就出彩人生。

矛盾无处不在、无时不有，人生的道路也不可能没有任何矛盾，笔直平坦、没有曲折或一帆风顺的人生道路是不可能存在的。大学生要正确看待人生矛盾，如得与失、苦与乐、顺与逆、生与死、荣与辱，正确处理各种人生矛盾。第一，正确对待得与失。既不要满足于一时的"得"，也不要惧怕或斤斤计较一时的"失"，要跳出对个人得失的计较，关爱他人，热爱集体，真诚奉献，才能赢得他人和社会的尊重。第二，正确对待苦与乐。没有什么事情是不费任何气力、不吃一点苦就能办成的，要成就一番事业，就必须艰苦奋斗。"宝剑锋从磨砺出，梅花香自苦寒来"，人生的快乐只能由奋斗的艰苦转化而来的；"生于忧患而死于安乐"，人生的痛苦或悲剧常常是由于贪图享乐造成的。大学生要准确把握苦与乐的辩证关系，努力做迎难而上、艰苦奋斗的开拓者。第三，正确对待顺与逆。在不同的主客观条件作用下，人生的道路会有顺境和逆境两种不同的境遇。顺境更容易让人接近和实现目标，但容易使人滋生骄娇二气；逆境中恶劣的环境和不利条件不利于人的成功，但可以磨炼意志、陶冶品格、积累战胜困难的经验、丰富人生阅历。司马迁认为：文王拘而演《周易》；仲尼厄而作《春秋》；屈原放逐，乃赋《离骚》；左丘失明，厥有《国语》；孙子膑脚，兵法修列；不韦迁蜀，世传《吕览》；韩非囚秦，《说难》《孤愤》；《诗》三百篇，大抵贤圣发愤之所为作也。可见，逆境持积极向上的态度，会收获好的结果。大学生要善于利用顺境，勇于正视逆境和战胜逆境。第四，正确对待生与死。人的生命历程由生到死这是亘古不变的自然规律，相对于人类历史的长河而言，个体的生命是比较短暂的。每个个体的生命是短暂的又是唯一的，因此人生是弥足珍贵的。大学生要牢固树立生命可贵、敬畏生命的意识，理性面对生老病死等自然现象，努力使自己的生命绽放光彩。个体生命的长度总是有限的，但为人民服务、为人类进步事业贡献力量是无限的。大学生应珍爱生命、珍惜韶华，在服务人民、投身民族复兴伟大事业中发掘出生命所蕴藏的巨大潜能，努力给有限的个体生命赋予更大的意义。第五，正确对待荣与辱。荣与辱是社会在对个人的思想行为进行评价时形成的褒奖或贬斥，是人们在进行自我评价时产生的自我肯定或自我否定的心理体验。大学生应知荣辱、明是非、辨美丑，在社会实践中以"社会主义荣辱观"作为自己的行为规范，从容走好人生之路。

在我们国家，尽管社会主流价值观念积极健康，但现实中还存在拜金主义、享乐主义和极端个人主义等种种错误观念和看法。这些错误的观念和看法其核心都是利己，都围绕物质利益，其形成受唯心主义世界观影响，都有一定的时代和阶级局限。青年大学生思想活跃，但心理素质和集体意识较弱，自身缺乏一定的判断力，容易受这些错误思想观念的侵蚀，这不利于大学生树立科学高尚的人生观。大学生要学会思考、善于分析、正确抉择，认清这些错误思想观念的实质，警惕和自觉抵制它们的侵蚀。

青年人达成人生目标，实现人生价值，离不开社会实践，要在社会实践中把自己的小我融入祖国的大我、人民的大我之中，做到与历史同向、与祖国同行、与人民同在。只有与历史同向，才能把握时代脉搏，把握我国发展所处的重要战略机遇期，抓住机遇，最大限度实现人生价值；只有与祖国同行，将人生目标同国家和民族的前途命运紧紧联系在一起，才能实现人生价值最大化；只有与人民同在，才能在服务人民、奉献社会的实践中实现人生价值。时代的责任赋予青年，时代的光荣属于青年。在 2018 年新年贺词中，习近平总书记提到"幸福都是奋斗出来的"，2018 年 5 月 2 日，习近平总书记在与北京大学师生座谈会上指出："中国的青年运动有很好的革命传统，这个传统就是'永久奋斗'。我们共产党是继承这个传统的，现在传下来了，以后更要继续传下去。"新时代赋予青年新使命，新时代青年大学生应当砥砺奋斗、锤炼品格，在实现中华民族伟大复兴的征程上，实现人生价值，成就出彩人生。

四、专题问题聚焦

在这个挑战与希望并存的时代，新时代青年大学生怎样才能把握人生方向、创造无愧于时代的人生？在世界变化的复杂背景、社会现象的多样性、思想观念的碰撞以及学业、情感、职业等多方面的挑战中，新时代的青年大学生需建立起健全的人生和价值观导向，要有明确人生目的、端正人生态度、正确的人生价值选择，把小我融入祖国的大我、人民的大我之中，不断提升人生境界，与历史同向、与祖国同行、与人民同在，实现人生价值、成就出彩人生。本专题我们要明晰以下几个问题。

（一）如何理解马克思主义对人的本质的解读？

马克思主义对人的本质的解读，深入到了社会存在和社会关系的层面，为我们提供了一种全新的视角来审视人的存在和发展。在马克思主义看来，人的本质不是抽象存在的，而是具体历史的。它是在社会实践中，通过人与人之间的相互关系，特别是生产关系，得以展现和塑造的。马克思主义认为，人的本质是社会性的。人是一种社会动物，无法脱离社会而独立存在。人的思想、行为、情感等都是在社会交往中形成和发展的。人的本质不是先天给定的，而是在社会实践中不断塑造和变化的。马克思主义强调，人的本质是历史性的。人的存在和发展都是在一定的历史条件下进行的。不同的历史阶段，人们的社会关系、生产方式、文化观念等都会发生变化，这些变化都会对人的本质产生影响。因此，人的本质不是一成不变的，而是随着历史的发展而不断变化的。马克思主义认为，人的本质是实践性的。人的本质不是抽象的、理论的概念，而是具体的、实践的行动。人的本质是在实践中得以展现和实现的。只有在实践中，人才能不断地改变自己和世界，实现自己的价值和意义。马克思主义对人的本质的解读，是一种全面、深刻、历史、实践的解读。它让我们认识到，人的本质不是抽象的、静态的，而是具体的、历史的、实践的。只有在深入理解马克思主义对人的本质的解读的基础上，我们才能更好地认识自己、理解世界、推动社会的进步和发展。

（二）青年大学生应如何认识和正确处理个人与社会的辩证关系？

青年大学生作为社会的新鲜血液和未来的希望，他们的个人成长与社会发展息息相关。在个人与社会的辩证关系中，青年大学生需要明确自己的定位，并学会如何在这个复杂的关系中找到平衡。青年大学生要认识到个人与社会是相互依存的。个人的成长和发展离不开社会提供的资源和环境，而社会的进步和发展也需要个人的贡献和努力。因此，青年大学生应该积极融入社会，关注社会的需求和变化，将个人的发展与社会的需要相结合。青年大学生要学会正确处理个人与社会的矛盾和冲突。在社会发展中，个人的利益和社会的利益往往会存在一定的矛盾和冲突。在这种情况下，青年大学生应该坚持正确的价值导向，以社会的整体利益为重，同时也要保护个人的合法权益。通过积极的沟通和协商，寻求个人与社会之间的和谐共处。青年大学生要不断提升自己的综合素质和能力水平，以更好地适应社会的发展变化。通过学习和实践，不断提高自己的知识水平、实践能力和创新精神，为个人与社会的共同发展贡献自己的力量。青年大学生应该正确认识和处理个人与社会的辩证关系，积极融入社会，关注社会的需求和变化，同时也要保护个人的合法权益。通过不断提升自己的综合素质和能力水平，为社会的繁荣和发展贡献自己的青春和力量。

（三）人生目的在人生实践中有着怎样的重要作用？

人生目的是指个体对自己生命的期望和追求，它在人生实践中起着至关重要的作用。人生目的为我们的生活提供了方向和指引，让我们能够明确自己要走的路，避免迷失在纷繁复杂的人生道路上。人生目的激发我们的动力和热情。当我们有了明确的人生目的，就会感到内心有一股强烈的动力推动我们前进。这种动力会使我们更加积极地面对生活中的挑战和困难，更加努力地追求自己的目标。同时，人生目的也会激发我们的热情，让我们对自己的生活充满热爱和激情。人生目的帮助我们建立正确的人生观和价值观。人生目的是我们对自己生命的期望和追求，它反映了我们的价值观和信仰。通过追求自己的人生目的，我们能够更好地理解人生的意义和价值，建立正确的人生观和价值观。这会使我们在面对生活中的各种选择时，能够作出更加明智和正确的决策。人生目的能够让我们更加珍惜生命和时间。当我们有了明确的人生目的，就会更加珍惜自己的生命和时间，努力让自己的生命更加有意义和价值。我们会更加关注自己的成长和进步，更加努力地实现自己的梦想和目标。同时，我们也会更加珍惜身边的人和事，让自己的生命更加充实和美好。人生目的在人生实践中起着至关重要的作用。它激发我们的动力和热情，帮助我们建立正确的人生观和价值观，让我们更加珍惜生命和时间。因此，我们应该认真思考自己的人生目的，并不断努力追求它，让自己的生命更加精彩和有意义。

（四）如何认识服务人民、奉献社会的人生目的？

认识服务人民、奉献社会的人生目的，首先要明确这一目标的深远意义。人生在世，我们的行为、决策和追求，都应当有一个明确的方向和目的。服务人民、奉献社会，不仅仅是一种个人行为的选择，更是一种人生观的体现，一种对生命价值的深刻理解。

服务人民，意味着我们的行为应当以人民的需求和利益为出发点，始终站在人民的立场上，为人民谋福利，为人民解忧愁。这要求我们在日常生活和工作中，始终保持一颗公仆之心，用实际行动去回应人民的期待，去满足人民的需求。

奉献社会，则意味着我们的行为应当有利于社会的和谐与进步，应当为社会的进步和发展贡献自己的力量。这要求我们有一种大局意识，有一种责任感，能够积极投身到社会建设中去，用自己的智慧和力量，去推动社会的发展。

认识服务人民、奉献社会的人生目的，需要我们有一种高尚的道德情操，有一种对社会、对人民的深深热爱。我们要明确，个人的成长和进步，离不开社会的支持和培养；同样，社会的和谐与进步，也需要我们每个人的积极参与和贡献。因此，服务人民、奉献社会，既是我们的人生目的，也是我们的社会责任。

同时，我们也应该认识到，服务人民、奉献社会并不是一种空洞的口号，而是需要我们在实际行动中去体现和落实。我们要在日常工作中，不断提高自己的业务能力和服务水平，以更好地满足人民的需求；在社会建设中，我们要积极参与，用实际行动去推动社会的进步。

总之，认识服务人民、奉献社会的人生目的，需要我们有一种高尚的道德情操，有一种对社会、对人民的深深热爱，同时也需要我们在实际行动中去体现和落实。只有这样，我们才能真正实现自己的人生价值，为社会的进步和发展贡献自己的力量。

（五）青年大学生应确立什么样的人生态度？

青年大学生正处于人生的重要阶段，他们正在接受高等教育，为未来的职业生涯做准备。在这个阶段，确立正确的人生态度至关重要。青年大学生应该树立积极向上的人生态度。他们应该对生活充满热情和信心，勇于面对挑战和困难。在遇到挫折时，他们应该保持乐观和坚定的信念，相信自己的能力和潜力。只有积极向上的态度，才能让他们在人生道路上不断前进，取得更好的成就。青年大学生应该具备批判性思维和创新能力。在现代社会，信息爆炸，知识更新迅速。青年大学生需要具备独立思考和批判性思维的能力，以便在海量信息中筛选出真实有用的内容。同时，他们也应该具备创新能力，勇于尝试新事物，不断探索未知领域。这样的人生态度将有助于他们在未来的职业生涯中脱颖而出。青年大学生应该注重个人成长和自我提升。他们应该不断学习新知识、新技能，提高自己的综合素质。同时，他们也应该关注自己的身心健康，保持积极向上的心态。只有不断成长和提升自己，才能更好地适应社会的变化和发展。青年大学生应该具备社会责任感和奉献精神。作为社会的一分子，他们应该关注社会的发展和进步，积极参与公益活动，为社会作出贡献。同时，他们也应该具备奉献精神，乐于帮助他人，为他人谋福利。这样的人生态度将让他们的生命更加有意义和价值。

（六）如何正确理解人生的自我价值与社会价值之间的辩证关系。

在人生的舞台上，每个人都扮演着不同的角色，追求着各自的梦想和目标。在这个过程中，我们不仅要关注自身的成长和发展，还要关注我们与社会的关系，正确理解人生的自我价值与社会价值之间的辩证关系。自我价值，是指个体通过自我实现、自我提升和自我完善所获得的价值感。它是个体在认识自我、塑造自我、完善自我的过程中，对自己所持有的肯定态度和自信。社会价值，则是指个体在社会中通过为社会作出贡献、实现社会目标所获得的价值认可。它是个体在参与社会活动、承担社会责任、推动社会进步的过程中，对社会所持有的贡献和影响力。

正确理解人生的自我价值与社会价值之间的辩证关系，意味着我们要在追求自我价值的同时，不忘社会责任，积极为社会作出贡献。自我价值的实现离不开社会价值的提升，而社会价值的提升也会促进自我价值的实现。只有当我们把个人的梦想和目标与社会的需求和发展紧密结合起来，才能在实现自我价值的同时，为社会创造更多的价值。我们要有自我意识，明确自己的价值和定位。只有深入了解自己的兴趣、能力和潜力，才能更好地规划人生道路，实现自我价值。我们要关注社会发展，积极参与社会活动。通过参与社会活动，我们可以了解社会需求，找到实现自我价值的舞台，为社会作出贡献。我们要不断提升自身素质，增强社会责任感。只有具备较高的素质和责任感，才能更好地担当起社会责任，实现自我价值与社会价值的和谐统一。总之，正确理解人生的自我价值与社会价值之间的辩证关系，对于我们的成长和发展具有重要意义。我们要在追求自我价值的同时，不忘社会责任，积极为社会作出贡献，实现自我价值与社会价值的和谐统一。

（七）如何科学评价人生价值？

这是一个复杂而深刻的问题，涉及人的本质、社会角色、道德伦理等多个方面。为了科学地评价人生价值，我们需要从多个角度出发，进行综合分析。我们需要明确人生的多元性。每个人都有自己独特的才能、兴趣和追求，因此，人生价值并非单一的，而是多元化的。在评价人生价值时，我们应该尊重这种多元性，允许人们在不同的领域和方面实现自己的价值。我们需要考虑人生的社会属性。人是社会性的动物，我们的价值往往是通过与他人的互动和贡献来体现的。因此，在评价人生价值时，我们应该关注个人对社会的贡献和影响，包括在职业、家庭、社区等方面的表现。我们还需要关注人生的道德维度。道德是人类社会的基本规范，它引导我们作出正确的选择和决策。在评价人生价值时，我们应该注重个人的道德品质和行为表现，如诚实、善良、勇敢等。这些品质和行为不仅影响个人的声誉和形象，也关乎社会的和谐与稳定。我们需要运用科学的方法进行评价。这包括客观的数据分析、问卷调查、专家评估等手段。通过这些方法，我们可以更加全面、准确地了解个人的才能、成就和贡献，从而更加科学地评价人生价值。科学评价人生价值是一个复杂而重要的任务。我们需要从多个角度出发，综合考虑人生的多元性、社会属性和道德维度，并运用科学的方法进行评价。只有这样，我们才能更加全面、准确地了解个人的价值，为社会的和谐与发展作出更大的贡献。

（八）人的一生中总会遭遇各种各样的困难和挑战，如何正确认识和处理人生矛盾？

面对人生的各种矛盾和挑战，我们需要有一个清晰的认识和合理的处理方法。首先，我们需要明白，人生中遇到的矛盾和困难是不可避免的，这是生活的一部分，也是成长的必经之路。我们不能选择避开它们，而应该勇敢地去面对和解决它们。我们需要正确看待这些矛盾。不同的矛盾可能有着不同的根源和性质，有些可能源于我们自身的缺点和不足，有些可能源于外部环境的变化和挑战。我们需要对这些问题进行深入的分析和理解，明确问题的本质和根源，才能找到解决的办法。我们需要学会处理这些矛盾。处理矛盾的过程中，我们需要保持冷静和理智，不能被情绪所左右。我们需要运用自己的智慧和才能，寻找解决问题的最佳途径。有时候，解决矛盾可能需要我们作出一些牺牲和让步，但这并不意味着我们要放弃自己的原则和价值观。我们需要从矛盾中吸取经验和教训。每一次解决矛盾的过程，都是一次成长和进步的机会。我们需要认真总结经验和教训，不断提高自己的能力和水平，以更好地应对未来可能出现的挑战和矛盾。正确认识和处理人生矛盾是我们在成长过程中必须面对的问题。我们需要保持积极的心态和乐观的态度，勇敢面对挑战，不断提升自己的能力和智慧，以更好地应对人生的各种矛盾和困难。

（九）错误的人生观容易侵蚀大学生的心灵，我们应当反对哪些错误的人生观？它们的实质是什么？

在大学生活中，人生观对于每一个学生的成长和发展都具有重要的影响。然而，由于大学生的世界观、价值观尚未成熟，很容易受到一些错误人生观的影响。这些错误的人生观不仅可能阻碍大学生的个人发展，更可能对他们的心灵造成长期的伤害。我们应当反对享乐主义的人生观。这种人生观认为人生的目标就是追求快乐和享受，忽视了个人的社会责任和对他人的关爱。享乐主义的实质是自私和短视，它鼓励人们只关注自己的需求，而忽视了人类社会的整体利益和长远发展。这种人生观对于大学生的影响是让他们过度关注物质享受，忽视了精神世界的充实和人格的成长。我们应当反对功利主义的人生观。功利主义认为人生的价值在于其对社会和他人的有用性，把人的价值等同于其所能产生的利益。这种人生观的实质是忽视了个人的内在价值和尊严，把人看作实现某种目的的工具。对于大学生来说，功利主义的人生观可能导致他们过于注重成绩和名利，忽视了自身的兴趣和爱好，甚至可能为了追求成功而不择手段。我们应当反对虚无主义的人生观。虚无主义认为人生没有意义，一切都是徒劳的。这种人生观的实质是对生命的否定和对未来的绝望，它可能让大学生对生活失去信心和热情，陷入消极和迷茫的状态。对于大学生来说，虚无主义的人生观可能导致他们对学习和生活失去兴趣，对未来感到迷茫和困惑。综上所述，享乐主义、功利主义和虚无主义都是我们应当反对的错误人生观。它们的实质都是对人生价值的扭曲和误解，对于大学生的成长和发展具有极大的负面影响。因此，我们需要引导大学生树立正确的人生观，让他们理解人生的真正价值在于追求真理、关爱他人和实现自我超越。只有这样，大学生才能在大学期间获得全面的发展，为未来的生活和事业奠定坚实的基础。

（十）新时代青年大学生如何成就出彩人生？

在新时代的浪潮中，青年大学生肩负着建设祖国、实现中国梦的重任。那么，作为新时代的青年大学生，我们应该如何成就出彩的人生呢？我们需要树立远大的理想和目标。只有明确了自己的人生方向，我们才能有动力去努力奋斗。我们要立志成为国家的栋梁之材，为实现中华民族伟大复兴的中国梦贡献自己的力量。我们要不断学习和提升自己的能力。在知识爆炸的时代，学习已经成为我们终生的事业。我们要充分利用大学这段宝贵的时光，努力学习专业知识，同时也要拓宽视野，学习各种技能和知识。只有具备了丰富的知识和能力，我们才能更好地适应社会的发展，实现自己的人生价值。我们要勇于实践和锻炼自己。实践是检验真理的唯一标准，也是锻炼我们能力的重要途径。我们要积极参加各种社会实践活动，通过实践来检验自己的理论知识，提高自己的实践能力。同时，我们也要勇于面对挑战和困难，不断挑战自己的极限，提升自己的综合素质。我们要保持积极向上的心态和乐观的人生态度。人生的道路上充满了曲折和困难，但我们不能因此就放弃追求梦想的勇气。我们要始终保持积极向上的心态，面对困难和挑战时不退缩、不放弃。同时，我们也要学会珍惜身边的人和事，感恩社会的养育之恩，用自己的行动回报社会。总之，新时代青年大学生要成就出彩的人生，需要树立远大的理想和目标、不断学习和提升自己的能力、勇于实践和锻炼自己、保持积极向上的心态和乐观的人生态度。只有这样，我们才能在新时代的浪潮中乘风破浪、勇往直前，书写属于自己的精彩人生篇章。

五、专题延伸内容

（一）本专题与新教材关系梳理

本专题以新教材教学大纲和内容为遵循和基础，体现和贯穿着党的二十大精神等党的理论创新的最新成果，整体内容设计和逻辑建构凸显新教材课程目标达成的要求，紧扣重点、难点和热点问题，特别对教材新增内容进行积极研究和思考，并且参考大量前瞻性的学术成果尝试进行阐释，集中回应新时代大学生经常思考和探讨的人生问题，力图为解答好青年学生青春之问的困惑和迷茫提供理论的参考。

新教材重点充实、融入习近平新时代中国特色社会主义思想关于人生观等问题的最新论述。第二节增加习近平总书记关于"人民是历史的创造者，是真正的英雄"的论述，启发学生确认只有"服务人民、奉献社会"的人生观才是科学高尚的。用中国冬残奥会首位"三冠王"杨洪琼认真训练、顽强拼搏的事迹，说明个体在实践中要努力发挥主观能动性，超越自我、掌握本领，为实现人生价值做好充分准备。第三节融入习近平总书记考察红旗渠时的重要讲话精神，强调新时代的青年要继续发扬吃苦耐劳、自力更生、艰苦奋斗的精神，鼓励青年面对挫折逆境能够守住初心、激流勇进，杜绝"躺平"人生。在"成就出彩人生"部分，融入党的二十大报告"我们所处的是一个充满挑战的时代，也是一个充满希望的时代"等论述，引导新时代大学生以历史唯物主义的宽阔视野认清世界大势，顺应历史潮流，增强紧迫感和使命感。在第三节的"成就出彩人生"部分用"时代楷模"杜富国的英雄事迹，感染和引导青年学生与祖国同行、与人民同在，把人生发展与党和人民的宏伟事业紧密相连，释放青春奋斗激情，升华人生境界高度。新教材的以上精神会在本专题中得到恰如其分的体现。

本专题重点探讨的人生观问题是一个古老而常新的话题，面对世界之变、时代之变、历史之变的深刻演进，面对各种思潮的相互激荡和众多诱惑的严峻考验，对新时代大学生来说，怎样才能创造有价值的人生，从而在浩瀚的人生星空中留下闪光的足迹，是必须认真解答的课题。科学认识马克思主义关于人的本质的观点，深刻思考和正确解答"为人民服务过时了吗""如何收获人生幸福""青年人能否选择躺平"等问题，对大学生走好人生之路至关重要。

（二）为人民服务过时了吗？

社会深刻变革必然带来利益关系、利益格局的全方位、大幅度的调整，形成人们的思想观念、价值体系的复杂多变、多元多样的状态，人们的价值认知不再像以前那样单一，在这种背景下，工具理性主导的观点宣称"为人民服务过时了"，对此，我们不能闪烁其词持回避的态度，必须理直气壮地作出正面回答，为人民服务的人生观是科学高尚的人生观，永远不会过时！

1. 为人民服务的人生观是科学高尚的人生观。个人与社会的关系是认识和处理人生观问题的重要着眼点和出发点，人的本质问题又是认识个人与社会关系的一把钥匙。在中外思想史上，马克思运用辩证唯物主义和历史唯物主义的立场、观点、方法第一次科学揭示了人的本质之谜。马克思在《关于费尔巴哈的提纲》中指出人的本质的核心观点："人的本质不是单个人所固有的抽象物，在其现实性上，它是一切社会关系的总和"。这启示我们，每个人从出生便置身于一定的社会关系中，只有在社会关系中才是真正意义上的人。个人与社会密不可分，是矛盾也是统一的，相互依存、相互制约、相互促进。因此，社会的发展离不开每个人的贡献，人只有在推动社会进步的过程中才能实现自我的发展。唯物史观认为人民群众是历史的创造者和历史的主人，是推动历史前进的决定力量。这种群众史观反映到人生观上，必然是为人民服务的人生观。

1848 年，马克思恩格斯在《共产党宣言》中深刻指出："过去的一切运动都是少数人的或者为少数人谋利益的运动，无产阶级的运动是绝大多数人的，为绝大多数人谋利益的独立的运动。"[①] "为绝大多数人谋利益"，这不仅是无产阶级革命运动的宗旨，同时也是对无产阶级人生观的高度概括。在中国革命和建设的实践中，毛泽东等老一辈革命家把马克思主义理论同中国实际相结合，同中华优秀传统文化相结合，创造性地发展和丰富了马克思主义人生观。毛泽东把无产阶级的革命人生观精辟地概括成"为人民服务"，并强调它是一个原则问题、根本问题和宗旨问题，指出它是我们党和每个革命者一切政策和措施、言论和行动的出发点和归宿。在长期的革命和建设实践中，由于我们党一贯提倡全心全意为人民服务的先进思想，先后涌现出了雷锋、张思德、邓稼先、焦裕禄、任长霞、廖俊波、

---

① 童贤成：《马克思主义科学体系整体性研究》，人民出版社 2014 年版，第 185 页。

张桂梅、张富清、黄文秀、王传喜等一大批为人民服务的楷模,他们以道德纯美、淡泊名利书写精彩人生,不为狭隘私心所扰,不为浮华名利所累,不为低俗物欲所惑,他们的事迹激励着广大人民群众心有大我、点亮人生、奉献社会、成就事业。习近平总书记深刻指出:"必须牢记我们的共和国是中华人民共和国,始终要把人民放在心中最高的位置,始终全心全意为人民服务,始终为人民利益和幸福而努力工作。"①青年时代,选择吃苦也就选择了收获,选择奉献也就选择了高尚……只有无私奉献的青春,只有激情奋斗的青春,才能留下充实、温暖、持久、无悔的青春回忆。

2. 为人民服务的人生观是社会主义经济基础的客观要求。我国社会主义基本经济制度是为人民服务的根本制度保证。新中国成立以来特别是改革开放以来,中华民族从跪到立、由废到兴,创造了经济快速增长和社会长期稳定的两大奇迹,万众瞩目的辉煌成就一再证明,社会主义基本经济制度符合我国社会主义初级阶段的基本国情,与现阶段生产力发展水平相适应。我们的人生观应当反映社会主义基本经济制度的要求,促进其巩固和完善。全体劳动者共同占有生产资料,从根本上消除了人剥削人的可能,每位劳动者都在为国家、为社会、为他人同时也在为自己劳动,只有社会分工的差异,行业无贵贱,劳动无尊卑,"每个劳动者和建设者都在为社会、为他人同时也为自己而劳动和工作;在生产和生活过程中,全社会逐步形成了团结互助、平等友爱、共同进步的人际关系;权利和义务统一于人民自己身上,每个人都是服务对象,又都为他人服务,全体人民通过社会分工和相互服务来实现共同利益。"②由此决定了,人们之间形成团结互助、平等友爱的人际关系,构筑起为人民服务的广泛社会基础。

3. 为人民服务的人生观是社会主义市场经济健康发展的客观要求。习近平总书记指出:"在社会主义条件下发展市场经济,是我们党的一个伟大创举。我国

---

① 习近平:《在第十三届全国人民代表大会第一次会议上的讲话》,人民出版社2018年版,第2页。

② 罗国杰:《建设与社会主义市场经济相适应的思想道德体系》,人民出版社2011年版,第7页。

经济发展获得巨大成功的一个关键因素，就是我们既发挥了市场经济的长处，又发挥了社会主义制度的优越性。"①社会主义市场经济极大地解放和发展了社会主义生产力，激发出社会主义经济的生机和活力。有人说市场经济是逐利经济，追求经济利润的最大化，为人民服务与市场经济是格格不入的。其实恰恰相反，市场经济具有利他性。我们知道，市场经济是与发达的商品生产和商品交换相联系的一种经济体制和运行机制。它以市场为纽带，以商品货币为媒介，把生产者与消费者、个人与社会连接在一起。商品具有二重性，即价值和使用价值，生产者关心的是价值——投入成本能带回多少利润，消费者关心的是使用价值——是否物美价廉，通过市场媒介，当消费者认购了商品，商品的价值实现，获取利润才能变为现实。市场经济的逻辑就是，经营者要想通过市场谋取自己的更大利益，就必须以优质的服务满足他人和社会的需要，更好地为社会服务。这种逻辑内在包含了利己与利他、营利与服务的统一。百年老字号的南京冠生园因月饼陈馅事件而走向穷途末路，长生生物因疫苗过期事件落得退市破产的凄惨境地，腾格里沙漠环境污染事件中责任企业被惩罚缴纳天价罚款，都说明成熟的市场经济氛围中，经济主体如果不考虑他人和社会的利益，甚至损人利己、损公肥私，就难以获得持久的利润。市场经济渗透着"互惠互利""公平交易"的行为准则。

社会主义市场经济的本质要求是为人民服务。为人民服务的价值理念与市场经济具有内在的一致性，但不能简单地把市场经济的利他性与为人民服务混为一谈。我们强调社会主义市场经济的本质要求为人民服务，不仅在于人们在经济活动中应"正确处理个人与社会、竞争与协作、效率与公平、先富与共富、经济效益与社会效益等关系"。②而且强调在社会主义物质文明和精神文明的引导下，每个市场主体都要有为人民服务的思想。每个市场主体在自觉自主的基础上积极践行为人民服务，把自身的特殊利益同国家和人民的共同利益结合起来。总之，为人民服务体现了社会主义市场经济条件下的义利观和人生观，只有培育和崇尚为

①《十八大以来重要文献选编（下）》，中央文献出版社2018年版，第5-6页。
②李崇富、李建平：《科学发展观与历史唯物主义》，人民出版社2006年版，第392页。

人民服务的人生价值理念，发挥好它对市场经济的价值导向作用，才能保障社会主义市场经济健康有序地发展。为人民服务的人生观历久弥新而具有永恒的价值，是我们成就璀璨人生的行动指南和动力源泉，我们应当坚持用为人民服务的人生观观察人生、解读人生、引领人生，把小我融入祖国的大我，众志成城凝心聚魂，在实现中华民族伟大复兴中国梦的征程中描绘出壮美篇章，创造出彩人生。

（三）如何收获人生幸福？

从中国古代思想家孔子的"饭疏食饮水，曲肱而枕之，乐亦在其中矣。不义而富且贵，于我如浮云"，到康有为的大同理想和孙中山先生的三民主义，再到中国共产党为之奋斗的共产主义，幸福可谓是人们亘古不变孜孜以求的梦想。党的二十大报告指出："中国共产党是为中国人民谋幸福、为中华民族谋复兴的党"①，这是中国共产党的初心和使命。那么，对于个体来说，我们如何才能获得人生幸福呢？有人说贪图消费、穷奢极欲是幸福，也有人说权高位重、呼风唤雨是幸福，还有人认为经营自我、小富即安便是人生幸福。事实是怎样的呢？这需要我们对什么是幸福，以及如何收获人生幸福等问题进行深刻思考和剖析。

1. 马克思幸福观的意蕴

马克思的一生是胸怀崇高理想、为人类的解放和幸福奋斗不息的一生。他虽饱受颠沛流离和贫病交加之苦，却始终没有停止他为人类的幸福所进行的艰苦探索。虽然没有成体系的幸福观，但他对无产阶级悲惨命运的悲悯与考察，体现他对人类幸福的关注，对资本主义及其异化的革命性批判彰显他对幸福的哲思。近些年马克思幸福观研究在学界持续升温，综合研析具有代表性学者的佳作，笔者认为"其幸福观基于唯物史观的理论基础，根植于现实的人的生存实践，将物质生产视为实现幸福与美好生活的根源，其最终旨趣是在共产主义社会中实现人的本质复归"。马克思幸福观的基本要义蕴含以下几点：

（1）以"现实的人"为逻辑起点。追求幸福是人的本性，恩格斯认为："每

---

① 习近平：《高举中国特色社会主义伟大旗帜 为全面建设社会主义现代化国家而团结奋斗——在中国共产党第二十次全国代表大会上的报告》，人民出版社2022年版，第21页。

一个人的意识或感觉中都存在着这样的原理，它们是颠扑不破的原则，是整个历史发展的结果……例如，每个人都追求幸福"。① 但以往的幸福观包括古希腊罗马时期自然主义幸福观、近代资产阶级功利主义幸福观，把幸福理解为空洞抽象的幸福，学者丁敏、李包庚（2022）经过深入探讨，明确提出马克思在批判继承西方抽象幸福观的基础上，把人的幸福与社会发展和历史进程有机结合起来，形成了历史唯物主义的幸福观。认为幸福的主体不是抽象、虚幻的人，而是"现实的人"，幸福不是纯粹的"自我意识"，而是直接现实性的存在，这告诉我们，马克思将"从事实际活动的人"置于幸福的中心，"现实的人"真正成为历史创造者和应然享受者。恰如王红云（2022）经缜密剖析得出的结论，马克思使幸福在天国的神性逻辑转变为幸福在尘世的人性逻辑。总之对"现实个人"的关注彰显着幸福不悬系于上帝，也并非哲学思辨，是真真切切的活生生的现实个人实践出来的愉悦生活。

（2）以自由劳动为核心要素。马克思认为劳动是人不同于动物的根本特性，在《1844年经济学哲学手稿》中，马克思指出"一个种的全部特性，种的类特性，就在于生命活动的性质，而人的类特性恰恰就是自由的自觉的活动"。马克思所说的"自由自觉的活动"指的就是劳动。何逢源（2023）在论证马克思幸福观的三重维度时，一个重要方面就是一语中的指出，"劳动的绝对自由"是劳动居民幸福的最好条件，劳动构成马克思幸福观的核心要素。其含义为，只有自由自觉的劳动才是人生幸福的最终来源，幸福存在于彰显人的本质的生成和确证的劳动中，"劳动过程是人的本质力量的对象化，劳动产品是'一本打开了的关于人的本质力量的书'"。劳动的过程和结果实现和确证人的本质，展现人的主体力量、创造能力和审美意境，从而使人产生心理与精神的双重满足感，劳动是充满幸福旨趣的存在形式和生活方式。可以说，幸福就是指人的自由劳动状态以及由此确证的人的自由自觉性存在。

强调"自由劳动"意味着消除异化劳动，异化劳动是指在私有制条件下，劳

---

① 《马克思恩格斯全集》（第四十二卷），人民出版社1979年版，第373—374页。

动者同自己的劳动产品、劳动本身以及其他人之间的关系被扭曲和破坏，导致劳动者失去对自己劳动的控制和意识，从而产生一种"异化"的状态。"对工人来说，劳动产品成了异己的存在，越多的劳动产品意味着工人创造了越多与他敌对的对象世界的力量。"为此，马克思认为必须先废除私有制，从主观和客观上解除异化劳动对人的控制和束缚，实现自我意识的觉醒和自由意志的展开，持续生成劳动主体本质力量。徐雨晴、王萍（2023）在论及此问题时这样总结："幸福的实现也就是推翻使人劳动异化的私有制以及社会生产关系，使人能够在劳动过程中实现自身的价值，从而得到自由而全面的发展"。

（3）以人民幸福为价值指向。"马克思主义博大精深，归根到底就是一句话，为人类求解放。"习近平总书记指出，马克思主义第一次站在人民的立场探求人类自由解放的道路，以科学的理论为最终建立一个没有压迫、没有剥削、人人平等、人人自由的理想社会指明了方向。人民性堪称是马克思主义幸福观中最闪亮的智慧、最雄厚的力量，马克思认为，人民群众是历史的创造者、推动者，也是奋斗成果的享受者。王红云（2022）经过研究甄别认为，马克思的幸福观在历史唯物主义的宏大视野中确立了幸福的本体所在，为实现人民的现实幸福指明了根本方向。马克思一生尊奉"追求幸福并不是个人的私事"的信条，提出"人们只有为同时代人的完善，为他们的幸福而工作，才能使自己也达到完善"。[1] 即说，只有把个人利益与国家社会、人民的整体利益结合起来，才能真正实现个人自由而全面的发展。这样的奋斗才是马克思所说的幸福的源泉，这样价值取向的奋斗才能锻造出最温暖、最持久、最彻底的幸福。

（4）以物质生活和精神生活为内容架构。"马斯洛的需要层次理论将人的需要分为五个层次：生理需要、安全需要、情感与归属需要、尊重需要和自我实现的需要，归根结底，这五种需要可以划分为物质需要和精神需要"。马克思认为物质生活和精神生活是幸福的统一的两方面，提出"当人们还不能使自己的吃喝

---

① 罗范懿：《马克思传记故事》，人民出版社1998年版，第20页。

住穿在质和量方面得到充分保证的时候，人们就根本不能获得解放"。^①这明确告诉我们，个人得首先满足他基本的物质需求，这是追求更高层次幸福的前提和保障，而对精神生活发展水平的提高，是实现个人幸福的关键。马克思幸福观视阈下的物质财富和精神财富的统一是全时空的，物质满足作为前提是在理论逻辑的层面上，并不意味着先满足物质需要，然后再去追求精神生活，两方面在时空上的统一是马克思幸福观的重要意蕴和鲜明特色，以此为指针，我们就能不断去追求和体验人生幸福的愉悦感、成就感，不断提升人生幸福的境界层次。

2. 人生幸福的实现路径

马克思幸福观的理论旨趣和终极目标是实现全人类的自由而全面的发展，这为人类追求幸福提供了科学的立场和观点，也指明了切实可行的路径，创造性地回答了"如何获得幸福"的时代之问。

（1）基于理想维度，坚持个人幸福与社会幸福相统一，在追求社会幸福中收获个人幸福。幸福的主体是"现实的人"，"现实的人"在本质上是一切社会关系的总和，个人幸福和社会幸福相互依存、相互制约，个人幸福是社会幸福的应有之义和根本目标，社会幸福是个人幸福的重要基础和根本保障。没有社会幸福之树的根深叶茂，便没有个人幸福之树的繁花似锦；同样，没有个人幸福之树的蓬勃生长，也没有社会幸福的茂密森林。因此，个人幸福的追求要顺应社会发展的客观规律和社会幸福的内在逻辑，要心怀"国之大者"，厚植爱国主义情怀，担当起时代赋予的社会责任和历史使命，与祖国人民同呼吸、共命运，到火热的社会实践中得到锻造和锤炼，将奋斗激情燃烧到广袤的中华大地上，有理想、敢担当、能吃苦、肯奋斗，到奉献社会、服务人民的壮丽事业中，创造最绚烂的人生价值，体验和收获最深沉、最温暖的人生幸福。当个人幸福的实现与社会整体幸福的实现发生冲突时，个人应自觉维护社会的整体幸福。马克思指出："经验赞美那些为大多数人带来幸福的人是最幸福的人。"^②

---

① 《马克思恩格斯选集》（第一卷），人民出版社 2012 年版，第 154 页。
② 《马克思恩格斯全集》（第四十卷），人民出版社 1982 年版，第 7 页。

（2）基于实践维度，坚持艰苦奋斗与合理享受相统一，以不懈奋斗创造幸福。幸福源于劳动创造是马克思幸福观的核心要素，习近平总书记赓续和发展了这一思想，提出"幸福都是奋斗出来的""奋斗本身就是一种幸福"等著名论断，是对马克思关于"劳动是幸福源泉"的时代表达，科学回答了幸福获得的实践途径。奋斗对个体而言是幸福的底色，对社会而言是促进社会发展的动力。奋斗是中国共产党人精神谱系的价值底蕴，也是中国共产党的优良传统，中国共产党创造的惊艳世界的百年成就，就是党励精图治率领中国人民接续奋斗的结果。柴素芳、姜旭两位老师（2023）在论证此问题时指出，习近平总书记在党的二十大报告中28次提到奋斗，包括"团结奋斗""共同奋斗""接续奋斗""艰苦奋斗""伟大奋斗"等，淋漓尽致地彰显幸福与奋斗的紧密关联性。

习近平总书记豪迈地说道："新时代的伟大成就是党和人民一道拼出来、干出来、奋斗出来的！"新时代所实现的一系列突破性进展，取得的标志性成果，都从奋斗中来。领先世界的量子通信卫星"墨子"的成功发射、中华民族的千年小康梦圆、史上最难的脱贫攻坚战完美收官、史上规模最浩大的医保体系的建立完善、抗击百年一遇新冠疫情取得决定性胜利……都是党带领人民筚路蓝缕、手胼足胝书写的艰苦奋斗史。"追梦需要激情和理想，圆梦需要奋斗和奉献"。我们要胸怀民族复兴的大志以及"敢教日月换新天"的伟大奋斗精神，逢山开路遇水搭桥，真抓实干、埋头苦干、拼命硬干，用辛勤劳动和忘我奋斗的汗水浇灌出美好的幸福之花。人生幸福就是在奋斗中享受创造的快乐，在享受中体会奋斗的意义，幸福是奋斗与享受的有机统一。

（3）基于层次维度，坚持物质生活与精神生活相统一，以精神生活升华幸福。人生幸福既有物质层面的满足，又有精神层面的满足，首先，认识到物质财富是幸福的基础和前提，抛开物质谈幸福是不现实的。马克思曾说"对一个忍饥挨饿的人，忧心忡忡的穷人甚至对美丽的景色都没有什么感觉"。[1] 没有物质生活的支撑，精神生活也是贫瘠的或者难以长久。其次，坚持精神生活是幸福的重要内容。

---

① 《马克思恩格斯全集》（第四十二卷），人民出版社1979年版，第126页。

中华民族历来有着崇尚精神、重视精神生活的传统，孔颜之乐、夙夜在公、立志乐道、义利之辨、理欲之辨等彰显先贤对幸福的独到理解，这种传统推动着中华民族生生不息、持续发展。"没有人民精神世界的极大丰富，没有民族精神力量的不断增强，一个国家、一个民族不可能屹立于世界民族之林"。因此，我们追求物质生活的富足殷实，但不能弱化消解对精致精神生活的体验，没有精神生活的幸福是缺失核心和灵魂的虚假的幸福，要警惕人的物化、幸福异化的误区，反对享乐主义和金钱拜物教的幸福观，不要把财富和金钱视为衡量人生幸福与成功的尺度，超越和扬弃资本为本位的逻辑体系，树立科学高尚的人生观、崇德慎行的道德观、典雅知性的审美观，在充实的精神生活中享受和感悟人生幸福，努力提升人生幸福的境界。

（四）当代青年能否选择"躺平"？

"躺平"作为 2021 年的年度热词由网络媒体产生、传播并迅速蹿红，成为我们这个时代青年亚文化的表征，甚至成为部分青年人信奉的人生态度和生存哲学。"躺平文化"流行，既反映了社会转型时期人们的文化价值观和生活态度的嬗变，也体现出人们面对激烈竞争的焦虑、困惑和无奈。习近平总书记在党的二十大报告中指出："青年强，则国家强……广大青年要坚定不移听党话、跟党走，怀抱梦想又脚踏实地，敢想敢为又善作善成，立志做有理想、敢担当、能吃苦、肯奋斗的新时代好青年，让青春在全面建设社会主义现代化国家的火热实践中绽放绚丽之花。"[1] 新时代青年肩负着民族复兴的历史使命，我们必须审慎认识"躺平"的社会现象，通过探讨揭示其形成机制、重要影响，通过加强价值引领和完善社会治理体系，实现对"躺平"的消解和超越，进而引领当代"躺平"青年"站起来"，再到"强起来"。

---

[1] 习近平：《高举中国特色社会主义伟大旗帜 为全面建设社会主义现代化国家而团结奋斗——在中国共产党第二十次全国代表大会上的报告》，人民出版社 2022 年版，第 71 页。

1. "躺平"的概念解析和生成机制

（1）"躺平"的概念解析

"躺平"的本义是生理、物理意义上的躯干平躺休息，后延伸至社会心理层面，是指"一部分青年在社会'内卷'下，在所承受的压力突破个体心理临界时，选择放弃努力、消极逃避的精神或行为状态"。"躺平"一词最早可追溯到 2016 年出现的饭圈词语"躺平任嘲"，意思是自家偶像有错，粉丝闭麦任他人嘲讽。"躺平"的流行则是源自 2021 年 4 月百度"中国人口吧"发表的一篇题为《躺平即是正义》的帖子，作者描述自己如何在充满竞争和忙碌的世界中后退实现"躺平生活"，他将这一生活方式与哲学家第欧根尼在木桶里晒太阳、赫拉克利特在山洞里思考相提并论，宣称"躺平是智者运动""只有躺平人才是万物的尺度"，赋予"躺平"特定的社会学意义，也引爆全网的积极讨论，《人民日报》官微等媒体都参与进来，"躺平"一词遂走俏网络。

关于"躺平"的实质，笔者认为较具代表性的是，学者樊双站（2023）在相关论述中提出的观点："'躺平'的实质是对努力和奋斗后产生的无力感，是以'回归内心'的生活方式来实现自由生活的亚文化样态"。究其文化根源，"躺平"是近年来流行于网络的"丧文化""佛系文化"的延伸，从历史形态看，它们是"犬儒主义"的一种现代化裂变。犬儒主义最早见于古希腊的犬儒主义哲学流派，认为金钱、权力、名利等是个人痛苦的来源，要想拥有完美的幸福，就要放弃这一切。有的青年面对后疫情时代社会环境的复杂多变，面对着学习就业和未来规划的压力和不确定性，放弃奋斗转而选择顺其自然、随遇而安，就是"犬儒式"的人生选择，这种潮流经社交媒体的裂变式传播，在网络空间形成部分青年群体对抗性话语建构的文化言说，成为一种携带鲜明时代气息的青年亚文化样态。

（2）"躺平"的生成机制

"躺平"文化并非横空出世，从早年的杀马特、丧文化到佛系青年、凡尔赛文学，"部分中国青年群体文化形态更迭的背后并非文化符号的简单迭代，而是经济社会转型见诸一些青年群体社会心态的文化表征"。经济发展新常态的境遇下，我们机遇与挑战并存，当代青年思想活跃、思维敏捷、兴趣广泛，对社会问题、社会变迁的反应尤为敏锐和迅捷，因此，"躺平"流行的背后蕴含着深刻的社会根源和时代特质，还伴随主体认知和青年心理机制的根由。

第一，社会转型是"躺平"现象形成的社会根源。马克思曾深刻指出："不是人们的意识决定人们的存在，相反，是人们的社会存在决定人们的意识。"① 特定文化现象的出现往往根源于经济社会的转型。20 世纪 70 年代，欧美国家经历高失业叠加高通胀的经济"滞胀"危机，"朋克"文化在承受巨大压力的社会底层迅速兴起壮大。20 世纪 90 年代的日本经济泡沫崩溃后陷入"失落的 20 年"，催生了自我隔绝于社会的"蛰居族"。2008 年在全球金融危机严重影响经济的背景下，欧美国家的不上学、不工作的"尼特族""归巢族"逐渐发展，演变为世界性社会问题。熊钰（2022）在分析此问题时专门指出："不能认为'躺平'是世界性青年亚文化的国内传导……中外'躺平'尽管表象有相似之处，但在本质上截然不同。"笔者以为这点很重要，人类社会至今依然处在马克思主义所指明的历史时代，资本主义社会频发的经济危机是资本主义制度的必然产物，是其社会基本矛盾造成的。中国在经济转向高质量发展进程中出现的"躺平"现象，与资本主义社会固有弊端造成的低迷颓丧文化性质不同，不能混淆，应及时廓清，讲清楚中外"躺平"的本质区别，对于平和青年心态、科学引导社会舆论和探讨应对策略具有前提性意义。

当前，在社会转型和社会变革过程中，经济转向高质量发展，发展的不平衡、不充分和资源短缺等，成为影响经济社会发展的首要问题。主导性的舆论基调认为，社会"内卷"是青年"躺平"的根本原因，"内卷"的根源在于人的需要与资源稀缺的矛盾。由于特定社会资源的稀缺，导致竞争越发激烈，致使人们付出的投入贬值，如考试分数、学历文凭、辛勤劳动等，部分青年会产生被剥夺感，认为无论怎样努力也难以实现目标，过早触及行业"天花板"，由此带来焦虑、痛苦的社会情绪，因为"内卷""躺平"的因果逻辑快速建立。而制度藩篱又进

① 《马克思恩格斯选集》（第二卷），人民出版社 1995 年版，第 32 页。

一步放大了资源的短缺性，社会转型阶段在教育、就业、职场等局部领域暂时存在的制度藩篱，造成“内卷”幅度和烈度的加强。

此外，人力资源的结构性供需矛盾也是青年“躺平”的影响因素。社会经济高质量发展要求深化供给侧结构性改革，加快实施创新驱动发展战略，产业体系、产业结构加速转型升级，传统的要素密集型产业为主的产业体系将被现代的技术密集型产业为主的产业体系取代，创新发展模式与人力资源供给存在结构性矛盾，出现创新产业领域“地广人稀”、传统产业“地少人多”的图景，教育内卷、学历贬值、竞争激烈、成功异常困难，部分青年无法跟上适配经济升级换挡要求，而无奈选择被动“躺平”。

第二，工具理性的僭越是“躺平”现象形成的环境因素。“德国思想家马克斯·韦伯最早明确使用工具理性和价值理性二元范畴并将其用于社会行为和社会现象的分析”，他认为，工具理性和价值理性在本质上是统一的，价值理性为工具理性提供精神动力，作为人们现实生活的内在灵魂，是实现人的完善发展的根本保证，工具理性为价值理性提供现实支持，是满足人们物质生活需要的保障。工业化发展至今，工具理性僭越使人们将生存的根本理解为服从纯粹工具性的行为模式，把人的内在价值边缘化，有用价值和生命价值结构性错位。社会、学校、家庭都沉迷于工具理性带来的利益和效率而忽视了对人性的关怀，淡化对自身价值的深刻追寻。有的教育者已然忘记教育的本质是用信仰点燃理想，用灵魂激发生命的觉醒。应试、就业为导向的教育已然成为人们所遵循的内在逻辑，学习旨在考高分上好学校，就业在于光耀门庭、出人头地，忽视了完善人格涵养和责任意识培育。部分青年无暇思考人生价值和生命意义而产生无价值感、无存在感，北京大学心理学博士徐凯文把这种心理消极现象定义为“空心病”，不知为何而活，不知为何而学，人生奋斗缺少直接性动力，一旦遇到挫折，就可能会“一躺了之”。

第三，习得性无助和发展需求失衡是“躺平”现象形成的心理诱因。青年“躺平”现象的发生从根本上说，是源自心理需求得不到满足、支撑动力萎缩而产生的心理生理、价值取向、行为方式的异常现象。习得性无助心理“是最早由美国心理学家 Seligman 和 Maier 提出的一种心理学理论，是指通过有机生命体在连续受到挫折、失败的体验后，在个人的心理、思想和行为等方面表现出消极悲观的心理情绪"。在青年特别是大学生的"躺平"现象中，习得性无助心理最具普遍性。西南大学马克思主义学院的彭均、于涛（2023）在承担教育部立项的课题中，曾运用问卷星调查网站对全国 23 所高校的 9305 名在校大学生进行调研，彭均和于涛指出，大学生习得性无助心理主要表现为，经过努力学习后，因仍然无力改变现状而感到无可奈何所呈现的消极状态。69.13% 的大学生表示，无论自己如何好好表现，别人都比自己优秀，所以，还不如享受生活。因为产生一种"相对剥夺感"，慢慢进入一种习得性无助的心理状态，进而选择慢节奏、低欲望的生活方式，从彭均、于涛老师研究的结果看，赞同"今朝有酒今朝醉，明日愁来明日愁"的观点的学生占比高达 81.51%。这提醒我们，要从根本上找到大学生"躺平"的根源，必须从分析其心理生成机制入手，重视研究心理需求受阻、奋斗精神不足和习得性无助的问题。

发展需求失衡也是"躺平"的心理缘由。沈静（2022）的分析极具有代表性，她援引耶鲁大学组织行为学教授奥尔德弗的"ERG"理论来说明其影响机制。奥尔德弗提出生存（Existence）、相互关系（Relatedness）、成长（Growth）三核心需要理论，提出"受挫——回归"的心理现象，即当一个人某一高级的需要层次受挫时，作为替代，他的某一较低层次的需要可能会有所增强，即回归。满足高层次的需要如果是青年学生付出艰辛代价无法企及的诗和远方，那他就只有退而求其次，回到眼前的苟且，回到只求满足生存需要的心理状态，"躺平"现象就应运而生，再加上商业文化的推波助澜、网络媒体的传播发酵，"躺平"迁移泛化到社会群体。

2."躺平"的社会影响

目前学界和社会舆论对"躺平"现象及其文化生态褒贬不一，甚至有人认为它只是部分青年的持生态度，是面对"骨感"现实的情绪情感的主动释放，无可厚非。也有人觉得基于现实环境自主作出适合个人的生活选择，本身就是社会发展成就的一方面体现。但是,"躺平"反映颓废心态,其消极影响不容忽视,它的流行在社会发展中给人们敲响警钟。

(1)"躺平"对青年个人发展来说弊大于利,给青年人世界观、人生观、价值观的塑造和巩固带来巨大负面影响。"躺平"文化淡然对待社会进步,将个人与社会分隔开,消解青年人对社会的认同感;"躺平"文化逃避竞争,回避"内卷",不利于培养刚健有为、拼搏进取的人生态度;"躺平"文化否认和忽视个人的社会价值,割裂人生自我价值与社会价值的统一性,削弱青年学生对服务人民、奉献社会的价值观念的培育。因此,决不能从青年"心理减负""话语盛宴"的叙事风格片面看待这一青年亚文化现象,它消磨人的斗志,折损人的精神,让人把普普通通的平常过成浑浑噩噩的平庸,难以实现人生价值。还有一点值得注意,"躺平"文化往往伴随着个人主义、消费主义、享乐主义等错误思潮的盛行,会导致不婚主义、低出生率、人口老龄化加剧、社会整体活力缺失等问题,《中国统计年鉴2021》显示,2020年全国人口出生率为8.52‰,首次跌破10‰,2023年1月17日,国家统计局公布的数据显示,2022年中国大陆出生人口只有956万人,出生率只有6.77‰,出生人口和出生率双双创下1949年以来新低。这不仅给国家、社会、家庭带来危机,对个人也可能造成巨大伤害。

(2)从社会发展的大局看,不利于经济社会发展,与国家发展、民族复兴的大局相悖。当前我国经济社会发展不平衡、不充分问题仍然突出,推进高质量发展还有许多卡点瓶颈,解决这些问题离不开青年的拼搏奉献,青年人是干事创业的主力军、生力军,如果"未富先老"叠加"未富先躺",会对我国经济社会的发展构成潜在威胁,"躺平主义""这种文化现象与当今主流文化弘扬的实干兴邦的民族精神以及劳动创造价值的时代精神格格不入,以盲目的恐慌和焦虑消解着'奋斗、努力、拼搏'的主流精神"。它削弱、冲击,甚至解构着我们的核心价值观,阻碍着我们民族凝聚力的聚合,如果这种无欲无求、规避竞争的人生诉求在青年中长期弥漫,国家兴盛、民族振兴堪忧。

3. 青年"躺平"的疏解之策

青年学生处于心理迅速走向成熟而又尚未真正成熟的阶段，其价值观具有较强的可塑性，我们需要理解包容、精心呵护，科学引导他们实现对主流价值体系的理性认同，珍惜韶华、奋发有为。习近平总书记指出："既要理解青年所思所想，为他们驰骋思想打开浩瀚天空，也要积极教育引导青年，推动他们脚踏实地走上大有作为的广阔舞台。当青年思想认识陷入困惑彷徨、人生抉择处于十字路口时，要鼓励他们振奋精神、勇往直前。"[1] 探讨应对青年"躺平"之策，建设青年学生赖以支撑学业和事业的精神家园，具有重要现实意义。学界对于该问题的关注度最高、讨论最热烈，观点精彩纷呈，进行综合归纳可知，较有代表性和产生共鸣的涉及以下四方面：一是发挥好社会主义核心价值观的引领作用，筑牢蓬勃向上的主流舆论阵地；二是实现网络的协同共治，营造风清气正的网络环境；三是健全保障制度和治理体系，建设公平正义的社会环境；四是实施心理疏导，培育理性平和的社会心态。这是个综合交叉全息的逻辑体系，遵循的逻辑理路是：从社会治理到个人精神重构，从现实政策保障到虚拟环境培育，从精神文化层面到社会制度层面，形成科学有效的路径方法体系。

（1）发挥主流价值观的强大引领作用，教育青年树立坚定理想信念，弘扬革命精神，提升青年的志气、骨气和底气。理想信念是人的精神世界之核心，指示奋斗方向，提供源源不竭的精神动力，理想信念虚无就会丧失斗志。习近平总书记在庆祝中国共产党成立 100 周年大会上的讲话中寄语青年："新时代的中国青年要以实现中华民族伟大复兴为己任，增强做中国人的志气、骨气、底气。"[2] 北方交通大学的张铨洲（2023）提出，首先，要教育青年志存高远，筑牢信仰之基，补足精神之钙。要坚定马克思主义信仰，弄通悟透马克思主义理论，增强用马克思主义立场、观点、方法解决问题和纾解困惑的能力。其次，要引导青年增强骨气，一方面，锤炼意志品格，磨炼责任担当，涵养"西北望，射天狼"的浩然正

① 习近平：《在纪念五四运动 100 周年大会上的讲话》，人民出版社 2019 年版，第 14—15 页。
② 习近平：《在庆祝中国共产党成立 100 周年大会上的讲话》，人民出版社 2021 年版，第 21 页。

气，在实干兴邦中悟初心、守初心、践初心，拒绝做"躺平主义"的附庸；另一方面，要大力弘扬以伟大建党精神为核心的中国革命精神，深刻领悟是什么力量让无数革命先辈义无反顾成为无私的爱国者、无畏的革命者、无悔的牺牲者？又是什么精神熔铸了我们党的百年苦难辉煌？青年要继承先辈遗志，把奋斗作为青春最亮丽的底色，弘扬顽强拼搏、永不气馁的奋斗精神，续写新时代的壮美篇章。最后，教育青年增强底气，练就过硬本领，莫让困难压力成为选择"躺平"的借口，勇做新时代的奋进者、开拓者和奉献者。总之，不断增强青年的志气、骨气、底气，就能瓦解"躺平"的负面影响，促使青年从"躺起来"大胆走向"站起来"，再勇敢走向"强起来"。

（2）增强网络的协同治理效应，促进"躺平"文化与主流文化的同频共振。青年亚文化群体在网络新媒体之下获得广阔的生存空间，这是边缘化群体在主流文化中缺少"赋权"而采取的权利表达方式，"躺平族"通过网络媒介的"赋权"，跨越阶层流动障碍，在虚拟的社会空间中获得表达自我的权利。不能否认，有些"躺平文化"的文章、视频刻意迎合部分青年的诉求，给阅历不足、心智稚嫩的青年造成错误的人生导向。南京理工大学的秦飞、邓纯余两位学者（2023）的观点是："依托网络媒体的'视觉霸权'，'躺平'文化形成了一道泛娱乐化的社会文化景观，受众沉浸在算法技术编织的'娱乐茧房'之中，在拟像世界中失去价值判断的本能"。"躺平"文化无序蔓延，是受到网络空间生态失范、网络文化市场结构失衡的助推，所以，要加强网络空间的协同治理，创建健康有序的竞争环境与网络生态。政府要健全网络管理的法律法规体系，规制管控"躺平文化"泛滥引发的舆情风险，以正能量的主流文化作品，以萌趣的语言引导青年融入主流文化，给青年一定的"赋权"空间，增强青年的身份认同感，网络媒体要加强行业自律，抵制、限制"资本逻辑"扩张，文化生产要高扬社会主义核心价值观，大众网民要追求彰显真善美的审美情趣，提升网络道德修养。

（3）完善社会支持保障系统，建设公平正义的社会环境。"躺平"的表象看似是个体对生存价值和人生态度的选择，"其背后却是资源分配不均、社会阶层固化等诸多社会性问题，暗含着对社会公平正义的呼唤与向往。因此，要理性审视和周密考量'躺平主义'产生的社会根源，通过不断健全和完善社会保障制度，营造公平正义的社会环境"。青年是朝气蓬勃的社会发展生力军，他们热切希望在努力奋斗后得到应有的社会尊重和认同。所以，首先，从法律制度层面建立健全保障青年成长成才的体制机制，激励青年向善向上；其次，制度上要构建和完善劳动制度，保障和谐稳定的劳动关系，从经济上实现劳动创造价值的对等回报，社会上给予劳动者充分的尊重，在单位更加重视青年的归属感和自我实现动机，让奋斗者收获满意的成果，如果每一点进步都得到相应的认可，那么努力向前奋斗的激情就会逐渐成为社会主流。最后，疏通阶层流动渠道，提供多样化的上升空间以推进青年对社会主流价值的认同。完善制度保障，加强技能培训，使每一位青年都能获得优质的教育资源，享有公平的教育机会，掌握适应社会要求的劳动观念和劳动技能，促进青年在劳动中认同劳动的价值，真实感悟劳动最光荣、劳动最崇高。毋庸置疑，超越"躺平"，今天的中国提供了世界上最多的机会和可能，青年人只要焕发奋斗的热情，就一定会成就充实无悔的人生。

六、相关习题解析

（一）课后思考题

1.马克思主义认为，个人与社会是辩证统一的，据此谈谈人生的自我价值与社会价值的关系。

答：（1）个人与社会的关系

马克思指出："个人是一个特殊的个体，并且正是他的特殊性使他成为一个个体，成为一个现实的、单个的社会存在物。"然而，"人的本质不是单个人所固有的抽象物，在其现实性上，它是一切社会关系的总和"。马克思主义认为，个人与社会是辩证统一的。个人是历史的、具有社会性的个体；社会则是以共同的物质生产活动为基础而相互联系和运动发展的人类生活共同体。现实的人总是生活在一定社会关系之中，每个人都不能离开社会而生存；人的生存和发展受到社会的制约。社会也是人的社会，由无数个体所组成，离开了人，社会也就不复存在；人在受到社会制约的同时也以自己的实践活动作用于社会。

（2）人生的自我价值和社会价值

人生价值是一种特殊的价值，人生价值内在地包含了人生的自我价值和社会价值两个方面。人生的自我价值，是个体的人生活动对自己的生存和发展所具有的价值，主要表现为对自身物质和精神需要的满足程度；人生的社会价值，是个体的实践活动对社会、他人所具有的价值。

（3）自我价值和社会价值的关系

人生的自我价值和社会价值，既相互区别，又密切联系、相互依存，共同构成人生价值的矛盾统一体。人生价值是自我价值和社会价值的统一。

①人生的自我价值是个体生存和发展的必要条件，人生的自我价值的实现是个体为社会创造更大价值的前提。个体的人生活动不仅具有满足自我需要的价值属性，还必然地包含着满足社会需要的价值属性。个体通过努力提高自我价值的过程，也是其创造社会价值的过程。

②人生的社会价值是社会存在和发展的重要条件，人生社会价值的实现是个体自我完善、全面发展的保障。没有社会价值，人生的自我价值就无法存在。人是社会的人，这不仅意味着个体物质和精神的需要必须在社会中才能得到满足，还意味着以怎样的方式和在多大程度上得到满足也是由社会决定的。

2. 人的一生中总会遭遇各种各样的困难和挑战，如何正确认识和处理人生矛盾？

答：大学生的人生成长之路还很长，未来前进途中，往往会遇到不少困难和挫折，也会面临各种矛盾和挑战，这就需要大学生要科学认识实际生活中的各种问题，勇敢面对和正确处理各种人生矛盾，大学生们应当以积极进取的态度去面对生活中的成败得失，积极处理矛盾，将它们转化成人生的财富而不是人生的包袱。具体应做到以下几点：

（1）树立正确的得失观

正确认识人生发展过程中的得与失这对矛盾，它体现着一个人的智慧与修养。大学生要以积极进取的态度去面对生活中的成败与得失。既不过分看重一时的"得"，也不要惧怕一时的"失"。满足于一时的得，往往会放弃接下来的努力，以致造成最后的失败，历史上很多事件都诠释了这条人生道路。人生不会一帆风顺，遇到一点挫折就轻言放弃，面对一点失败就灰心丧气，这样的人生不会创造更大的价值；在失意之际坚持不懈，在坎坷之时不断努力，这样的人生才能更有意义。个人利益的得失只能部分地衡量人生价值的大小，在奉献社会中才能实现更大的他人和社会的尊重，实现作为一个大写的人的社会价值。

（2）树立正确的苦乐观

苦与乐既对立又统一，在一定条件下可以相互转化。苦乐观是人们对苦与乐及其关系的根本看法和态度。苦乐观是人生观的组成部分，是人生观在苦乐问题上的表现。苦与乐是反映人在与自然、与他人和社会之间的相互联系过程中所产生的不同主观体验的范畴。

在青年时期，选择了吃苦也就选择了收获，选择奉献也就选择了高尚。用积极的心态认识矛盾，用合理的方式处理矛盾，努力做迎难而上、艰苦奋斗的开拓者。大学生应当培养自身吃苦耐劳的精神，充分认识到快乐可以由奋斗的艰苦转化而来。

（3）树立正确的顺逆观

顺境与逆境是人生历程中两种不同的境遇，二者是相互对立的。人的一生中不可能一帆风顺，总会遇到这样或那样的问题。在顺境中前进，如同顺水行舟，使人们更容易接近和实现目标。在逆境中奋斗，会有顺境中难以得到的获得感和成就感。面对顺境时我们不要骄傲要居安思危，面对逆境时不能失去斗志，不能气馁，应该要迎难而上，去战胜它，不应向它屈服。要用一颗平常心去面对它，从中总结经验和教训。

（4）树立正确的生死观

①生与死是贯穿人生始终的一对基本矛盾。从一定意义上说，正是因为每个人只有一次生命，生命短促而无常，才更体现出人生的重要意义。

②人的生命只有投入到实现社会创造价值的过程之中，才能开发出生命所蕴藏的巨大潜能。大学生应当正确理解人生的意义和价值，确立高尚的人生价值追求，创造自己的精彩人生。

（5）树立正确的荣辱观

①荣辱观是人们对荣辱问题的根本看法和态度，是人们对荣与辱的评价标准的价值确认。"由义为荣，背义为辱"。"荣"指荣誉或光荣，是人们对高尚的道德行为所作的客观评价和主观感受。荣辱观对个人的思想行为具有鲜明的动力、导向和调节作用。

②大学生应坚持以热爱祖国为荣、以危害祖国为耻，以服务人民为荣、以背离人民为耻，以崇尚科学为荣、以愚昧无知为耻，以辛勤劳动为荣、以好逸恶劳为耻，以团结互助为荣、以损人利己为耻，以诚实守信为荣、以见利忘义为耻，以遵纪守法为荣、以违法乱纪为耻，以艰苦奋斗为荣、以骄奢淫逸为耻。

3. 新时代是奋斗者的时代，只有奋斗的人生才称得上幸福的人生。新时代大学生如何成就出彩人生？

答：新时代是奋斗者的时代，只有在奋斗的过程中才能收获真正的快乐，只有奋斗的人生才能称得上是幸福的人生。新时代，大学生想要成就出彩的人生，就必须通过自己的双手去实践，通过自己的双脚去丈量，通过自己的努力不断奋斗。要把自己的小我融入祖国和人民的大我之中，与历史同向、与祖国同行、与人民同在。

（1）与历史同向。历史的车轮滚滚向前，但是从来只会眷顾坚定的奋进者。新时代的大学生应当有正确认识历史方位，正确把握历史方向的能力，尊重并顺应历史和人民的选择，准确把握我国发展所处的重要战略机遇期，与历史同步伐，与时代共命运。

（2）与祖国同行。当代大学生不应当只在意自身的个体价值的实现，更应当将自己的人生目标与国家和民族的命运紧密联系在一起，才能最大限度地实现人生价值。当代中国正处于中华民族伟大复兴的关键时期，建成社会主义现代化强国任重道远。当代大学生要正确认识国家和民族赋予的历史使命和时代责任，自觉与国家和民族共奋进、同发展。

（3）与人民同在。人民群众是历史的创造者，是国家的主人。当代大学生应当在为人民群众服务、实现人民群众利益的过程中实现人生价值。只有走与人民群众相结合的道路，向人民群众学习，从人民群众中汲取营养，做中国最广大人民群众根本利益的维护者，才能使自己的人生大有作为。

（二）考研真题再现

1.单项选择题（下列每题给出的四个选项中，只有一个选项是最符合题目要求的）

①社会主义核心价值观，为人们确定和实现人生价值提供了基本遵循。人生价值评价主要是看一个人的人生活动是否符合社会的客观规律，其评价的根本尺度是（　　　）。[2017 年考研政治真题]

A. 经济标准

B. 历史标准

C. 政治标准

D. 文化标准

【答案】B

【解析】人生价值评价的根本尺度，是看一个人的人生活动是否符合社会发展的客观规律，是否通过实践促进了历史的进步。这就是说，人生价值评价的根本尺度是历史标准。在今天，衡量人生价值的标准，最重要的就是看一个人是否用自己的劳动和聪明才智为国家和社会真诚奉献，为人民群众尽心尽力服务。

②马克思说："人只有为同时代人的完美、为他们的幸福而工作，自己才能达到完美。如果一个人只为自己劳动，他也许能够成为著名的学者、伟大的哲人、卓越的诗人，然而他永远不能成为完美的、真正伟大的人物。"这表明(　　　)。[2019 年考研政治真题]

A. 实现自我价值是创造社会价值的原因

B. 人生价值是自我价值和社会价值的统一

C. 人生社会价值可以代替自我价值

D. 个人价值的实现取决于他人的认可

【答案】B

【解析】人生价值内在地包含两个方面：其一，人生的自我价值，是个体的人生活动对自己的生存和发展所具有的价值，主要表现为对自身物质和精神需要的满足程度。其二，人生的社会价值，是个体的实践活动对社会、他人所具有的价值。人生价值所包含的两个方面既相互区别，又密切联系、相互依存，共同构成人生价值的矛盾统一体。人生价值是自我价值和社会价值的统一。

③人是社会的人，每一个人都存在和活动于具体的、基于特定历史的现实社会当中。个人与社会是对立统一的关系，两者相互依存、相互制约、相互促进。个人与社会的关系最根本的是（　　　）。[2021 年考研政治真题]

A. 个人价值与社会价值

B. 个人利益与社会利益

C. 个人理想与社会理想

D. 个人存在与社会存在

【答案】B

【解析】个人与社会的关系，归根到底是个人利益与社会整体利益的关系，社会利益离不开个人利益，个人利益也离不开社会利益，社会利益体现了作为社会成员的个人的根本利益和长远利益，是个人利益得以实现的前提和基础。

2. 简答题

何为价值，如何理解人生价值？［首都经贸 2018 年考研真题 ］

答：价值是指人的生命及其实践活动对于社会和个人所具有的作用和意义。人生价值内在地包含了人生的自我价值和社会价值两个方面。可以从以下几个方面来理解人生价值：人生的自我价值即个人对自我的价值，是个人的存在和活动对于自身的意义，是个人通过自己的活动来满足自己的需要，并获得社会对个人的尊重和满足。人生的社会价值，是个体的实践活动对社会、他人所具有的价值。人生的自我价值和社会价值，既相互区别，又密切联系、相互依存，共同构成人生价值的矛盾统一体。人的价值是社会价值和自我价值的统一，二者是互为前提不可分割的。社会价值是自我价值的基础，没有社会价值，就不可能实现真正的自我价值。个人只有在社会中并通过实现社会价值才能实现自我价值。自我价值要以有益于社会、他人为前提，只有当人的自我价值有利于社会时，才能获得自身的幸福，成就自身的完美。个人的活动如果危害社会和他人的利益，就会受到社会和他人的否定，最终丧失自我价值。从根本上说，人的价值在于对社会的贡献。人的自我价值也不可忽视。一个人要为社会作出贡献，也要以实现自我价值为必要条件。我们要正确评价人生价值以及努力实现人生价值。正确评价人生价值。评价人生价值的根本尺度，是看一个人的实践活动是否符合社会发展的客观规律，是否促进了历史的进步。既要看贡献的大小，也要看尽力的程度。坚持能力有大小与贡献须尽力相统一。既要尊重物质贡献，也要尊重精神贡献。社会的发展与进步是物质文明和精神文明的共同发展与进步。既要注重社会贡献，也要注重自身完善。人生自我完善的过程，既是人生自我价值实现的过程，也是为社会创造价值的过程。努力实现人生价值。人们在实践中努力实现自己的人生价值。

实现人生价值要从社会客观条件出发。人生价值是在社会实践中实现的，人的创造力的形成、发展和发挥都要依赖于一定的社会客观条件。实现人生价值要从个体自身条件出发。不断增强实现人生价值的能力和本领。实现人生价值，需要人们充分发挥主观能动性。

3. 材料分析题

结合材料回答问题：材料 1（2022 年考研真题）

2021 年 6 月 29 日，中共中央将党内最高荣誉"七一勋章"追授黄文秀同志。黄文秀曾被追授"全国脱贫攻坚楷模""全国优秀共产党员""时代楷模"等荣誉称号。

黄文秀生在百色、长在百色，学成归来回到百色建设家乡。2018 年 3 月，她主动要求到条件更为艰苦的百坭村担任驻村第一书记。驻村期间，黄文秀带领村干部和群众，埋头苦干，学经验、找路子、筹资金，硬化通屯路，安装路灯，修建蓄水池，发展经济林木和砂糖橘种植业，百坭村贫困发生率从 22.88% 降至 2.71%。2019 年，百坭村实现整村脱贫。

在服务百坭村的日子里，黄文秀访遍全部贫困户，帮助村民发展扶贫产业，以真抓实干的作风赢得村民信任；她全身心扑在扶贫事业上，在城乡、村屯间穿梭，用真情奉献与群众打成一片，以使命担当兑现着"不获全胜，决不收兵"的驻村诺言。

作为一名党员干部，黄文秀始终扎根群众、心系群众。作为驻村第一书记，黄文秀还特别注重在脱贫攻坚中发挥基层党支部的战斗堡垒作用。黄文秀始终牢记当年在入党申请书中写下的誓言："一个人要活得有意义，生存得有价值，就不能光为自己而活，要用自己的力量为他人、为国家、为民族、为社会作出贡献。"

2019 年 6 月，百坭村连降暴雨。因惦记百坭村的防汛抗洪工作，利用周末看望手术不久的父亲后，黄文秀冒雨连夜返回，不料途中遭遇山洪，年轻的生命定格在 30 岁。习近平总书记在对黄文秀先进事迹的指示中强调，黄文秀同志"在脱贫攻坚第一线倾情投入、奉献自我，用美好青春诠释了共产党人的初心使命，谱写了新时代的青春之歌。"

"年轻人的态度就是乡村的未来"，黄文秀生前曾在驻村日记中这样写道。如今，她的先进事迹和优秀品质被广为传颂，激励着越来越多的青年扎根新农村，创造更美好的生活。

摘编自《人民日报》（2021 年 6 月 18 日、7 月 2 日、7 月 27 日）

材料 2

一代人有一代人的长征，一代人有一代人的担当。每一代青年都有自己的际遇和机缘，都要在自己所处的时代条件下谋划人生、创造历史。"清澈的爱，只为中国"，这是年轻边防战士在皑皑雪山立下的铿锵誓言；"我们的征途是星辰大海"，这是年轻航天人探索宇宙抒发的豪情壮志；"请党放心，强国有我"，这是年轻学子发自心底的庄严承诺。

青年向上，国家向前。在庆祝中国共产党成立100周年大会上，习近平总书记深情寄语新时代的中国青年，"要增强做中国人的志气、骨气、底气，不负时代，不负韶华，不负党和人民的殷切期望！"

摘编自《人民日报》（2021年8月9日）

（1）黄文秀的先进事迹启示新时代青年应该有怎样的人生态度？（5分）

（2）一代人有一代人的担当，新时代中国青年应当承担什么样的历史重任？（5分）

【答案要点】

（1）黄文秀选择在脱贫攻坚一线，倾情投入、奉献自我，谱写了新时代的青春之歌，体现的是认真务实、乐观向上、积极进取的人生态度。新时代青年是祖国现代化建设的生力军，要以黄文秀为榜样，应该以认真的态度对待人生，明确生活的目标和肩负的责任；应该从人生的实际出发，以务实的态度创造人生；应该以乐观向上的态度拥抱生活，磨砺意志；应该以开拓进取的态度迎接人生各种挑战，在创新创造中书写人生的新篇章。

（2）新时代既是近代以来中华民族发展的最好时代，也是实现中华民族伟大复兴的最关键时代。新时代青年是国家的未来，民族的希望，是国家现代化建设的生力军，责任重大，使命在肩。应当承担建设社会主义现代化强国的重任，与祖国同行；应当承担实现民族振兴的重任，接续奋斗，与民族共奋进；应当承担实现人民幸福的重任，与人民同在。不负时代，不负韶华，不负党和人民的殷切期望。年轻的黄文秀，用扶贫工作的成效诠释了自己的赤子之心，她的青春像鲜艳的花朵，永远绽放在百色革命老区。新时代青年要发扬担当精神，践行初心和使命，重实干、重实效，才能用青春之歌奏响时代的乐章，以实际行动助力伟大中国梦，是实现伟大理想和人生价值的必然选择。

七、专题参考资料

[1] 本书编写组：《思想道德与法治》，高等教育出版社2023年版。

[2] 马克思，恩格斯：《马克思恩格斯全集》第一卷，人民出版社2012年版。

[3] 习近平:《青年要自觉践行社会主义核心价值观——在北京大学师生座谈会上的讲话》,人民出版社 2014 年版。

[4] 习近平:《在同各界优秀青年代表座谈时的讲话》,《论党的青年工作》,中央文献出版社 2022 年版。

[5] 习近平:《不断书写奉献青春的时代篇章》,《论党的青年工作》,中央文献出版社 2022 年版。

[6] 习近平:《之江新语》,浙江人民出版社 2007 年版。

[7] 习近平:《在纪念五四运动 100 周年大会上的讲话》,人民出版社 2019 年版。

[8] 中央党校采访实录编辑室:《习近平的七年知青岁月》,中共中央党校出版社 2017 年版。

[9] 中华人民共和国国务院新闻办公室:《新时代的中国青年》,人民出版社 2022 年版。

[10] 马克思:《青年在选择职业时的考虑》,《马克思恩格斯全集》第一卷,人民出版社 1995 年版。

[11] 习近平:《广大青年要不断增强做中国人的志气、骨气、底气》,《论党的青年工作》,中央文献出版社 2022 年版。

[12] 习近平:《在全国脱贫攻坚总结表彰大会上的讲话》,《习近平谈治国理政》第四卷,外文出版社 2022 年版。

[13] 路丙辉:《思想道德与法治教学关键词》,安徽师范大学出版社 2022 年版。

[14]《习近平新时代中国特色社会主义思想学习问答》,学习出版社、人民出版社 2021 年版。

[15]《习近平新时代中国特色社会主义思想专题摘编》,党建读物出版社、中央文献出版社 2023 年版。

[16] 王易:《思想道德修养与法律基础教学疑难深度解析》,中国人民大学出版社 2019 年版。

[17] 孙艳秋:《思想道德与法治教学十问》,安徽师范大学出版社,2022 年版。

第三专题

逐梦笃行：
筑牢理想信念的基石

要教育引导广大党员、干部经受思想淬炼、精神洗礼，坚定对马克思主义的信仰、对中国特色社会主义的信念、对实现中华民族伟大复兴中国梦的信心，弘扬伟大建党精神，务必不忘初心、牢记使命，务必谦虚谨慎、艰苦奋斗，务必敢于斗争、善于斗争，筑牢信仰之基、补足精神之钙、把稳思想之舵。

——习近平：《扎实抓好主题教育 为奋进新征程凝心聚力》(《人民日报》2023年4月4日第1版)

一、专题教学目的

引导和帮助大学生深入认识和理解理想、信念的科学含义，准确把握马克思主义信仰、中国特色社会主义共同理想、共产主义远大理想的科学内涵和基本特点，阐明确立坚定的理想信念对新时代大学生成长成才的重要意义；正确认识和处理践行理想信念过程中的重大关系，把个人理想与社会理想结合起来，在为实现中国梦而奋斗的实践中放飞青春梦想。本专题分为三个部分，第一部分，要认识到理想是能够达成的追求，代表着人类独有的精神追求。强调：理想是可能实现的追求。理想信念是人类特有的精神现象。人既需要物质资料来满足生存需要，也需要理想信念来充实精神生活。正确坚定的理想信念，激励人们为一定的社会理想和生活目标而不断努力追求。第二部分，概述马克思主义作为我们立党立国的根本指导思想，是近代以来中国历史发展的必然结果，是中国人民长期探索的历史选择，是由马克思主义严密的科学体系、鲜明的阶级立场和巨大的实践指导作用决定的。大学生只有确立马克思主义的科学信仰，才能真正确立崇高的理想信念，在错综复杂的社会现象中看清本质、明确方向，为服务人民、奉献社会作出更大的贡献。第三部分，结合学生的专业方向，确立职业生涯目标，引导学生认识到，理想是美好的，但它既不能自发地形成，更不能自发地实现。要想拥有理想，就要深刻地认同理想；要想实现理想，就要努力追求理想。坚定的信念是实现理想的重要条件；勇于实践、艰苦奋斗是实现理想的根本途径。

二、专题设计思路

本专题总体思路是充分体现党的二十大报告精神，以问题为导向，按照"设计专题—突出问题—分析问题—调查研究—教师教研—理论支撑—课堂探讨—师生互动—专题总结"的思路进行，发挥情景式教育、体验式教育、感染式教育、认知式教育的作用，将理想信念内容融入校园、生活、实践。一定要结合学生思想情况，紧贴学生个性化发展需求，做到因材施教，提高理想信念教育教学的实效性和针对性。在课程专题教学过程中，教师要加强对新教材的研究，将党的二十大报告中"推动理想信念教育常态化、制度化，持续抓好党史、新中国史、改革开放史、社会主义发展史宣传教育，引导人民知史爱党、知史爱国，不断坚定中国特色社会主义共同理想"的精神贯穿到讲课中。一要注意语言的生动性与深刻性。把贴近大学生的案例充分运用到实际教学中，充分结合新时代大学生的成长需求和接受特点，攻关教材讲解中的重难点问题，在理论说服上下功夫，做到讲"深"讲"透"。以此扎实推进新教材的使用，切实提升教育教学的实效。二要注意理论的科学性与系统性。帮助学生树立正确的世界观、人生观、价值观作为理想信念教育的出发点和落脚点，体现了理想信念教育目标的科学性。将理想信念内化为思想意志和道德品质，外化为改造客观世界和主观世界的实践行动。从理想信念的形成以及理想信念对个人、政党、国家、民族发展的重要性出发引出，对理想信念的作用、对象、原则、内容、路径进行分析，形成理想信念的系统理论。三要注意目标的导向性与时代性。目标导向性体现在：致力于解决青年学生以及普通群众存在的理想信念缺失、动摇问题。引导青年学生树立正确理想信念，坚定马克思主义、共产主义和社会主义方向，鼓励他们用奋斗实践助推中国梦的实现。

在此基础上，教学活动的具体展开中，还需要关注以下几个方面：

一是把握立场、观点、方法，强调理想信念是人的精神世界的核心，是人精神上的"钙"。首先，对关涉理想信念的基本理论问题进行透彻的理论分析和理论研究，努力从理论上把理想、信念的含义、特征、类型及其相互关系等问题讲清、讲透。通过故事和名言警句导入新课，得出"人要有目标、人要有追求、人要有理想、人要有信念"的结论，强调理想信念对人的重要性。习近平总书记指出："中国共产党成立一百年来，始终是有崇高理想和坚定信念的党。这个理想信念，就是马克思主义信仰、共产主义远大理想、中国特色社会主义共同理想。理想信念是中国共产党人的精神支柱和政治灵魂，也是保持党的团结统一的思想基础。"① 结合党史，使学生更加体会，坚定的理想信念是共产党人完成革命使命的内在力量，是补足共产党人自信心、凝聚力的精神之钙，是提升共产党人战斗力、竞争

① 任仲文：《新时代　新征程　新奋斗》，人民日报出版社2022年版，第173页。

力的力量源泉，是增强共产党人历史自觉和文化自信的内在动力。

二是注重理论联系实际，高扬信仰的旗帜，筑牢理想信念的基石，砥砺民族复兴的责任，不断开拓发展的征程。结合鲜活实践，理解战争年代成千上万的知识青年奔赴延安，坚定"跟党走"的信念；社会主义建设和改革开放以来有志青年投身发展大潮，在急难险重任务中勇挑重担。进入新时代，世情、国情、党情均发生了深刻的变化，共产党人更应筑牢理想信念的思想根基。习近平总书记以"扣扣子""补钙"等形象比喻，揭示了理想信念教育的重要意义。"如果第一粒扣子扣错了，剩余的扣子都会扣错。人生的扣子从一开始就要扣好"①，"理想信念不坚定，精神上就会'缺钙'，就会得'软骨病'"。党的十八大以来，立德树人的鲜明导向也让共产主义远大理想和中国特色社会主义共同理想如同一颗种子，种在年轻一代的心中。

三是坚持以学生为中心，增强教学的吸引力、亲和力和针对性。通过加强理想信念教育，坚定当代大学生接续奋斗信心。中华民族伟大复兴的历史任务还需要一代又一代人接续完成。"青年的理想信念关乎国家未来。青年理想远大、信念坚定，是一个国家、一个民族无坚不摧的前进动力"。②百年历史进程中，青年始终勇立潮头，担负时代发展的使命。实践证明，只有青年的理想和选择与国家需要相一致时，才能有助于实现社会发展目标、提供社会进步动力。引导青年牢记党的宗旨，将"在坚定理想信念上下功夫"摆在首要位置，"教育引导青年树立共产主义远大理想和中国特色社会主义共同理想，增强中国特色社会主义道路自信、理论自信、制度自信、文化自信，立志肩负起民族复兴的时代重任。"因此，青年学生要加强自身理想信念教育，将国家发展方向同个人成长成才的目标结合起来，坚定不移跟党走，为实现共产主义远大理想接续奋斗。

四是善用"大思政课"，找准新教材知识点与社会大课堂的结合点。讨论理

①《习近平在北京大学考察时强调青年要自觉践行社会主义核心价值观 与祖国和人民同行努力创造精彩人生》，《人民日报》2014年5月5日。
②《习近平谈治国理政》（第三卷），外文出版社2020年版，第334页。

想信念对大学生成人成才的重要意义：1. 指引人生的奋斗目标；2. 提供人生的前进动力；3. 提高人生的精神境界；4. 引导大学生做什么人；5. 指引大学生走什么路；6. 激励大学生为什么学。突出职业理想，学会设计制订自己的职业生涯规划行动方案。引导学生个人结合自身情况，分析机遇和制约因素，为自己确定职业目标，选择职业道路，确定发展计划、教育计划等。

五是以理想信念教育塑造青年一代的灵魂，培养出有理想有信念、能奋斗敢担当的时代新人，推动民族复兴从理想一步一步变为现实。"浇花浇根，育人育心"，道德是人的内心信仰，促进其道德品质的提升，把握好人生的总开关。坚定理想信念必须抓住道德教育的关键环节，将理想信念扎根于道德体系底层，并以此反映在世界观、人生观和价值观上，体现在生活作风、工作态度中。面对国内国际环境的变化与挑战，我们要理清思路、认清现实，深刻领悟"两个确立"的时代意义，牢记"国之大者"的时代使命，不断增强"四个意识"、坚定"四个自信"、做到"两个维护"，以共产主义远大理想、中国特色社会主义共同理想为目标，奋力实现中华民族伟大复兴的中国梦。

三、专题理论支撑

（一）马克思主义经典作家的理想信念教育思想

马克思主义经典作家，如马克思、恩格斯、列宁、斯大林等，在他们的著作中都提出了关于理想信念教育的思想。马克思主义经典作家的理想信念教育思想强调了阶级意识、革命意识、集体主义、国际主义、社会主义伦理和科学社会主义的重要性。这些思想旨在培养有社会责任感和政治意识的公民，推动社会朝着共产主义目标的方向前进。马克思恩格斯非常注重理想信念对人发展的推动作用。马克思曾说，真正的人等于思维着的精神，精神的核心是理想信念。马克思还认为青年人是社会发展的依靠力量，青年人的理想信念与社会变革运动息息相关。马克思恩格斯主张要做好青年理想信念教育工作，让更多有理想、有情怀、有思想、有担当的青年加入无产阶级革命队伍，不断壮大革命力量。

马克思恩格斯要求大学生在处理好个人利益与集体利益关系的基础上，为共产主义而努力。在共产主义发展中每个个体都要付出努力，为了这个共同的理想在集体中拼搏，体现了马克思恩格斯对理想信念的追求。关于如何处理个人与集体的关系，马克思恩格斯认为集体的联合体能为个人提供自由，个人作为一个独立个体身处于集体范围内，实现自由发展。集体与个人不是对立的，个人的联合组成集体，集体为个人提供更好的发展空间。因此，在处理个人利益与集体利益关系时，不能将两者对立起来。集体利益强调的是整体和集体成员的利益，它不是只兼顾某个个体，只有集体发展好了，个人才能实现更好的发展。

理论灌输与学习是理想信念教育的践行路径。为了推动无产阶级政党理想信念建设，马克思和恩格斯主要通过理论批判以及理论创新两种方式。马克思、恩格斯非常注重共产党员科学社会主义理论的学习，注重共产党员理论素质的提高。在学习科学社会主义理论的过程中，既能提高共产党人科学理论水平，又能坚定共产党人共产主义的理想。马克思还重视对空想社会主义、资产阶级改良主义的批判，廓清共产党人思想迷雾，抵制其带来的影响。马克思恩格斯认清工人阶级是无产阶级革命的主体，一直强调对工人阶级开展理想信念教育工作，甚至一度认为工人阶级的世界观与革命热情对革命胜利起着决定性作用。马克思非常注重对工人阶级进行意识形态的灌输与教化。"共产党一分钟也不忽略教育工人尽可能明确地意识到资产阶级和无产阶级的对立。"[1]理想信念教育开展时要充分考虑工人阶级思想状况、生活状况以及其所处的时代背景，针对工人阶级面临的主要问题，在理想信念教育中帮助工人阶级找到问题解决的办法。

列宁也注重对工人阶级进行马克思主义理论灌输。"工人本来也不可能有社会民主主义的意识。这种意识只能从外面灌输进去，各国的历史都证明：工人阶级单靠自己本身的力量，只能形成工联主义的意识"[2]。社会发展离不开工人阶级的力量，列宁注重用马克思主义先进理论凝聚工人力量，引导工人阶级开展革命运动，最终提高工人阶级的实践能力。在列宁看来，"共产党先进性的本质要求

---

① 《马克思恩格斯全集》(第一卷)，人民出版社 1995 年版，第 434 页。
② 《列宁选集》(第一卷)，人民出版社 1995 年版，第 317 页。

是努力寻求具有革命性、创新性、前瞻性的理论"①。用先进理论武装的政党，必然也能保持政党的先进性。共产主义思想是共产党得以成立与发展的理论基础。共产党在组织活动和开展革命运动时必须发挥共产主义思想的理论指导作用。

（二）中国共产党人理想信念教育思想

中国共产党鼓励党员了解党的历史，传承党的光荣传统和革命精神，从历史中吸取经验教训，坚定共产主义信仰。这些思想构成了中国共产党的理想信念教育框架，旨在确保党员和干部始终秉持共产主义信仰，保持忠诚度和道德品质，具备高度的党性，不断学习和进步，继续党的革命传统，并为中国社会主义事业的发展和壮大作出贡献。这些思想也反映了中国共产党在其党员和干部教育培训中的核心价值观和教育目标。

中国共产党在长期的理想信念教育实践中积累了丰富的经验。毛泽东深刻认识到，在他所处的时代，党员干部来自五湖四海，出身工农群众，但受到半殖民地半封建经济、政治体制和传统儒家文化的多重影响。因此，他们的思想状况和现实情况十分复杂，对马克思主义和共产主义的理解存在多样性，难以实现统一。毛泽东说："干部教育中最核心的教育是共产主义理想信念问题，是思想路线问题，这是决定其他一切问题的核心。"② 中国共产党成立之初，毛泽东就把共产主义作为终身奋斗目标，坚持发挥共产主义的方向指引作用，而且指出："中国的民主革命，没有共产主义去指导是决不能成功的，更不必说革命的后一阶段了。"③ 毛泽东强调加强党员干部马克思主义学习的重要性，要"用马克思主义理论武装党员干部，以实现最广大人民群众的根本利益为最高宗旨"。④ 毛泽东还提出用马克思主义来改造小农意识和小资产阶级世界观。

因为认识到理想信念对人民和国家发展的重要作用，邓小平高度重视理想信

---

① 张瑞：《中国共产党的理想信念建设》，《科学社会主义》2020 年第 4 期。
② 《毛泽东文集》（第二卷），人民出版社 1993 年版，第 180 页。
③ 《毛泽东选集》（第二卷），人民出版社 1991 年版，第 686 页。
④ 刘挺：《毛泽东理想信念教育观及其当代价值》，《湖南科技大学学报（社会科学版）》2017 年第 1 期。

念教育工作的开展。他强调了理想信念教育应该从青少年时期开始，并贯穿个体成长和发展的整个过程。这种教育旨在通过理想信念的引导，凝聚人民的力量，激发大学生为了自身利益而艰苦奋斗，同时以个人的奋斗实践来助推国家的建设。帮助大学生认清社会发展的方向，传承民族的优秀传统，激发大学生的斗志，巩固大学生对共产主义信念的坚定。邓小平强调了将理想信念教育与党的建设实践相融合，特别关注了党员干部的理想信念教育。"对执政党来说，党要管党，最关键的是干部问题，因为许多党员都在当大大小小的干部。"① 在改革开放道路上，社会经济发展迅猛，大学生的物质生活条件明显改善。然而，这也使一些人迷失了方向，陷入物质追求的困境。为了预防信仰缺失和精神虚无，有必要加强社会的理想信念教育，进一步推进社会的精神文明建设。

（三）中华优秀传统文化蕴含着理想信念思想

中华优秀传统文化是中国千百年来发展演变的文化遗产，蕴含着丰富的理想信念思想，这些思想深刻地影响了中国人民的价值观、行为准则和社会伦理。这些中华优秀传统文化的理想信念思想影响了中国人民的价值观和道德行为，塑造了中国社会的基本特征。虽然现代中国社会发生了巨大的变革和转型，但这些传统理念仍然在一定程度上保留并影响着大学生的思维方式和行为准则。同时，这些传统理念也为中国的文化认同和社会凝聚力提供了坚实的基础。

"志当存高远"是中华优秀传统文化中提到的一句格言，其中的"志"即现代社会所强调的"理想信念"。这一传统文化的智慧通过培养大学生的家国情怀得以传承。"位卑未敢忘忧国"和"苟利国家生死以，岂因祸福避趋之"都教导着大学生，不论身处何地，不论社会地位如何，都应该关心国家的繁荣和发展。儒家的"仁义"和道家的"天人合一"都蕴含着深刻的智慧，应成为共产党人世界观、人生观和价值观的一部分。对待仁义礼智信以及忠恕孝悌，我们应理性思考，将古代智慧创造性地运用于党员干部和青年学生的道德建设，为共产主义理想奠定道德基础。"其身正，不令而行；其身不正，虽令不从"这句格言强调了党员

---

① 《邓小平文选》（第一卷），人民出版社1993年版，第328页。

干部应从自己做起，要求他们要有严格的自律。"利民之事，丝发必兴；厉民之事，毫末必去"则要求党员干部要维护人民的利益。为了展现出政治家的素养，他们需要具备改革创新的意识，即"明者因时而变，知者随势而治"，务实精神，即"天下大事必作于细"。只有这样，他们才能真正提升治理效能，推动治理现代化。

（四）习近平关于理想信念教育的思想

理想信念的实现需要全国各族人民共同参与，因此，理想信念教育的对象是全员覆盖的，其中，党员干部和青年学生是习近平关于理想信念教育重要论述的重点对象。必须坚定广大党员的理想信念。党员在道德品行、思想作风方面有榜样示范作用，这样人民群众才会信服，才会拥护党的领导。

1. 精神之"钙"论

将理想比喻为精神之"钙"是一种富有启发性的比喻，它强调了理想对于个体内在成长和坚强精神的重要性。就像钙对于骨骼的坚固和稳定至关重要一样，理想对于个体的坚韧性和稳定性也至关重要。有了坚实的理想作为支撑，个体更能应对生活中的挑战和压力。理想是人的精神和情感健康的关键因素之一。理想这种内在力量为个体提供了目标和方向，推动了个体不断成长和发展，激发了大学生追求更高尚目标和实现更大抱负的愿望。将理想比喻为精神之"钙"凸显了理想在个体生活中的关键作用，强调了其对于内在力量、成长和健康的重要性。这个比喻提醒我们要珍惜和培养自己的理想，将其视为精神成长和坚韧的关键因素之一。

理想信念如同人体所需的"钙"元素，在党的建设中，如果长期忽视理想信念的培养，党员干部的精神状态就会出现缺失，这将对他们的思想和行为产生负面影响，最终可能导致动摇和迷失。因此，理想信念教育对于党员干部来说是极为重要的，它是精神之"钙"的补充，有助于坚定理想信念，保持精神健康。在理想信念教育中，党员干部应深刻理解"革命理想高于天"的内涵，明白为何要坚守"革命理想"。习近平提到的"革命理想"包括长期目标和短期目标。长期目标是指共产主义和社会主义共同理想，而短期目标包括中国梦和"两个一百年"

目标。中国共产党的实践经验表明，崇高的"革命理想"是支撑党员干部克服困难、坚定信念、不懈奋斗，甚至不惜流血牺牲的根本动力。因此，以"高于天"的方式强调理想信念在党员干部成长和发展中的关键地位。只有通过理想信念教育，党员干部才能补足精神之"钙"，确保其始终坚守共产主义理想和社会主义共同理想，为实现中国梦和"两个一百年"目标而不懈努力。

2.炼就"金刚不坏之身"的必然选择论

炼就"金刚不坏之身"一句话用来形容个体在面对生活中的各种挑战、逆境和压力时变得坚强、不受伤害，以及拥有强大的心理抵抗力。实现炼就"金刚不坏之身"需要个体进行自我提升和成长，包括提高情绪智商、学习应对挫折的技能、培养积极心态等。理想信念教育是党员干部炼就"金刚不坏之身"的根本路径。党员干部只有炼就"金刚不坏之身"是为了能够应对"四大考验"，避免"四大危险"。理想信念教育对党员干部的思想和行为具有关键的约束和指导作用，它引导党员干部严格遵守党章和党规的相关规定，不断提升自己的党性修养。党员干部应严格贯彻党中央提出的"三严三实"要求，将思想和行为的"总开关"调至最高标准，培养高尚的品德，养成健康的生活习惯，抵制不正之风，积极践行社会主义核心价值观。党员干部若具备"金刚不坏之身"，就必然具备政治自觉、思想自觉、行动自觉，以及更高的政治领悟力、政治判断力和政治执行力。

面对复杂的工作环境和艰巨的任务，党员干部坚定的理想信念是他们的精神支柱。在理想信念的引导下，他们能够认清问题的本质，解决问题。同时，在治国理政中，党员干部应坚持辩证思维、历史思维、战略思维和底线思维，根据实际情况，实事求是，提高战略实施的针对性和有效性。在理想信念教育中，党员干部也应明白理想与现实之间的差距，承担起对广大人民群众中华民族伟大复兴中国梦的庄严承诺，坚持踏实务实、求实创新、勇往直前，为实现中国梦而不懈努力。

3.扣好人生的"第一粒扣子"论

"扣好人生的第一粒扣子"强调了生活中重要的起始步骤和基础决策。这个比喻暗示了大学生在生活中需要作出明智、慎重和坚定的决策，因为这将影响到后续的选择和行动。在每个人生活中的早期阶段，明确自己的目标和价值观是至关重要的。青年学生被赋予"接班人"和"继承者"的期望，必须坚定自己的理想信念，将"中国梦"视为崇高的理想，将中国特色社会主义视为自己的人生信仰。社会的变革往往以青年为先锋，社会的进步也离不开青年的主力作用。青年一代要承担起中华民族伟大复兴的重要使命，这需要他们坚定自己的人生理想，同时确保这个理想与国家社会发展的现实需求相契合。

青年学生正处于理想信念形成的关键时期，通过理想信念教育，可以帮助他们扣好人生的"第一粒扣子"。这是培养青年学生坚韧性格和坚持不懈追求理想的关键阶段，也是帮助他们在实现个人价值的同时，为国家和社会的进步贡献力量的关键时刻。"青年阶段正是价值观形成和确定的时期，抓住'拔节孕穗'这一黄金关键期，以正确的理想信念引领青年树立正确的价值取向，扣好、扣准'人生第一粒扣子'。"必须加强对青年学生理想信念教育，"用中国梦打牢广大青少年的共同思想基础，教育和帮助青少年树立正确的世界观、人生观、价值观"[1]，培养青年学生对祖国的热爱、对人民的深情，持续增强他们对党的坚定信仰，坚定跟随党走中国特色道路的信心至关重要。只有在坚定的理想信念的引领下，青年学生才能传承和弘扬爱国主义精神，通过学习和生活的历练不断提升自己，自觉融入中国梦的实践奋斗中。

4. 推进理想信念教育常态化、制度化

推进理想信念教育常态化和制度化具有重要的教育价值和社会价值。理想信念教育有助于培养公民的社会道德素养。通过教育体系中的常态化和制度化，可以确保每个大学生都有机会接受这种教育，从而培养更有责任感和参与感的公民。制度化的理想信念教育可以有助于防范极端思想的传播；教育体系可以提供一个平衡、积极和建设性的观点，帮助个体更好地理解和评估信息，减少对极端思想的容易受到的影响。推进理想信念教育的常态化和制度化有助于培养更有道德、

---

① 《十八大以来重要文献选编》（上），中央文献出版社 2014 年版，第 281 页。

有责任感、有理想和信念的公民，同时有助于社会的道德和文化进步，促进社会和谐与稳定，建立更加健康、积极和团结的社会。

理想信念教育的常态化开展、制度化推进，涉及内容、形式、方法、载体、机制等方方面面，需要以系统思维推进系统工程。理想信念不是虚幻的"海市蜃楼"，而是建立在对科学理论的理性认同、对历史规律的正确理解以及对基本国情的准确把握之上的坚定信仰。因此，它能够获得广大人民群众的拥护和支持，产生将精神力量转化为物质力量的强大作用，推动我们的事业不断取得胜利。

推进理想信念教育常态化和制度化必须坚守"以立为本，立破并举"的原则。首先，我们要通过科学理论来武装我们的头脑，不断滋养精神世界。同时，面对西方宪政民主、历史虚无主义等错误思潮，对抗否定党的领导、怀疑改革开放、攻击社会主义制度等政治挑战，以及冲击道德底线、毒化社会风气等不良现象，我们应该勇敢站在前线，敢于表达我们的立场，坚决揭露谣言、驳斥错误、澄清疑虑，帮助大学生明晰是非，提高分辨能力，自觉抵制错误思想观点的侵蚀。

推进理想信念教育常态化和制度化，需要更加注重运用国内与国际的对比，以鲜活生动的事实帮助大学生全面客观地认识当代中国和国际情势，使大学生认识到中国特色社会主义制度的卓越优势。特别是在当前情况下，我们应该充分挖掘和利用教育资源，生动地讲述中国在抗击疫情、脱贫攻坚、实现全面小康等方面的故事，积极传扬抗疫精神、西部大开发精神等伟大精神，全面加强爱国主义、集体主义和社会主义教育，引导大学生胸怀国家和民族的"两个大局"，听从党的指挥，积极参与社会建设，凝聚起万众一心、团结奋斗的强大精神力量。历史是最好的教科书，只有通过贯通历史、现实和未来，我们才能更深刻、更清晰、更准确地理解许多问题。在推进理想信念教育常态化和制度化的过程中，我们需要全面加强党史、新中国史和改革开放史的教育，引导大学生深刻认识历史，理解人民选择中国共产党和中国特色社会主义道路的历史必然性，进一步树立正确的历史观、民族观、国家观和文化观，从中汲取强大的精神力量。

推进理想信念教育常态化和制度化需要我们准确洞察变化、科学应对变化、积极迎接变化，加速进入网络主战场，致力于提供有效信息，准确呈现教育内容，同时积极运用融媒体平台、短视频产品和微传播手段，推动个性化制作、可视化呈现以及互动化传播。特别是要应对新的特征，即"虚拟社会现实化、现实社会虚拟化"，积极推进网络政权建设、网络道德建设和网络责任建设，将这一新特征转化为我们事业发展的重要增长点。需要明确的是，网络教育和传统教育并不是互相排斥的。我们应该坚持有效运用传统方法、手段和媒介，同时也要不断创新，摆脱陈旧的思维模式，走上融合之路。通过有机结合"在线"和"线下"，既可以保持面对面互动的优势，也可以发挥网络的便捷性和全球性，使理想信念教育更具时代感和吸引力，实现广泛覆盖和深层渗透。

四、专题问题聚焦

（一）如何准确把握本专题教学的重点难点

本专题中，理想信念部分既是教学重点，也是教学难点。对关涉理想信念的基本理论问题进行透彻的理论分析和理论研究，解决理想信念对于大学生成长成才的重要意义的问题。

首先，把理想、信念的含义、特征、类型及其相互关系等从学理上把问题讲清、讲透，真正使学生的理想信念建立在科学理论和客观规律的基础上。讲清楚个人理想的含义及其主要内容，尤其是道德理想在个人理想中的重要地位。在引导大学生在深刻理解理想信念的一般含义和作用的基础上，充分认识科学理想信念的正确性和崇高性，深刻领悟理想信念之于大学生成长成才的重要意义。对于大学生而言，理想信念的重要作用主要表现为哪些方面？一是昭示奋斗目标，即理想信念指引人生的路向和奋斗目标；二是提供前进动力，即理想信念是激励人们向理想目标奋勇拼搏的强大精神动力；三是提高精神境界，即崇高而坚定的理想信念可以提升人们的精神境界，塑造高尚的理想人格。

其次，"人民有信仰，国家有力量，民族有希望。"大学生如何理解信仰？怎样进行信仰的选择？选择的标准是什么？崇高的科学的理想信念，主要包括马克思主义科学信仰、中国特色社会主义共同理想、共产主义远大理想三个方面的基本内容。当前的中国社会,存在着多种信仰或类信仰现象。有的是合法宗教,有的是邪教,还有民间迷信。马克思主义信仰或共产主义信仰就存在于这样的环境中。青年大学生在确立自己人生信仰的时候,要进行自觉选择,不能随意和盲目。选择的标准主要有:一是看这种信仰是否肯定科学和理性并以此为基础;二是看这种信仰是否肯定并有益于人的生命价值的实现;三是看这种信仰倡导的道德是否有助于人格提升和社会进步;四是要看这种信仰是否有助于人的心理健康。通过比较,能更加清晰地看到正确理想信念的科学性和崇高性,更自觉地树立和坚定正确的理想信念。

（二）如何充分运用实践教学充实教学内容

增强课堂教学的吸引力和感染力。大学生对理想信念的思考是多元化的,受到个人经历、教育背景和社会环境的影响,这个人生阶段的理想通常与实现经济独立和自我实现有关,开始追求更为具体的目标,如获得学位、找到工作、建立职业生涯、建立家庭等。可能会在不同的时间点追求多个理想,而且这些理想可能会交织在一起,形成个体的生活目标和意义。大学生对理想信念的思考是一个重要的过程,这个时期通常是个人思想成熟和意识形态形成的关键阶段。因此,增强课堂教学的说服力、吸引力和感染力尤为重要。

理想信念既是理论问题,更是实际问题。对大学生进行理想信念教育是培养他们社会责任感和积极参与社会的重要途径之一。教师既要从理论上把理想信念的基本概念讲清、讲透,特别是要结合当今大学生的思想和生活实际有针对性地讲授;还要运用贴近大学生思想实际的精彩案例予以呈现和佐证;要善于运用历史上、现实中的典型事例、经典素材充实教学,定期组织社会问题的讨论和辩论活动,让学生可以深入探讨社会议题、各种观点和解决方案,以增强课堂教学的说服力、吸引力和感染力。在实践课教学中,用好红色资源,鼓励大学生积极参与志愿服务、社区项目、慈善活动和社会运动。亲身参与可以让他们感受到自己的行动可以对社会产生积极影响,激发学生的独立思考,培养他们的批判性思维和分析能力。支持和鼓励学生参与校园活动、社会服务俱乐部和学生组织,以锻炼他们的领导才能和社交技能。通过这些教育方法，大学生可以更好地理解社会问题的复杂性，培养社会责任感，并积极参与社会改善的努力，把自己塑造成为有意识、有担当、积极参与社会事务的公民。

（三）如何坚定并展现自己的理想信念

解决思政课教学说服力和示范性的问题。习近平总书记在学校思想政治理论课教师座谈会上指出，要让有信仰的人讲信仰。要想让学生树立科学理想信念，教师自己首先要有坚定的理想信念，只有这样关于理想信念的教学才有说服力和示范性的问题。习近平总书记提出的"四有"好教师标准中，"有理想信念"排在了第一位，强调教师要"在坚定理想信念上下功夫"。做到胸中有大义、心里有学生、手中有真功、笔下有乾坤。

高校思政教师承担着"立德树人"的神圣使命，是大学生成长成才的重要引路人。理想信念模糊或动摇、政治信仰迷茫或缺失就会导致言行失范、无法为人师表。心有所信，方能行远。尤其是青年思政教师必须树立坚定的理想信念，才能够真正做到教书育人，担负起大学生理想信念教育的重任。

（四）为何说理想信念是人类特有的精神现象

理想信念是人类特有的精神现象，这是因为理想信念体现了人类对未来的追求和对美好生活的向往。理想信念是人类在长期的社会实践中形成的，是对现实生活的超越和对理想境界的追求。理想信念不仅仅是个人的信仰和追求，更是整个社会的精神支柱和动力源泉。

理想信念是人类区别于其他动物的重要标志之一，这是因为理想信念赋予了人类独特的内在动力和精神追求。理想信念不仅指引着人类前进的方向，还激发了人类不断探索和超越自我的潜能。正是这种对美好未来的憧憬和对更高目标的追求，使得人类能够在历史的长河中不断进步，创造出无数令人惊叹的文明成果。理想信念如同一盏明灯，照亮了人类前行的道路，使人类在面对困难和挑战时能够坚持不懈，勇往直前。因此，理想信念不仅是人类区别于其他动物的重要标志，更是推动人类社会不断向前发展的强大动力。动物的行为主要是基于本能和生存需求，而人类则能够超越本能，通过理想信念来指导自己的行为和选择。理想信念使人类能够设定长远的目标，并为之努力奋斗，从而推动社会的进步和发展。

理想信念在人类的精神世界中占据着至关重要的地位，它们是人类内心深处最为坚定的信仰和追求。理想信念不仅是人类行为的指南针，更是精神世界的支柱和核心内容。它们激励着人们在面对困难和挑战时坚持不懈，勇往直前，为实现自己的目标和梦想而努力奋斗。理想信念的力量能够激发人们的潜能，使他们在逆境中保持希望，不断前行。正是因为有了理想信念的支撑，人类社会才能不断进步，文明才能得以传承和发展。理想信念为人类提供了精神寄托和心灵归属，使人们在面对困难和挑战时能够保持坚定的信念和积极的态度。理想信念还能够激发人们的创造力和想象力，推动科学、艺术、文化等各个领域的创新性发展。

理想信念在社会的和谐与稳定中扮演着至关重要的角色。它不仅是人们精神世界的支柱，更是维系社会秩序和促进社会进步的基石。理想信念能够引导人们树立正确的价值观，增强社会凝聚力，使人们在面对各种挑战和困难时能够团结一致，共同应对。正是这种强大的精神力量，为社会的和谐与稳定提供了坚实的基础。理想信念的普及和弘扬，能够有效减少社会矛盾，促进社会公平正义，从而为社会的长治久安奠定坚实的基础。一个社会如果缺乏共同的理想信念，就会导致思想混乱和道德滑坡，进而影响社会的稳定和发展。相反，一个拥有共同理想信念的社会，能够凝聚人心，增强社会的向心力和凝聚力，促进社会的和谐与进步。

综上所述，理想信念是人类特有的精神现象，它不仅体现了人类对未来的追求和对美好生活的向往，还为人类提供了精神寄托和心灵归属，推动了社会的进步和发展。理想信念是社会和谐与稳定的重要保障，是人类精神世界的核心内容。

五、专题延伸内容

理想信念属于意识形态范畴，理想信念教育是意识形态工作的重要内容。理想信念教育使大学生敏锐辨别西方社会各种思潮与西方价值观的本质，抵制外来思潮与价值观带来的不良影响，践行社会主义核心价值观，巩固马克思主义在青年学生意识形态领域中的主导地位。

（一）理想信念和人生意义

理想在个体生活和社会进步中都扮演着重要的角色，一是赋予生活目标和意义。追求理想信念通常被认为是有意义的生活的一部分，因为它们代表着个体价值观的核心。理想赋予人生活的目标和意义，为个体提供追求的方向和目标，帮助他们明确自己的价值观和信仰体系。二是激发动力和奋斗精神。理想可以激发人的内在动力和奋斗精神，当个体有明确的目标和愿景时，他们更有动力努力工作，追求自己的理想。三是克服困难和挫折。理想使个体更能够克服生活中的困难和挫折，面对挑战时，理想信念可以提供鼓励和坚韧。四是建立自我认同。理想有助于个体建立自己的自我认同，反映了个体的价值观和信仰，帮助塑造个体的身份。五是社会联系和共鸣。共同的理想可以促进社会联系和共鸣，与有相似理念的人合作和互动可以增强社交网络和群体凝聚力。六是实现自我实现。理想可以推动个体追求自我实现的目标，理想信念可以为个体提供坚韧和动力，帮助他们克服生活中的困难和挫折，有助于个体充分发挥潜力，积极追求更有意义和有价值的生活。虽然不同的人可能有不同类型的理想，但大学生通过追求共同的理想，可以为社会作出贡献，改善社会和环境，实现社会进步。理想信念和人生意义之间存在深刻的关系，它们互相交织，共同塑造了个体的生活和价值观。以下是理想信念和人生意义之间的关联：

（二）马克思主义信仰教育

在理想信念教育中，需要引导大学生坚定对马克思主义的信仰，正确理解马克思主义的深刻内涵。马克思主义理论是全面、科学的理论。在理想信念教育中，引导大学生认识到，在马克思主义的指导下，中国共产党走出了中国特色的革命、建设、改革道路，取得了中国站起来、富起来的伟大成就。在新时代实现中国"强起来"的梦想中，继续坚持马克思主义的指导至关重要。中国共产党人要掌握社会主义现代化建设的主动权，而坚定马克思主义信仰是走好未来之路的关键。

马克思主义信仰意味着大学生相信并信奉马克思主义，将其作为行动的指南，引导大学生用马克思主义来认识世界、改造世界，最终实现美好生活。与宗教信仰不同，马克思主义信仰是基于科学真理、历史发展和人民选择的，它具有强大的实践指导作用。马克思主义信仰能够引导大学生积极参与社会实践，推动社会发展，这正是其与宗教信仰的本质区别。马克思主义是被实践证明的科学真理，是历史与人民的必然选择。尽管时代在变化，社会在发展，但这正是推动理论创新的源泉。

马克思主义之所以能与时俱进，是因为它具备不断适应新时代要求的理论品格，这也是其成为中国社会实践的行动指南的根本原因。在马克思主义理论教育中，需要引导大学生深入理解马克思主义，让其明白马克思主义是不断发展的思想，使大学生感受到真理的力量，激励他们更好地应对社会的挑战和发展的机遇。马克思主义的历史、理论和实践都表明，它是一种充满活力的思想体系，有着不竭的创造力和生命力，可以不断指引我们前进，追求更美好的未来。

（三）远大理想和共同理想教育

习近平总书记所提及的远大理想特指共产主义理想，这是中国共产党从诞生之初就一直追求的奋斗目标，共产主义已成为我国的最高理想，也是全国各族人民的共同信仰。在进行共产主义宣传教育时，不能仅仅限于对共产主义社会形态和共产主义理论的宣传，更为重要的是让大学生了解共产主义运动的发展形态和规律。马克思恩格斯对共产主义的论述是建立在科学理性分析之上的。他们深刻剖析了资本主义社会的经济发展，总结了资本主义的发展规律，揭示了剩余价值的本质，分析了人类社会历史发展的规律，并指出了共产主义发展的历史必然性。这一理论基础是经过深思熟虑的，不仅是科学的，也是理性的。

习近平强调："共产主义不是'土豆烧牛腩'那么简单，不可能唾手可得，一蹴而就。"[1]这意味着共产主义理想的实现需要一代代人的不懈努力和奋斗。它要求我们引导大学生团结一致，积极参与奋斗实践，在自己的本职工作中作出积极贡献，用个人的行动为创造美好的未来贡献力量。在新时代的理想信念教育中，

---

[1] 习近平：《做焦裕禄式的县委书记》，中央文献出版社2015年版，第5页。

要让大学生清晰地认识到共产主义实现的必然性和发展的曲折性问题。这包括了对共产主义的历史观、社会发展观和人类命运观的深刻理解，以及明确共产主义的伟大远大目标与实践奋斗之间的联系。这种教育将有助于引导大学生在实现共产主义的漫长历程中，始终坚定信仰，积极投身奋斗，为美好的未来而努力。

理想信念教育有助于帮助大学生正确处理远大理想和共同理想之间的关系。习近平指出："要教育广大党员干部将践行中国特色社会主义共同理想和坚守共产主义远大理想融合起来，保持虔诚而坚定，信仰至诚而深厚。"① 这意味着我们需要在远大的共产主义理想和中国特色社会主义共同理想之间找到统一的核心，同时坚守自己的信仰，具有坚强的信念。

共产主义远大理想是指引着中华民族站起来、富起来的伟大目标，并将继续指引着中华民族走向中国特色社会主义道路，推动中国变得更加强大。在实践中，我们既要坚定走中国特色社会主义道路的信仰，也要坚定共产主义的崇高理想，坚定不移地贯彻党在社会主义初级阶段的基本路线和基本纲领，做好每一项工作。充分认识到中国特色社会主义制度的巨大优势和发展潜力。在世界性新冠疫情的冲击下，中国特色社会主义的独特优势得到了彰显，不断将中国的制度优势转化为治理效能。在百年未有之大变局中，中国将会乘势而上，在中国共产党的领导下充分发挥集中力量办大事的优势，不断创造中国奇迹。

（四）中国梦教育

习近平总书记在辩证唯物主义和历史唯物主义的指导下，结合马克思主义经典作家关于共产主义的论述，深刻分析中国国情，理解中国现实，提出了中国梦的概念。在理想信念教育中，帮助大学生准确理解中国梦的内涵至关重要。只有深刻理解中国梦的内涵，才能够让大学生在思想和情感上真正认同中国梦，才能够激发大学生为中国梦的实现而不懈奋斗的动力。

习近平指出："把我国56个民族、13亿多人民紧紧凝聚在一起的，是我们共同经历的非凡奋斗，是我们共同创造的美好家园，是我们共同培育的民族精神，

---

① 《十八大以来重要文献选编》（上），中央文献出版社2014年版，第116-117页。

而贯穿其中的、更重要的是我们共同坚守的理想信念。"① 每个人都为着美好的梦想而努力，这是实现中国梦的关键。只有当国家繁荣昌盛、民族团结和谐，大家才能共同受益。中国仍然处于社会主义初级阶段，这是一个不可忽视的现实。因此，建设好中国特色社会主义事业需要团结广大工人、农民、知识分子等各个阶层的力量，发挥他们的智慧和创造力，不断推动中国特色社会主义前进。特别是青年一代，作为中华民族伟大复兴的生力军，应该将个人理想与党和人民的事业紧密结合，将个人的价值追求与社会的价值观统一起来。只有通过团结协作，努力创造美好的未来，才能实现中国梦。

（五）抗逆力教育

抗逆力教育，也被称为"逆境应对教育"或"心理韧性教育"，旨在帮助个体培养应对逆境、挫折和压力的能力。这种教育既有助于个体的心理健康，也对个人的成长和成功产生积极影响。心理韧性是抗逆力的核心概念，它指的是个体在面对挑战和逆境时的坚韧和适应能力。培养心理韧性是抗逆力教育的主要目标之一。

追求理想的过程绝不是一蹴而就的，而是充满了挫折、等待，甚至是折磨的曲折漫长的过程。理想信念教育和抗逆力教育有着不同的焦点。理想信念教育更强调个人的信仰、价值观和目标，而抗逆力教育更专注于培养应对逆境和挫折的心理和情感能力。理想信念教育侧重鼓励学生追求他们真正关心和珍视的事物，帮助学生明确他们的理想和价值观，激发对目标的追求。这种内在动机可以为青年学生提供坚定的动力，增强他们的抗逆力。抗逆力教育则强调内在的、积极的心态，面对挫折和困难时坚韧不拔、积极应对，使学生更能应对挑战。

理想信念教育与抗逆力教育也有许多共通点，两者相辅相成、相互补充，共同帮助青年学生在面对生活中的各种挑战时更加坚强和有信心。理想信念教育通常涉及道德和伦理原则，它强调了良好的品格和价值观，这些价值观在困难时期尤其重要。抗逆力教育也与伦理和道德观有关，因为它要求学生在逆境中坚守道德原则和价值观，不屈不挠。理想信念教育可以帮助学生在实现自己的理想时适应不断变化的情境。适应能力是应对逆境的关键因素之一。抗逆力教育教给学生如何在面对生活中的不确定性和挑战时适应，这也需要内在的坚定和信仰。理想信念教育和抗逆力教育都强调社会支持系统的重要性。学生在面对困难时可以依靠他们的理想信念和社会支持来渡过难关。

（六）个人理想与社会理想

个人理想。个人理想是每个人内心深处的憧憬和愿望，通常与个人的价值观、信仰和生活目标密切相关。个人理想可以涵盖多个领域，包括职业、家庭、社会责任、道德原则等。理想信念是个人的内在动力之一，个人理想提供了一个明确的方向和目标，它激发了个体努力追求他们的梦想和抱负。当大学生对自己的理想感到激情四溢时，他们更有动力克服难题和坚持不懈。个人理想通常基于个人的价值观和道德原则。它反映了一个人认为重要和有意义的事情，对他们的道德决策和行为产生了指导作用。追求个人理想可以带来满足感和幸福感。当大学生感到他们正在朝着自己的理想迈进时，他们会更加满足，充满干劲。个人理想鼓励个体追求自我成长和自我实现促使大学生超越自己的限制，不断发展和改进。个人理想可以帮助个体在逆境和挫折中保持坚韧。当大学生对自己的理想充满信心时，他们更有可能克服生活中的挑战。个人理想也有助于个体形成自己的身份认同。它在一定程度上定义了一个人是谁以及他们想成为什么样的人。总之，个人理想是一个深刻而个人化的主题，每个人都有自己独特的理想和愿望。它们可以随着时间和生活经验的变化而发展和演变。无论如何，个人理想都是指导个体生活和决策的重要基石，对于实现个人的最高潜力和生活有意义的价值至关重要。

社会理想。社会理想是对一个更美好、更公正、更可持续的社会的愿景和设想。它代表着一个社会的共同价值观和期望，通常涵盖多个领域，包括政治、经济、文化、社会和环境。社会理想反映了大学生对社会未来的渴望，是社会进步和改善的推动力。社会理想通常包括对公平和正义的强烈追求，社会理想追求社会内部的和谐和稳定，包括促进社会合作、减少社会不平等、改善社会关系和增进社会凝聚力。社会理想包括对经济繁荣的期望，如经济公平和包容性增长；也包括对民主和公民参与的支持，强调每个人的尊严和权利应该受到尊重和保护；倡导采取可持续的环境政策和实践，以保护地球和未来世代的生存环境；强调社会服务和福利的提供，以确保社会中的弱势群体得到支持和帮助；渴望社会冲突得以和平解决，避免战争和暴力；倡导国际合作和全球问题的解决等。社会理想是社会变革和改善的推动力，它鼓励着大学生积极参与社会事务，争取实现更美好的未来。

个人理想和社会理想的关系。个人理想和社会理想之间存在密切的关系，它们相互影响并可以相互支持。个人理想通常反映了一个人对社会理想的信仰和价值观。一个人的个人理想可能会受到社会理想的启发，反映出他们希望社会朝着某个方向发展的愿望。例如，如果一个人深信社会应该更加公平和包容，那么他的个人理想可能包括积极参与社会公正的活动。社会理想可以为个人提供道德和伦理的指导。社会理想通常包括对公平、正义、人权、可持续性等原则的承诺，这些原则可以影响个人的价值观和行为。个人理想可以受到这些社会理想的影响，推动个体积极参与社会改善。

个人理想和社会理想之间的一致可以产生积极的影响。当个人的个人理想与社会理想保持一致时，他们可能会感到更有动力去实现自己的理想，因为他们认为这符合社会的最佳利益。相反，如果个人理想与社会理想不一致，可能会引发内部冲突和矛盾。个人追寻理想的行动和努力可以对社会产生积极的影响。当许多个体都追求自己的个人理想时，他们的集体行动可以引发社会变革和改善。社会理想鼓励个体行动，帮助他们成为社会的积极力量。社会理想的支持和资源可以有助于个人实现他们的个人理想。社会理想通常反映了社会的共同目标，因此，社会可能会提供支持、资源和机会，以帮助那些追求与社会理想一致的个人理想的人。

总之，个人理想和社会理想之间存在相互作用，它们可以互相激发和推动。个人的行为和决策可以在某种程度上塑造社会的发展，而社会的理想和价值观也可以影响个人的信仰和行为。这种相互关系有助于塑造一个更加公正、包容和可持续的社会。

（七）现实与理想

理想与现实的辩证关系：一是理想和现实是一对矛盾，它们之间的关系既对立又统一。二是理想来源于现实，是对现实的反映，但它不等于现实，而是现实的升华。三是理想高于现实，是现实的升华，但它并不脱离现实，与现实是相互统一、必然联系的。人们在理想中追求的东西，在现实中还不存在或不完全存在。理想总是美好的，可是现实中既有美好的一面，也有丑陋的一面。理想与现实的这种差别，必然引起理想与现实的对立和冲突。如果理想与现实之间的矛盾冲突超过了人的心理承受能力，就会产生怀疑自己的力量，对理想发生动摇，陷入苦闷和彷徨的境地。四是在一定条件下，理想可以转化为现实，旧的理想实现了，又会有新的理想鼓舞和激励着人们。理想转化为现实，现实产生理想的过程会循环往复，无终无止，由此，人类才会不断发展和进步。但理想转化为现实是有条件的，是一个艰苦奋斗的实践过程，需要人们全身心地去开拓进取。

努力走出理想认识上的误区。走出"渺茫论""怀疑论""实惠论"的认识误区。在对待人生理想的态度上，"实惠论"认为发展市场经济就是"一切向钱看"，讲理想，解决不了现实问题，太空洞，还是讲"实惠"好，说什么"理想理想，有利就想；前途前途，有钱就图"。"实惠论"的错误，表现在理想人格的追求上，往往是放弃或轻视思想品德要素，片面追求有才能的实用型理想人格；表现在职业理想上，往往是功利化倾向严重，选择职业时过分强调个人需要，一味追求既能多挣钱，又能轻松工作的职业；表现在生活理想上，往往是迷恋拜金主义，只追求眼前的物质享乐，羡慕和效仿"大款"的高消费生活方式。这种"实惠论"在大学生中颇有市场，严重地影响了大学生对崇高社会理想的追求。如果只讲眼前的"实惠"，忘记了对崇高人生理想的追求，那么国家和民族就没有了希望。

正确看待理想与现实的矛盾。由于现实生活的复杂性，人们在确立理想和追求理想的过程中，会感受到理想与现实的矛盾。

因为看不到二者的统一性，把二者对立起来。其中一种倾向就是用理想来否定现实。有的人用理想的标准来衡量和要求现实，当发现现实并不符合理想的时候，就对现实大失所望，甚至极为不满。这样发展下去，可能会导致对社会现实采取全盘否定的态度，逃避或反对现实社会。由于社会生活的复杂性，在改革开放、发展社会主义市场经济的过程中也出现了消极腐败和其他丑恶的现象。但这些毕竟不是生活的主要方面，怎么能因为看到这些东西，而对社会主义社会不满或失去信心呢？而且，这些消极腐败和其他丑恶现象正是社会主义社会要努力克服的东西。应该同这些现象作斗争，而不应逃避现实，更不应把对这些东西的怨愤发泄到党和国家以及人民群众身上。一个真正有理想的人，应当辩证看待理想与现实的关系，做一个有理想的现实主义者。

走出"以现实来否定理想"的误区。在把理想与现实对立起来的误区中，还有一种偏向，就是用现实来否定理想。当他们发现理想与现实的矛盾时，不加分析地全盘认同当下的现实，对于现实中一些消极乃至丑恶的现象不愤怒、不斗争，甚至与之同流合污。

（八）实干兴邦，空谈误国

党的二十大报告指出，"党用伟大奋斗创造了百年伟业，也一定能用新的伟大奋斗创造新的伟业。全党全军全国各族人民要紧密团结在党中央周围，牢记空谈误国、实干兴邦，坚定信心、同心同德，埋头苦干、奋勇前进，为全面建设社会主义现代化国家、全面推进中华民族伟大复兴而团结奋斗"，[①] 号召全党全国人民奋进新征程、建功新时代。"空谈误国，实干兴邦"，以实干作答，用实绩交卷，靠奋斗出彩。新时代的伟大成就是党和人民一道拼出来、干出来、奋斗出来的。

空谈误国，实干兴邦，社会主义是干出来的，不是喊出来的。中华民族是勤劳勇敢的民族，千百年来，中华民族勤劳、勇敢、善良成为主基调。改革开放以来，生产力得到进一步解放，人民群众焕发出空前的劳动热情，涌现出了一大批劳动方面的英雄豪杰，他们用自己的奋斗诠释着劳动价值，成就着共和国梦想。被誉

---

① 习近平：《高举中国特色社会主义伟大旗帜 为全面建设社会主义现代化国家而团结奋斗——在中国共产党第二十次全国代表大会上的报告》，人民出版社 2022 年版，第 71 页。

为抓斗大王的包起帆，练就了一副抓斗硬功夫，令人刮目相看；呕心沥血，殚精竭虑的罗阳，为我国国防事业的发展牺牲在工作岗位上，受到习近平总书记等党和国家领导人的高度赞扬；大山深处的张桂梅几十年如一日，辛勤耕耘在教育战线，为我国教育事业作出了卓越贡献……他们把祖国的强大和个人的命运联系在一起，在各自工作岗位上建功立业，成为名副其实的实干家，赢得了社会的广泛赞誉。共和国之所以能够有今天的辉煌，靠的就是实干家的英勇奋斗。共和国的成长壮大证明：世上从来就没有救世主，也不靠神仙皇帝，要创造人类幸福，全靠我们自己。

空谈误国，实干兴邦，脚踏实地，把爱国之心化为报国之行。伟大的时代造就出伟大的精神。每一个人都是共和国的建设者和参与者，要想成就伟大的事业，必须从眼下每一项工作做起。千里之行，始于足下，不积跬步无以至千里。甘于平凡，奋发进取，才能在平凡岗位作出不平凡业绩。于工人来讲，勤勉敬业，无私奉献，多生产合格产品就是爱国；于农民来讲，辛勤耕耘，多打粮食产好粮食为丰盈大国粮仓作出贡献就是爱国；于解放军指战员来讲，守护好祖国一山一水、一草一木，确保山河无恙就是爱国；于学生来讲，刻苦学习，发奋努力，取得优异成绩就是爱国……建设祖国的美好未来需要一代又一代人的接续奋斗。劳动创造世界，奋斗成就伟业，共和国的成长壮大无不雄辩地证明了这一点。

空谈误国，实干兴邦，实现第二个百年奋斗目标离不开奋斗的支撑。党的二十大擘画出我国到本世纪中叶建设现代化国家分两步走的战略规划——从二〇二〇年到二〇三五年基本实现社会主义现代化；从二〇三五年到本世纪中叶把我国建成富强民主文明和谐美丽的社会主义现代化强国。战斗正未有穷期，万里征途路更遥。征途漫漫，惟有奋斗，奋斗出成果，奋斗强国家，奋斗是中华儿女不变的底色和追求，我们别无选择。从现在起到本世纪中叶只有20多年的时间，时间紧，任务重，全党全国人民要有一种时代紧迫感，以一种只争朝夕，时不我待的精神，与时间赛跑，与速度争先，逢山开路，遇水架桥，勇于克服前进道路上的一切困难。人们应该清醒地意识到，我们的前进道路并非一帆风顺，还会有一个个"娄山关"和"腊子口"需要攻克,但是中华民族从来不畏艰难,勇毅向前是中华民族的传统性格,时光不负赶路人,我们一定能够实现从富起来到强起来的伟大梦想。

(九)艰苦奋斗精神

党的二十大报告中强调:"全党同志务必不忘初心、牢记使命,务必谦虚谨慎、艰苦奋斗,务必敢于斗争、善于斗争,坚定历史自信,增强历史主动,谱写新时代中国特色社会主义更加绚丽的华章。"艰苦奋斗是我党我军的光荣传统,成就过去,也指引未来。广大党员干部要赓续艰苦奋斗精神,努力奋斗、苦干实干,方能不负韶华、砥砺前行。

立足于"志",要有远大梦想。"革命理想高于天"。毛泽东发出"孩儿立志出乡关,学不成名誓不还"的豪言壮语,周恩来在学生时期立下"为中华之崛起而读书"的宏伟志向,将个人志向与国家命运紧密结合起来,形成催人奋进的强大力量。当前,我们生逢盛世,正在迈向第二个百年奋斗目标新征程,目标远大,前途广阔,年轻干部更须立大志、明大德、担大任。要立"鸿鹄之志",把"小我"融入于党和人民事业的"大我",坚持与国家共荣辱、与时代齐奋进,在舍小家为大家、忘小我成大我中写就青春华章。要坚定理想信念,坚定对共产主义的执着信仰,锤炼"风雨不动安如山"的政治定力。

专注于"干",要有向上干劲。实干兴邦,空谈误国。无论是延安时期三五九旅开垦南泥湾,还是"铁人"王进喜"宁肯少活二十年,拼命也要拿下大油田"的创业精神,都彰显着共产党人吃苦耐劳、顽强拼搏、不畏时艰、艰苦奋斗的风貌。事业只有干出来的精彩,没有等出来的辉煌。作为新时代党员,我们要始终保持昂扬向上的奋斗姿态,坚持实字当头、干字为先,说了做、定了干、不抱怨,真正履行好工作职责,以愿干肯干的冲劲、苦干实干的韧劲、能干会干的闯劲,向实处着力、以实干开路、用实绩说话。要主动担当作为,投身疫情防控、乡村振兴、科研攻关等经济社会发展一线,把无悔的青春尽情挥洒在党和人民的伟大事业中。

致力于"苦"，要有卓越品质。"天将降大任于是人也，必先苦其心志，劳其筋骨，饿其体肤，空乏其身。"艰苦奋斗是中华民族的传统美德，也是中国共产党人的传家宝。能不能吃苦看出的是一个干部的意志力，看出的是一个干部对党对民的忠诚底色。实现第二个百年奋斗目标必然面对重重困难，党员干部不能"拈轻怕重""挑肥拣瘦"，要敢于吃苦、不怕吃苦、以苦为荣，在逆境中善于想办法、用好巧办法，实现逆境的"突围"。要勇于挑起"重的担子"，在挫折和同行中汲取经验教训，在逆境和同行中磨砺坚定意志，以斗争精神开拓、奋进，以斗争本领成事、立业，在奋斗中闯过一个个"关口"，成就一番伟业。

（十）坚持把马克思主义作为立党立国的根本指导思想

这一重要论断，是深刻总结马克思主义同中国具体实际相结合的历史进程和国际共产主义运动的经验教训得出的正确结论，充分体现了我们党的性质，反映了实践和时代发展对建设马克思主义学习型政党提出的新要求。

首先，这是马克思主义学习型政党的本质要求。我们党是马克思主义政党，坚持马克思主义的指导地位是党的本质规定性。马克思主义是被一百多年来世界历史发展进程，特别是我国革命、建设和改革实践反复证明了的科学真理，具有鲜明的科学性和真理性，是我们认识世界、改造世界的强大思想武器。当前，国际国内形势正在发生深刻变化，意识形态领域的斗争尖锐复杂，要团结和凝聚全国各族人民应对前进道路上的各种风险和挑战，更要毫不动摇地坚持马克思主义的指导地位，不断巩固全党全国人民团结奋斗的共同思想基础。建设马克思主义学习型政党有了马克思主义科学理论的指导，就有了科学的世界观和方法论，也就有了正确的前进方向。

其次，这是巩固马克思主义在意识形态领域指导地位的需要。始终把马克思主义作为立党立国的根本指导思想，是我们党一个最显著的标志和最鲜明的品格，也是全党全国人民团结一致、始终沿着正确方向前进的根本思想保证。同时，马克思主义不是故步自封的学说，而是随着实践发展而不断发展的与时俱进的理论体系。它只有同各国国情和时代特征紧密结合，在实践中不断丰富和发展，才能更好发挥指导实践的作用。因此，要真正坚持马克思主义，就必须发扬马克思主义与时俱进的品格，自觉把思想认识从那些不合时宜的观念、做法和体制的束缚中解放出来，从对马克思主义的错误的和教条式的理解中解放出来，从主观主义和形而上学的桎梏中解放出来，做到思想上不断有新解放，实践上不断有新创造，理论上不断有新发展。

最后，这是不断为党和国家事业提供强有力理论指导的需要。时代在变化，实践在前进。当代中国已站在一个新的历史起点上，战略机遇期、黄金发展期和矛盾凸显期同时并存，推动科学发展、促进社会和谐任务艰巨而繁重。要在新的起点上，不断把中国特色社会主义推向前进，必须紧紧围绕什么是马克思主义、怎样对待马克思主义，什么是社会主义、怎样建设社会主义，建设什么样的党、怎样建设党，实现什么样的发展、怎样发展等重大问题，不断作出新的理论概括，增强理论说服力和感召力，丰富发展中国特色社会主义理论体系，为进一步认识世界和改造世界、推动党和国家事业发展提供强有力的理论指导。

六、相关习题解析

（一）课后思考题

1.李大钊说，以青春之我，创建青春之家庭，青春之国家，青春之民。谈谈理想信念对大学生成长成才的重要意义。

答：理想指引方向，信念决定成败。理想信念是人生发展的内在动力。在大学期间，大学生不仅要提高知识水平，增强实践才干，更要坚定崇高的理想信念。理想信念对大学生成长成才的重要意义，主要体现在以下几个方面：

（1）理想信念能够帮助大学生树立奋斗目标

①人生是一个在实践中奋斗的过程。要使生命富有意义，就必须在科学的理想信念指引下，沿着正确的人生道路前进。理想信念是人的思想和行为的定向器，一旦确立就可以使人方向明确、精神振奋，即使前进的道路曲折、人生的境遇复杂，也能使人看到未来的希望和曙光，永不迷失前进的方向。

②人的理想信念，反映的是对社会和人自身发展的期望。有什么样的理想信

念，就意味着以什么样的期望和方式去改造自然和社会，塑造和成就自身。只有树立起崇高的理想信念，才能够解答好人生的意义、奋斗的价值以及做什么样的人等重要的人生课题。

（2）理想信念能够为大学生提供前进动力

①一个人有了崇高坚定的理想信念，才会以惊人的毅力和不懈的努力成就事业。

②大学时期确立的理想信念，对今后的人生之路将产生重大影响，甚至会影响终身。

③大学生应当重视理想信念的选择和确立，努力树立科学崇高的理想信念，使人生道路越走越宽广，使宝贵的人生富有价值。

（3）能够为大学生提供精神支柱

理想信念是一个人在精神生活领域"安身立命"的根本，在当前的时代，正处于百年未有之大变局中，虽然不像战争年代一样充满生死考验，但其他考验依然存在。新时代的大学生，只有铸牢理想信念之魂，才能经受得住各种考验，创造人生事业的辉煌。

（4）理想信念能够提高大学生的精神境界

理想信念是衡量一个人精神境界高下的重要标尺。理想信念作为人的精神世界的核心：

①能使人的精神生活的各个方面统一起来，使人的精神世界成为一个健康有序的系统，避免精神空虚和迷茫。

②能引导人们不断地追求更高的人生目标，并在追求和实现理想目标的过程中提升精神境界、塑造高尚人格。

大学生只有树立崇高的理想信念，才能激发起为民族复兴和人民幸福而发奋学习的强烈责任感与使命感，掌握建设祖国、服务人民的本领。不论今后从事什么职业，大学生都要把个人的奋斗志向同国家和民族的前途命运紧紧联系在一起，把个人的学习进步同祖国的繁荣昌盛紧紧联系在一起，使理想信念之花结出丰硕的成长成才之果。

2.2021年4月25日至27日，习近平赴广西壮族自治区考察，第一站就到桂林市全州县的红军长征湘江战役纪念园，强调理想信念之火一经点燃就会产生巨大的精神力量。结合自身实际，谈谈为什么要坚定信仰、信念、信心。

答：理想是人们在实践中形成的、有实现可能性的、对未来社会和自身发展目标的向往和追求，是人们的世界观、人生观和价值观在奋斗目标上的集中体现。理想信念是人的精神世界的核心，是人精神上的"钙"。

正如红军将士们在长征途中展现出的一样，长征就是一次理想信念的伟大远征。习近平总书记指出："长征胜利启示我们：心中有信仰，脚下有力量；没有牢不可破的理想信念，没有崇高理想信念的有力支撑，要取得长征胜利是不可想象的。"红军之所以能够完成看似不可能完成的伟大征程，正是因为他们有坚定的理想信念，用顽强的意志征服了人类生存的极限。

实现中华民族伟大复兴的中国梦需要一代又一代青年矢志奋斗。当代青年学生肩负重任，应当志存高远、脚踏实地，切实增强对马克思主义、共产主义的信仰，增强对中国特色社会主义的信念，增强对实现中华民族伟大复兴的信心，把个人理想追求融入党和国家事业之中。

（1）增强对马克思主义、共产主义的信仰。坚定的理想信念，必须建立在对马克思主义的坚定信仰上，建立在对历史规律的深刻把握上。

（2）增强对中国特色社会主义的信念。中国特色社会主义，承载着几代中国共产党人的理想和探索，凝聚着亿万人民的奋斗和牺牲，是近代以来中国社会发展的必然选择，在中国共产党领导下，坚持和发展中国特色社会主义，实现中华民族伟大复兴，要求我们必须增强对中国特色社会主义的坚定信念。

（3）增强对实现中华民族伟大复兴的信心。实现中华民族伟大复兴，是中华民族近代以来最伟大的梦想。这个梦想，就是要实现国家富强、民族振兴、人民幸福，它凝聚了几代中国人的夙愿，体现了中华民族和中国人民的整体利益，是每一个中华儿女的共同期盼。

综上所述，对于现代社会的我们来说，要继承发扬长征精神，坚定信仰信念信心，这样才能在时代和历史的发展洪流中坚定自己的信念和目标，不被社会中不好的氛围所影响，不怕千难万险，坚定不移为实现既定目标而奋斗。在不断实现自我价值的过程中，也不断对社会和国家有更多的贡献，不断提升社会价值。

3.从个人理想与社会理想辩证关系的角度，谈谈青年一代为什么要树立共同理想和远大理想。

答：（1）个人理想与社会理想辩证关系：

个人理想与社会理想是辩证统一的。个人理想是指处于一定历史条件和社会关系中的个体对于自己未来的物质生活、精神生活所产生的向往和追求。社会理想是指社会集体乃至社会全体成员的共同理想，即在全社会占主导地位的共同奋斗目标。个人理想与社会理想的关系实质上是个人与社会关系在理想层面的反映。二者相互联系、相互影响、相互制约。

①个人理想以社会理想为指引，追求个人理想的实践活动都是在社会中进行的，正确的个人理想不是依个人的主观愿望随意确定的，而是由正确的社会理想规定的。个人理想的实现，必须以社会理想的实现为前提和基础。

②社会理想是个人理想的汇聚和升华。社会是个人的联合体，社会理想与个人理想密不可分。社会理想不是凭空产生的，也不是由外在力量强加的，而是建立在众人的个人理想基础之上的。社会理想归根到底要靠全体社会成员的共同努力来实现。

（2）青年一代要树立共同理想和远大理想的原因：

①只有树立共同理想和远大理想，才能够让青年一代将个人理想与社会理想相统一。每一个青年的前途离不开国家，没有国家的前途也就没有青年的前途。

②当社会理想与个人理想产生冲突时，共同理想和远大理想能够指引青年作出正确选择。

③走好新时代的长征路，青年一代要不断增强中国特色社会主义道路自信、理论自信、制度自信、文化自信，自觉做共产主义远大理想和中国特色社会主

共同理想的坚定信仰者、忠实实践者,为崇高理想信念而矢志奋斗。

(二)考研真题再现

1. 单项选择题

(1)理想作为一种精神现象,是人类社会实践的产物,理想源于现实,又超越现实,在现实中有多种类型,从层次上划分,理想有(   )。

A. 个人理想和社会理想

B. 道德理想和政治理想

C. 生活理想和职业理想

D. 崇高理想和一般理想

【答案】D

【解析】理想是多方面和多类型的,根据不同的标准,可以划分为不同的类型,从理想的性质和层次划分,有科学理想和非科学理想、崇高理想和一般理想;从理想的对象划分,有个人理想和社会理想;从理想的内容划分,有社会政治理想、道德理想、职业理想和生活理想。

(2)信念是认知、情感和意志的有机统一体,是人们在一定的认识基础上确立的对某种思想或事物坚定不移并身体力行的心理态度和精神状态。信念是人们追求理想目标的强大动力,决定事业的成败。信念有不同的层次和类型,其中(   )。

A. 低层次的信念代表了一个人的基本信仰

B. 高层次的信念决定低层次的信念

C. 相同社会环境中生活的人们的信念始终一致

D. 各种信念没有科学与非科学之分

【答案】B

【解析】信念具有多样性:①不同的人由于社会环境、思想观念、利益需要、人生经历和性格特征等方面的差异,会形成不同的信念;②同一个人也会形成不同类型和层次的信念,并由此构成其信念体系。在信念体系中,高层次的信念与低层次的信念的关系为：高层次的信念决定低层次的信念，低层次的信念服从高层次的信念。科学的信念是在人们认识世界和改造世界的过程中产生的，是以对客观规律的真理性认识为基础的。科学信念与盲目信仰或宗教信仰是完全不同的。

2. 多项选择题

（1）20世纪80年代末90年代初，东欧剧变、苏联解体，世界社会主义运动遭受重大挫折，西方某些别有用心的人预言，社会主义将在20世纪末进入历史博物馆。然而，中国特色社会主义的成功实践，使社会主义运动展现了光明的前景。由此可见，（　　）。

A. 理想的实现是一个过程

B. 理想的实现是具有长期性、艰巨性和曲折性的

C. 坚定的信念是实现理想的重要条件

D. 任何一种社会政治理想都不会轻而易举地实现

【答案】ABCD

【解析】实现理想具有长期性、艰巨性和曲折性，理想的实现是一个过程，任何一种理想的实现都不是轻而易举的，因为理想对现实的超越性并不是现实状态的简单延伸，而是需要对现实和自我作出比较大的改变才能够实现。这种改变必然会遇到各种各样的困难、阻碍和波折，充满着曲折和坎坷。要实现理想，创造未来，就必须有战胜种种艰难险阻的坚定不移的信心和坚韧不拔的毅力。在实现理想的征途中，遭遇一点挫折就灰心丧气、悲观失望甚至动摇理想信念的人，不可能将理想变为现实。

（2）正确认识理想与现实的关系是实现理想的思想基础。关于理想与现实的关系，正确的表述有（　　）。

A. 理想与现实是对立统一的

B. 现实规定和制约着理想

C. 现实是理想的基础，理想是未来的现实

D. 理想一定可以转化为现实

【答案】ABC

【解析】理想和现实存在着对立的一面,二者的矛盾与冲突,属于"应然"和"实然"的矛盾。假如理想与现实完全等同,那么理想的存在就没有意义。理想与现实又是统一的。理想受现实的规定和制约,是在对现实认识的基础上发展起来的。在一定的条件下,理想可以转化为未来的现实,脱离现实而谈理想,理想就会成为空想。

(3)习近平总书记2017年8月15日在给第三届中国"互联网+"大学生创业大赛"青年红色筑梦之旅"大学生的回信中指出:祖国的青年一代有理想、有追求、有担当,实现中华民族伟大复兴就有源源不断的青春力量。希望你们扎根中国大地了解国情民情,在创新创业中增长智慧才干,在艰苦奋斗中锤炼意志品质,在亿万人民为实现中国梦而进行的伟大奋斗中实现人生价值,用青春书写无愧于时代,无愧于历史的华彩篇章,这告诉青年,应当正确认识和处理个人理想与社会理想的关系。个人理想与社会理想的关系是(   )。

A. 社会理想指引着个人理想

B. 个人理想从属于社会理想

C. 社会理想是对个人理想的凝练和升华

D. 社会理想的实现以个人理想的实现为前提和基础

【答案】ABC

【解析】理想是人类所特有的一种精神现象,是确立于人们观念之中的、同奋斗目标相联系的有实现可能性的想象。社会理想指人们对美好社会的设想或预见,其内容包括政治制度、经济制度、社会状况及整个社会结构等。社会理想与个人理想不是彼此孤立的,它们之间相互联系、相互影响、相互制约,主要体现为:①个人理想以社会理想为指引。个人理想从属于社会理想。②社会理想是对个人理想的凝练和升华。D项,个人理想的实现,必须以社会理想的实现为前提和基础。

3. 简答题

(1)简述中国特色社会主义共同理想与共产主义远大理想的关系。

答：在中国共产党领导下，坚持和发展中国特色社会主义，实现中华民族伟大复兴，必须树立中国特色社会主义共同理想。共产主义是人类最崇高的理想境界，实现共产主义是马克思主义最崇高的社会理想。中国特色社会主义共同理想与共产主义远大理想有着本质上的内在联系，主要表现为：

中国特色社会主义共同理想与共产主义远大理想是阶段性理想与最终理想的关系。现阶段我们的纲领就是建设中国特色社会主义，这是共产党人的理想，也是全国各族人民的共同理想。

建设中国特色社会主义，是现阶段全国各族人民的共同理想，也是迈向共产主义最高理想的一个阶段。建设中国特色社会主义，实现中华民族的伟大复兴是实现共产主义的必由之路。

实现共产主义制度，是共产党人的最高理想。中国特色社会主义事业，需要共产主义理想指明前进方向。社会主义事业是向着共产主义远大目标的前进运动，离开共产主义，社会主义就无从谈起。

我们要正确认识共产主义远大理想和中国特色社会主义共同理想之间的关系。实现共产主义是我们的远大理想，坚持和发展中国特色社会主义，就是向着远大理想所进行的实实在在的努力。心中有信仰，脚下有力量。走好新时代的长征路，大学生要不断增强中国特色社会主义道路自信、理论自信、制度自信、文化自信，自觉做共产主义远大理想和中国特色社会主义共同理想的坚定信仰者、忠实实践者，为崇高理想信念而矢志奋斗。

（2）如何正确认识理想实现的过程？

答：理想的实现是一个具有长期性、艰巨性和曲折性的过程。一般来说，理想越是远大，它的实现过程就越复杂，需要的时间也就越漫长，具体分析如下：

理想实现的长期性是对人们的耐心和信心的考验，对此必须做好充分的思想准备，实现理想必须有面对困难、挫折坚定不移的信心和勇气。通向理想的道路并不是笔直的，往往是充满了曲折。在实现理想的过程中，由于主观和客观因素的影响，面对困难挫折的时候，人们往往容易犯一些错误，走一些弯路，追求理想的道路是弯弯曲曲的。而遭遇到一点困难就灰心丧气就会阻碍理想的实现。

艰苦奋斗是实现理想的重要条件。艰苦奋斗的过程也是进一步强化理想信念的过程。正是在为追求理想而艰苦奋斗的过程中，人的理想和信念经受了考验，得到了磨炼，从而变得更加坚定了。只有经历了考验和在逆境中奋斗的人，才知道理想之可贵，才体会到信念的力量，也才能形成坚定的信念和坚强的意志。艰苦奋斗绝不是一时的权宜之计。

七、专题参考资料

[1] 习近平:《高举中国特色社会主义伟大旗帜为全面建设社会主义现代化国家而团结奋斗——在中国共产党第二十次全国代表大会上的报告》，人民出版社2022年版。

[2] 习近平:《习近平谈治国理政》（第四卷），外文出版社2022年版。

[3] 习近平:《习近平谈治国理政》（第一卷），外文出版社2018年版。

[4] 习近平:《坚持用马克思主义及其中国化创新理论武装全党》，《求是》2021第22期。

[5] 马克思、恩格斯:《马克思恩格斯选集》（第一卷），人民出版社2009年版。

[6] 习近平:《在十九届中央政治局第十五次集体学习时的讲话》，《人民日报》2019年6月24日。

[7] 习近平:《在纪念周恩来同志诞辰120周年座谈会上的讲话》，《人民日报》2018年3月2日。

[8] 冯刚、朱宏强:《以习近平新时代中国特色社会主义思想引领青年理想信念教育》，《思想理论教育导刊》2018年第11期。

[9] 刘建军:《习近平理想信念论述的历史梳理与理论阐释》，《河海大学学报（哲学社会科学版）》2015年第3期。

[10] 习近平:《在纪念马克思诞辰200周年大会上的讲话》，人民出版社2018年版。

第四专题

传承弘扬：
兴国强国的精神力量

在 5000 多年文明发展中孕育的中华优秀传统文化，在党和人民伟大斗争中孕育的革命文化和社会主义先进文化，积淀着中华民族最深沉的精神追求，代表着中华民族独特的精神标识。我们要大力弘扬以爱国主义为核心的民族精神和以改革创新为核心的时代精神，大力弘扬中华优秀传统文化，大力发展社会主义先进文化，不断增强全国各族人民的精神力量。

——习近平：《高举中国特色社会主义伟大旗帜 为全面建设社会主义现代化国家而团结奋斗——中国共产党第二十次全国代表大会上的报告》(《人民日报》2022 年 10 月 17 日第 1 版)

一、专题教学目的

本专题结合党的二十大报告和《中共中央关于党的百年奋斗重大成就和历史经验的决议》(以下简称《决议》)重点充实了关于伟大建党精神、坚持和完善"一国两制"推进祖国统一、改革创新的相关论述。本专题的两大核心问题是"中国精神是什么"与"如何弘扬中国精神"。

本专题第一部分重点让学生明确两大核心问题。第一个核心问题是"中国共产党是中国精神的忠实继承者和坚定弘扬者",该问题突出阐释伟大建党精神与中国共产党人的精神谱系。其中,新增的内容为"伟大建党精神是中国共产党的精神之源",重点围绕伟大建党精神的具体内容进行了深入阐释。在"凝聚兴国强国的磅礴伟力"部分也结合党的二十大报告和《决议》的相关内容,重点展现中国精神在全面建设社会主义现代化国家新征程、向第二个百年奋斗目标进军中的重要作用。

第二部分在"维护祖国统一和民族团结"部分,充分融入党的二十大报告"坚持和完善'一国两制',推进祖国统一"的相关论述,并结合党的最新实践,对推进祖国统一,保持香港、澳门长期繁荣稳定,解决台湾问题、实现祖国完全统一等内容的表述进行了调整。结合党的二十大报告和《决议》相关论述对"维护国家发展主体性"部分进行了改写,突出了我国维护国家发展主体性的历史主动和发展经验;在"自觉维护国家安全"部分融入了关于总体国家安全观的一些新表述,旨在引导大学生深刻领悟"国家安全是民族复兴的根基,社会稳定是国家强盛的前提"。这部分内容突出引导学生做一个新时代的忠诚的爱国者。

第三部分结合党的二十大报告和《决议》对改革和创新的相关论述,重在引导大学生在改革创新的实践中奉献力量,奉献祖国、服务人民、实现价值。

结合党的二十大报告和《决议》对改革和创新的相关论述,重在引导大学生在改革创新的实践中奉献力量,奉献祖国、服务人民、实现价值。我们应当更加深入地引导大学生在改革创新的实践中积极贡献力量。大学生作为国家未来的栋梁之材,应当深刻理解改革创新的重要性,积极参与到这一伟大事业中来。通过在实践中不断探索和创新，大学生可以更好地将理论知识与实际相结合，提升自身的综合素质和能力。为祖国的发展贡献自己的智慧和力量，为实现中华民族伟大复兴的中国梦添砖加瓦。服务人民不仅是大学生的责任，更是他们的使命。通过改革创新，大学生可以更好地了解人民群众的需求，为他们提供更好的服务，解决实际问题。实现价值是每个大学生的追求，而改革创新为他们提供了广阔的舞台。通过在实践中不断努力，大学生可以实现自己的人生价值，为社会进步作出更大的贡献。

二、专题设计思路

本专题总体思路是充分体现党的二十大报告精神，以问题为导向，按照"设计专题—突出问题—分析问题—调查研究—教师教研—理论支撑—课堂探讨—师生互动—专题总结"的思路进行。在课程专题教学过程中，教师要加强对新教材的研究，将党的二十大报告和《决议》中有关"中国精神是什么""如何弘扬中国精神"的新的重要论述有机融入教学，围绕"中国精神的丰富内涵""伟大建党精神的具体内涵""伟大建党精神与中国精神的内在联系""爱国主义的本质""新时代改革创新的使命内涵"等问题加强集体备课，引导学生清晰把握"如何切实维护祖国统一和民族团结""如何坚持立足中国又面向世界""如何做改革创新的生力军"，从而攻克教材讲解中的重难点问题，切实提升教育教学的实效。

在此基础上，教学实践活动应着重关注以下几个方面：

第一，注重历史与逻辑相统一，将大历史观融入弘扬中国精神的教育中，体现教学内容的科学性。本专题教学围绕中国精神展开，知识目标重点落在"中国精神是什么"和"如何弘扬中国精神"的教育上。这就需要运用大历史观，在宏大的历史视野中审视和解读中国精神，阐释清楚中国精神是历史自信的动力之源，因为历史自信不仅来自对奋斗成就的自信，更是来自对奋斗精神的自信。在具体的教学实践中，要在把握好教材逻辑的基础上利用好历史事件，通过历史回溯营造历史情境，将历史史实的价值从历史事件中延伸出来，讲深讲透讲活其中的精神内涵，使学生仿佛身临其境地感受到精神的力量，增强理论说服力。

第二，关注情感需要，将弘扬中国精神教育从国家需要层面扩展到个人需要层面，体现教学的情感性。本专题教学的情感目标是要使学生具备中国精神，并能自觉弘扬中国精神，引导学生认识到弘扬中国精神不仅是与党和国家的发展命运关联在一起的，更是符合当代大学生的价值期许和心理需要的，因为中国精神在本质上也是激励个人成功的精神力量。因此，在本专题的具体教学过程中，需要强化家国情怀的教学，选取丰富的切合学生实际的典型案例，深挖案例中鲜活生动的细节，增强案例的感染性，激励学生将个人价值与国家发展紧密联系起来。

第三，把握时代特征，阐明中国精神是民族精神与时代精神的统一，增强教学的现实关照。人无精神则不立，国无精神则不强。纵观世界历史的发展进程，任何一个民族国家都会注重精神的力量，都会自觉挖掘本民族国家蕴含的精神伟力。在中华民族的发展进程中，我们形成了独特的民族禀赋；在自觉融入世界历史的发展进程中，我们形成了鲜明的时代特色；两者合二为一赋予了中国精神独特的精神内涵，使中国精神具体体现为以爱国主义为核心的民族精神和以改革创新为核心的时代精神的有机统一。其中，爱国主义始终是把中华民族坚强团结在一起的精神力量，例如，中国古代所说的"先天下之忧而忧,后天下之乐而乐""位卑未敢忘忧国""苟利国家生死以,岂因祸福避趋之""富贵不能淫，贫贱不能移，威武不能屈""人生自古谁无死，留取丹心照汗青"等都体现了中国精神中以爱国主义为核心的民族精神。改革创新则始终是鞭策我们在改革开放中与时俱进的精神力量，比如，安徽省凤阳县小岗村农民冒着风险签下"大包干"契约，揭开了农村改革的序幕；浙江义乌顶着巨大压力开放小商品市场；"北斗人"克服万难、独立自主研发导航系统等都体现了激动人心的改革创新精神。它们共同构成我们的强国之魂，从而成为中华民族区别于世界其他民族的精神特质，成为中华民族屹立于世界民族之林的精神特质。因此，在教学过程中，需要结合时代特征深刻剖析中国精神的独特气质。

第四，自觉结合推进中国式现代化的新要求，在中国式现代化的语境中讲授如何弘扬中国精神的问题。习近平总书记在学习贯彻党的二十大精神研讨班开班式上发表重要讲话，强调要正确理解和大力推进中国式现代化，指出中国式现代化是一种全新的人类文明形态，中国式现代化蕴含的独特世界观、价值观、历史观、文明观、民主观、生态观等及其伟大实践，是对世界现代化理论和实践的重大创新。这些最新理论观点，对于深化理解中国的现实和未来、中国和世界的关系、把握中国改革创新的方向等都有重要意义。广大教师在教学中要自主适应，积极跟进和深入研究党的最新理论成果，及时融入教学中，切实增强教学的时效与实效。

三、专题理论支撑

（一）伟大精神引领论

马克思在《德意志意识形态》中曾经说过："批判的武器当然不能代替武器的批判，物质力量只能用物质力量来摧毁；但是理论一经掌握群众，也会变成物质力量。理论只要说服人，就能掌握群众；而理论只要彻底，就能说服人。所谓彻底，就是抓住事物的根本。"[1] 这就是告诉我们，精神的东西可以转化为物质的东西，因为精神是人们在改造世界的过程所形成的观念和思想的成果，是对物质世界的反映，它具有主观能动性，正确发挥这一主观能动性，是推动事物前进发展的巨大动力。因此，李大钊说："历史的道路，不全是平坦的，有时走到艰难险阻的境界，这是全靠雄健的精神才能够冲过去的。"[2]

正如我们党的百年奋斗史一样，它表明"伟大事业孕育伟大精神，伟大精神引领伟大事业""只有具有伟大精神的政党才能领导人民赢得伟大斗争、开创伟大事业。一代又一代中国共产党人不畏艰难险阻、直面风险挑战，顽强拼搏、不懈奋斗，展现出伟大的历史主动精神，构筑起中国共产党人的精神谱系，形成了党的光荣传统。党的伟大精神和光荣传统是我们宝贵的精神财富，是激励我们奋勇前进的强大精神动力"。[3] 从这里我们看到，中国共产党之所以具有伟大精神的政党，主要就在于，中国共产党坚持马克思主义群众史观，始终站在人民立场，

---

① 《马克思恩格斯文集》（第一卷），人民出版社2009年版，第11页。
② 陈先达：《中国百年变革的重大问题》，人民出版社2019年版，第6页。
③ 中共中央党史和文献研究院：《习近平关于社会主义精神文明建设论述摘编》，中央文献出版社2022年版，第166-167页。

使人民群众真正成为伟大精神的主体力量。

早在《共产党宣言》中，马克思恩格斯就指出，无产阶级政党进行斗争的主要策略就是充分发挥人民的主体作用，即这个斗争"现在已经达到这样一个阶段，即被剥削被压迫的阶级（无产阶级），如果不同时使整个社会永远摆脱剥削、压迫和阶级斗争，就不再能使自己从剥削它压迫它的那个阶级（资产阶级）下解放出来"。[①]这就告诉我们，无产阶级要带领人民发挥历史主动精神，真正成为历史发展的主体和国家进步的主体。然而，各个国家和各个民族的社会发展状况与文化传统不尽相同，因此，如何在实践中以自主自觉的革命精神引领全体劳动人民，真正使具体的国家的劳动人民发挥出其历史主动精神就成为各国共产党努力的方向。中国共产党自成立之日起，就非常重视精神的引领作用，形成了坚持真理、坚守理想，践行初心、担当使命，不怕牺牲、英勇斗争，对党忠诚、不负人民的伟大建党精神，这是中国共产党的精神之源。正如习近平总书记在党史学习教育动员大会上的讲话中所指出的那样：一百年来，在应对各种困难挑战中，我们党锤炼了不畏强敌、不惧风险、敢于斗争、勇于胜利的风骨和品质。这是我们党最鲜明的特质和特点。在一百年的非凡奋斗历程中，一代又一代中国共产党人顽强拼搏、不懈奋斗，涌现了一大批视死如归的革命烈士、一大批顽强奋斗的英雄人物、一大批忘我奉献的先进模范，形成了井冈山精神、长征精神、遵义会议精神、延安精神、西柏坡精神、红岩精神、抗美援朝精神、"两弹一星"精神、特区精神、抗洪精神、抗震救灾精神、抗疫精神等伟大精神，构筑起了中国共产党人的精神谱系。我们党之所以历经百年而风华正茂、饱经磨难而生生不息，就是凭着那么一股革命加拼命的强大精神。

（二）中国精神传承论

党的十九届六中全会审议通过的《中共中央关于党的百年奋斗重大成就和历史经验的决议》提出了习近平新时代中国特色社会主义思想是"中华文化和中国精神的时代精华"，这一全新的重大判断既具有历史厚重感，又具有现实宽广度。

①《马克思恩格斯文集》（第二卷），人民出版社 2009 年版，第 9 页。

马克思主义哲学阐释了物质与意识、思维与存在、理论与实践的辩证关系，为我们理解中国文化和中国精神的时代精华的哲学内涵提供了理论遵循。理论来源于实践，实践决定着理论的形成和发展，是理论产生的源泉。中华优秀传统文化孕育于五千多年中国人民的历史实践中，凝聚着中华民族最深沉的精神追求，由此积淀生成的中国精神是中华民族优秀传统文化的升华，它体现为以爱国主义为核心的团结统一、爱好和平、勤劳勇敢、自强不息、努力拼搏的民族精神，这种伟大精神是民族获取自尊坚定自信的力量源泉，是民族发展壮大的精神支柱。在马克思中国化的历史进程中，中国精神被继承和发扬，结合中国革命实践生发出伟大建党精神，结合改革开放实践又生发出改革创新的时代精神。因此，在这个意义上，习近平新时代中国特色社会主义思想是马克思主义理论和中华文化结合的创新发展，是中华文化和中国精神的时代精华。

第一，民本思想在共享发展理念中的创造性转化与创新性发展。共享发展，是让人民群众共享改革发展成果，是中国特色社会主义的本质要求，也是社会主义制度优越性的集中体现。共享发展理念以中国古代民本思想为渊源。《尚书》中提到"民惟邦本，本固邦宁"是古代民本思想的源头。孔子倡导仁政，提出"取信于民"亦是坚持以民为本，但突出平均主义思想。孟子多次提出"民为国本""民为政本""民为贵，社稷次之，君为轻"更是成为传统民本思想的经典表述。孟子提出"民贵君轻"的民本价值观念，对儒家民本价值的基本内涵及发展方向进行了规范和限制，这是孔子民本思想的主要基调。荀子提出"君者，舟也；庶人者，水也；水则载舟，水则覆舟"强调了民众是一国政权兴衰的关键。明清时期的思想家把它推上了一个新的高度，并赋予了它的民主化的思想成分。黄宗羲提出"天下为主君为客"的思想，认为天下以人民为主，君王以民为从，君臣之间不应是主仆关系，而是分工协作、共同治理的关系。

第二，天人合一思想在绿色发展理念中的创造性转化与创新性发展。绿色发展，主张人与自然的和谐共生，通过合理利用自然资源，防止自然环境与人文环境的污染，保护自然环境，改善人类社会环境的生存状态。这与中国传统天人合一思想相合。"天人合一"强调了天道与人性、人与自然的相通、相类和统一。老子说："人法地，地法天，天法道，道法自然。"道教道家把人与天的关系称为"天人感应"，认为天地与人是互相交通的，通过精气来沟通天地。庄子认为"天地与我并生，而万物与我为一"，意思是说人与天本来就是合一的，但是由于人的主观区分破坏了两者的统一。西汉董仲舒强调，天与人以类相符，"天人之际，合而为一"。宋代以后的思想家们，更多地借鉴孟子和《中庸》的思想，从"理""性"和"命"三个层面，对"天人"的统一进行了论述。

第三，和合思想在协调发展理念中的创造性转化与创新性发展。协调发展，是在正视我国发展存在的不平衡问题提出来的，目的在于促进我国经济社会行稳致远。这一理念与中国传统文化中的和合思想相通，主张矛盾双方既对立又统一。比如，《周易》中提到，"一阴一阳之谓道"，将阴和阳作为两种符号象征宇宙中各种矛盾的自然、人事现象，以阴阳变化阐释万事万物的运动、发展和变化。以老子的《道德经》为代表的道家文化，系统揭示了事物互相对立、依存、转化和往复的关系，"有无相生，难易相成，长短相形，高下相倾，音声相和，前后相随"，告诉我们，矛盾双方不仅是对立统一的，而且在一定条件下会相互转化。因此，建立在矛盾的对立统一观念基础上的和合思想，作为规范人与自我关系、人与他人关系、人与社会关系价值向导有助于我们今天正确协调发展进程中的各种矛盾和不平衡问题。"优秀传统文化为解决人与自我的矛盾、人与民族的矛盾、人与国家的矛盾、人与自然的矛盾提出的对策，为我们今天运用优秀传统文化建构大学生的精神家园提供了有益的镜鉴。"[①]

四、专题问题聚焦

习近平总书记指出："人无精神则不立，国无精神则不强。精神是一个民族赖以长久生存的灵魂，唯有精神上达到一定的高度，这个民族才能在历史的洪流中屹立不倒、奋勇向前。"[②]中华民族能够在漫长的历史进程中孕育辉煌悠久的中

---

① 马艳：《中华优秀传统文化与高校思想政治教育融合研究》，新华出版社2024年版，第24页。
② 《十八大以来重要文献选编》（下），中央文献出版社2018年版，第395-396页。

华文明，塑造独特的精神气质和精神品格，创造伟大中国精神。作为中国精神的忠实继承者和坚定弘扬者，中国共产党人在百余年奋斗中构建起中国共产党人的精神谱系，极大丰富了中国精神的内涵。中国精神是兴国强国之魂，是实现中华民族伟大复兴不可或缺的精神支撑。增强实现中华民族伟大复兴的精神力量，也是党的二十大明确提出的战略要求。

青年学生是民族的希望和祖国的未来，要努力将中国精神转化为行动，勇做弘扬和践行中国精神的时代先锋。《新时代爱国主义教育实施纲要》在总体要求中明确提出，新时代加强爱国主义教育，要坚持把实现中华民族伟大复兴的中国梦作为鲜明主题，坚持以维护祖国统一和民族团结为着力点，坚持以立党为本、重在建设，坚持立足中国又面向世界。新时代青年学生要争做的忠诚爱国者。青年学生富有想象力和创造力，要自觉发扬改革创新精神，勇做改革创新的实践者和生力军，让改革创新成为青春远航的强大动力。通过本专题的讲授、分析和研讨，我们要明晰以下几个问题。

（一）中国精神的丰富内涵是什么？中国精神为何是"四个伟大精神"？如何把握"四个伟大精神"的整体性？

中国精神的丰富内涵包括以爱国主义为核心的民族精神和以改革创新为核心的时代精神。这种精神体现在中华民族五千年历史中，积蕴于近现代中华民族复兴历程中，特别是在中国的快速崛起中迸发出来的具有很强的民族集聚、动员与感召效应的精神及其气象，是中国文化软实力的重要显示。

中国精神为何是"四个伟大精神"呢？这是因为中国精神包括了伟大的创造精神、奋斗精神、奉献精神以及梦想精神。这四种精神相互交织、相互促进，构成了中国精神的独特内涵。

要把握"四个伟大精神"的整体性，需要理解它们之间的内在联系和统一性。首先，创造精神是中国精神的源泉，它体现了中华民族勇于创新、开拓进取的精神品质；其次，奋斗精神是中国精神的核心，它强调了中华民族勤劳勇敢、自强不息的精神传统；再次，奉献精神是中国精神的重要组成部分，它代表了中华民族追求和谐、注重道义的精神特质；最后，梦想精神是中国精神的升华，它体现了中华民族追求美好未来、实现民族复兴的精神追求。只有全面理解和把握这些精神之间的相互关系，才能更好地领会中国精神的深刻内涵和价值追求。同时，在实践中弘扬中国精神，也需要将"四个伟大精神"融入具体的工作和学习中去，使之成为推动社会进步和个人发展的强大动力。

（二）如何理解伟大建党精神？

伟大建党精神，指的是坚持真理、坚守理想，践行初心、担当使命，不怕牺牲、英勇斗争，对党忠诚、不负人民。弘扬伟大建党精神，是中国共产党百年光辉历史的全面总结，是中国共产党特质的生动写照，是中国共产党人精神谱系的高度凝练，是新时代中国共产党人继续砥砺前行的强大动力。

伟大建党精神强调坚持真理、坚守理想。这是因为只有坚持正确的理论才能指导正确的实践。在长期的革命斗争中，中国共产党人始终坚持马克思主义基本原理同中国具体实际相结合，不断探索适合中国国情的革命道路。这种对真理的追求和坚守，使得中国共产党能够在困难中不断发展壮大。

伟大建党精神倡导践行初心、担当使命。这意味着中国共产党始终把为中国人民谋幸福、为中华民族谋复兴作为自己的初心和使命。在长期的革命和建设实践中，中国共产党人始终牢记这一初心和使命，不断为实现中华民族伟大复兴而奋斗。

伟大建党精神强调不怕牺牲、英勇斗争。这是因为实现中华民族的伟大复兴是一个长期而艰巨的任务，需要付出巨大的努力和牺牲。在长期的革命斗争中，中国共产党人不怕流血牺牲，英勇奋斗，为中国革命的胜利立下了汗马功劳。

伟大建党精神要求我们对党忠诚、不负人民。这体现了中国共产党人的政治品质和道德要求。只有对我们所信仰的政党保持忠诚，才能更好地为人民服务；只有真正为人民着想，才能得到人民的拥护和支持。

伟大建党精神是中国共产党人的精神之源，是中国共产党人的宝贵财富。在新时代，我们应该继续弘扬伟大建党精神，为实现中华民族伟大复兴的中国梦而不懈奋斗！

（三）什么是爱国主义的本质？

爱国主义的本质，可以说是一种深厚的民族情感和社会责任感。它不仅仅是对自己祖国的热爱和忠诚，更是一种为了国家和民族的利益而奋斗终身的精神。爱国主义的本质体现在对祖国的认同感和归属感上，这种认同感和归属感源于对祖国历史、文化、传统和现状的深刻理解和认同。爱国主义的本质也体现在为了国家和民族的利益而努力奋斗的精神上。这种精神不仅仅是对自己祖国的热爱，更是一种为了国家和民族的繁荣富强而不懈努力的信念和行动。这种精神需要我们在面对困难和挑战时，坚定信念，勇往直前，为了国家和民族的利益而不断奋斗。爱国主义的本质还体现在对社会责任的担当上。作为国家的一分子，我们不仅仅要关注自己的利益，更要关注国家和民族的利益。我们要积极参与到国家和社会的发展中去，为实现中华民族的伟大复兴贡献自己的力量。这种担当精神需要我们在日常生活中，始终牢记自己的社会责任，不断提升自己的素质和能力，为国家和民族的繁荣富强贡献自己的一份力量。总之，爱国主义的本质是一种深厚的民族情感和社会责任感，它体现在对祖国的认同感和归属感上，体现在为了国家和民族的利益而努力奋斗的精神上，也体现在对社会责任的担当上。只有真正理解并践行爱国主义的本质，我们才能成为一个真正的爱国者，为国家和民族的繁荣富强贡献自己的力量。

（四）如何坚定地维护祖国统一和民族团结？

维护祖国统一和民族团结是每一个中华儿女的神圣使命和不可推卸的责任。为了实现这一目标，我们需要从以下几个方面坚定地采取行动：

加强爱国主义教育。我们应该通过各种途径，加强对全民的爱国主义教育，让人们深刻认识到祖国的伟大、民族的团结是每一个公民的责任和义务。只有这样，才能让人们从内心深处坚定维护祖国统一和民族团结的信念。

促进各民族之间的交流与合作。我们应该加强各民族之间的交流与沟通，增进相互了解与信任，推动各民族在经济、文化、社会等各个方面的共同发展。通过促进各民族之间的交流与合作，我们可以有效地维护民族团结，防范民族分裂势力的破坏。

严厉打击民族分裂和分裂国家的行为。对于任何企图分裂祖国、破坏民族团结的行为，我们都应该采取果断措施，坚决予以打击。同时，我们还需要加强对民族分裂势力的防范和打击，确保国家的安全和稳定。

加强法治建设。我们应该加强法治建设，完善法律法规，保障公民的合法权益，维护社会秩序和稳定。通过加强法治建设，我们可以有效地遏制民族分裂势力的活动，维护祖国统一和民族团结。

总之，维护祖国统一和民族团结是一项长期而艰巨的任务。我们需要从多个方面入手，采取切实有效的措施，坚定不移地推进这一事业。只有这样，我们才能确保祖国的繁荣富强和民族的团结和谐。

（五）如何坚持立足中国且面向世界？怎样维护国家发展主体性？总体国家安全观是什么？如何推动构建人类命运共同体？

在全球化日益加深的今天，坚持立足中国并面向世界显得尤为重要。我们要深深植根于中华大地，充分自信自立，同时以开放的心态迎接世界各地的挑战和机遇。我们要积极倡导和平发展合作共赢的理念，推动构建人类命运共同体，促进全球治理体系的完善和发展。

为了维护国家发展的主体性，我们必须强化系统观念，拓宽全球视野。这意味着我们不仅要关注国内的发展动态和政策制定，还要积极参与国际事务，加强与世界各国的合作与交流。通过弘扬中国精神和全人类共同价值，我们可以更好地统筹国内国际两个大局，推动实现中华民族伟大复兴的梦想。

总体国家安全观则强调维护国家的政治、经济、文化、社会、信息等多个领域的全面安全。这要求我们建立健全的国家安全体系，提高防范化解重大风险的能力，确保国家的长治久安和人民的安居乐业。

至于如何推动构建人类命运共同体，我们需要秉持共商共建共享的全球治理观，推动建设一个持久和平、普遍安全、共同繁荣、开放包容、清洁美丽的世界。

这需要我们积极参与全球治理体系的改革和建设，推动国际社会形成更加公正合理的国际秩序。

总的来说，坚持立足中国和面向世界相统一是我们每一个人的责任和使命。我们要以更加开放的姿态拥抱世界，积极参与全球治理体系的变革和完善，为维护世界和平稳定发展发挥更加重要的作用。

（六）如何激发大学生改革创新的使命感？

激发大学生改革创新的使命感是教育者和社会的重要任务之一。加强创新教育的普及。高校应该在课程设置中增加与创新相关的内容，让学生在学习过程中了解创新的重要性，掌握创新的基本方法和技能。同时，学校还可以通过举办创新竞赛、讲座等活动，为学生提供展示创新成果的平台，激发他们的创新热情。注重培养学生的实践能力。理论知识的学习是基础，但要将知识转化为实际的应用，就需要通过实践来锻炼。学校可以与企业、科研机构等合作，为学生提供实习、实践的机会，让他们在实践中发现问题、解决问题，培养他们的创新能力和使命感。加强对学生职业规划的指导。大学生正处于人生的关键阶段，他们面临着选择职业、规划未来的重要任务。学校应该加强对学生的职业规划指导，帮助他们认识自己的兴趣、优势和潜力，明确职业发展的方向和目标。在这个过程中，可以引导学生关注社会问题，思考如何通过改革创新为社会作出贡献，从而激发他们的改革创新使命感。营造积极的校园文化氛围。校园文化对于学生的成长和发展具有重要影响。学校应该积极营造一种鼓励创新、宽容失败的文化氛围，让学生敢于尝试、勇于创新。同时，学校还可以通过宣传优秀创新成果、举办创新展览等方式，展示学校在改革创新方面的成果和贡献，激发学生的荣誉感和使命感。激发大学生改革创新的使命感需要多方面的努力和配合。只有通过加强创新教育、培养实践能力、加强职业规划指导以及营造积极的校园文化氛围，才能真正激发大学生的改革创新使命感，为社会的发展贡献自己的力量。

五、专题延伸内容

（一）本专题与新教材关系梳理

本专题对应《思想道德与法治》第三章"继承优良传统弘扬中国精神"的教学内容。以"问题链"的教学方式，无领导小组讨论等教学方法，引导青年学生思考和把握"中国精神是什么"和"如何弘扬中国精神"。

第一部分通过对中国精神形成和发展历程的剖析，厘清中国精神是什么，总结中突出中国共产党是中国精神的忠实继承者和坚定弘扬者，并引导学生正确看待今日中国之中国精神。第二部分通过阐明"家国情怀是中华民族精神的基调和底色"和"伟大建党精神与中国精神的内在联系"等问题，引导学生认识为什么爱国主义是中国精神的核心以及新时代应该如何爱国。第三部分讲清中国为什么要改革创新以及新时代改革创新的使命内涵，引导学生正确践行以改革创新为核心的时代精神。

本专题的主要教学目标就是通过对中国精神的学习，认识到实现中国梦必须弘扬中国精神，使青年大学生勇于承担起民族复兴的大任。其中，个人与国家的关系问题是本专题要解决的核心问题，因为，只有个人认同了国家，国家精神才能被内化为个人行动的动力；同时，只有在国家的引领和保障中，个人的发展才能实现自我价值的最大化。为了解决这一核心问题，在教学过程中，我们可以采取"三结合、一互动"的方式进行。首先，理论讲授与现实案例相结合。把关于中国精神是什么的理论讲授与个人身上所体现出来的中国精神的案例相结合，用理论观照实践、用实践反观理论。其次，把中国精神形成与发展的历史与现实相结合，用现实观照历史，用历史反观现实。再次，教学内容与学生的专业结合。把本专题的教学内容与学生的专业相结合，用中国精神的理论关照学生的专业实践，用学生的专业实践反观中国精神。最后，教师与学生互动。以问题链为基础，采用"教师介绍教学内容—学生课后研读文献、课堂汇报—教师学生共同点评、讨论—教师总结"四步教学流程。

此外，新教材在第一节"中国精神是兴国强国之魂"中新增了一个目，即"中国共产党是中国精神的忠实继承者和坚定弘扬者"，突出了中国共产党在长期奋斗中构建起中国共产党人的精神谱系，极大丰富了中国精神的内涵。讲清楚伟大建党精神与中国精神的内在联系，就是阐明祖国的命运和党的命运、社会主义的命运是密不可分的，这是当代中国精神的最重要的体现，也是我们驳斥当前存在的割裂党与国家关系的错误认识的重要理论依据。

（二）中国共产党是中国精神的忠实继承者和坚定弘扬者

党的二十大报告在"开辟马克思主义中国化时代化新境界"部分中明确指出："中国共产党为什么能，中国特色社会主义为什么好，归根到底是马克思主义行，是中国化时代化的马克思主义行。"[1] 并具体强调"坚持和发展马克思主义，必须同中华优秀传统文化相结合。只有植根本国、本民族历史文化沃土，马克思主义真理之树才能根深叶茂"。中国共产党百余年之探索历程正是将马克思主义基本原理同中华优秀传统文化相结合的历程，诞生了毛泽东思想、中国特色社会主义理论体系和习近平新时代中国特色社会主义思想三个重要的理论成果，体现了我们中国共产党和中国人民强烈的文化自信与文化自觉。在中共十九届六中全会上，审议通过了《中共中央关于党的百年奋斗重大成就和历史经验的决议》，其中指出："习近平新时代中国特色社会主义思想是当代中国马克思主义、二十一世纪马克思主义，是中华文化和中国精神的时代精华，实现了马克思主义中国化新的飞跃。"这一科学判断，深刻表明了习近平新时代中国特色社会主义思想作为马克思主义中国化的新的飞跃不是无源之水、无根之木，而是深深植根于中华文化，具有鲜明的中国风格、文化底蕴和精神内涵，充分体现了其在中国精神发展史上的重要地位。

在中国共产党成立 100 周年大会上，习近平总书记强调"坚持把马克思主义基本原理同中国具体实际相结合、同中华优秀传统文化相结合"，深刻反映了新时代中国共产党人对中华优秀传统文化地位和作用的新认识。习近平总书记指出，

---

[1] 习近平：《高举中国特色社会主义伟大旗帜 为全面建设社会主义现代化国家而团结奋斗——在中国共产党第二十次全国代表大会上的报告》，人民出版社 2022 年版，第 16 页。

"中华民族在几千年历史中创造和延续的中华优秀传统文化，是中华民族的根和魂""在5000多年文明发展中孕育的中华优秀传统文化，在党和人民伟大斗争中孕育的革命文化和社会主义先进文化，积淀着中华民族最深沉的精神追求，代表着中华民族独特的精神标识"。中华文化和中国精神是在历史发展和文明传承中形成的文化形态和精神表达，正是这一脉相承的文化基因和精神特质，支撑着中华民族在几千年的历史长河中绵延至今、不断发展。因此，"中华优秀传统文化是我们党创新理论的'根'，我们推进马克思主义中国化时代化的根本途径是'两个结合'。"① 即坚持把马克思主义基本原理同中国具体实际相结合、同中华优秀传统文化相结合。

一部中共党史就是一部将马克思主义基本原理同中华优秀传统文化相结合的历史，百年历程证明了马克思主义基本原理同中华优秀传统文化之间是高度契合且道理相合的。马克思主义具有鲜明的实践特性，这一特性具体体现为它对人类社会发展规律的深刻把握，是与实际紧密结合的科学理论。因此，当马克思主义进入中国大地，必将与中华文化相结合。二者相结合的过程，必然不是一帆风顺的，其表现为"有选择的契合"过程，而这一过程的成功势必需要中国共产党人既要善于进行"创造性转化"，找到中华优秀传统文化与马克思主义基本原理深入契合处，又要善于进行"创新性发明"，用马克思主义基本原理激活长存华夏文明之内的文化基因，为优秀传统文化不断弘扬创造条件。

中国共产党人是如何对传统进行"创造性转化"和"创新性发明"的呢？那就是坚持马克思主义的基本立场、基本观点和基本方法，深入中国具体实际，深刻把握中国所特有经济条件、政治条件以及以中华优秀传统文化为重要内容的民族底色。因此，我们看到，毛泽东同志终其一生非常自觉且注重从对现实问题的具体分析出发，根据不同的时代和局势的需要，将马克思主义基本原理与中华优秀传统文化进行深入结合，在秉持正确方法论的基础上汲取优秀传统文化的博大智慧，这在《实

---

① 习近平：《习近平在陕西延安和河南安阳考察时强调 全面推进乡村振兴 为实现农业农村现代化而不懈奋斗》，《人民日报》2022年10月29日。

践论》《矛盾论》《新民主主义论》《论十大关系》等一系列重要文献中体现得至为突出。改革开放时期，邓小平同志、江泽民同志、胡锦涛同志坚持建设中国特色社会主义，这实际上就是强调普遍规律和民族特点的有机统一，从而为马克思主义同中华优秀传统文化相结合提供了新的理论依据，在此基础上，"小康社会""以德治国与依法治国相结合""以人为本""全面协调可持续""和谐社会""和谐世界"等概念就是将中国的"国情""世情"与中华优秀传统文化相结合的理论结晶。进入新时代，习近平总书记明确指出"中国共产党人是马克思主义者，坚持马克思主义的科学学说，坚持和发展中国特色社会主义，但中国共产党人不是历史虚无主义者，也不是文化虚无主义者"。这实际上就是告诉我们要在不断推动马克思主义的中国化时代化的过程中，同时推动中华文明创造性转化和创新性发展。"两创"为我们指明了未来前进的方向，即凸显中国传统文化的主体性，中国文化要以主体的视角显示出一种朝向未来的可能性，那就是"中华文明同世界各国人民创造的丰富多彩的文明一道，为人类提供正确的精神指引和强大的精神动力"。[1]

可见，马克思主义自从传入中国后，特别是作为中国共产党的指导思想以来，就已经开始了同中华优秀传统文化相结合的过程。当前，我们正处于党的二十大开启的新征程中，新征程的使命任务就是"以中国式现代化全面推进中华民族伟大复兴"，那么，如何在建设中国式现代化的进程中使这种结合过程不断地走向深入，就成为一个必须解决的前提性问题。因为"中国式现代化，深深植根于中华优秀传统文化，体现科学社会主义的先进本质，借鉴吸收一切人类优秀文明成果，代表人类文明进步的发展方向，展现了不同于西方现代化模式的新图景，是一种全新的人类文明形态"。并且"中国式现代化蕴含的独特世界观、价值观、历史观、文明观、民主观、生态观等及其伟大实践，是对世界现代化理论和实践的重大创新"。中国共产党所成功推进和拓展的中国式现代化，是一代代中国共产党人殚精竭虑地用科学真理来诠释、转化、熔铸我们的中华优秀传统文化，几

---

[1] 习近平：《出席第三届核安全峰会并访问欧洲四国和联合国教科文组织总部、欧盟总部时的演讲》，人民出版社 2014 年版，第 17 页。

经结合后，中国式现代化方破土而出、持续深化。因此，在新时代新征程上，我们更要科学总结马克思主义中国化的历史经验，揭示马克思主义基本原理同中华优秀传统文化相结合的内在机制、实现路径等规律性的内涵，使马克思主义中国化更加成熟和完备，使中国式现代化道路越走越宽广！

因此，在讲授"中国共产党是中国精神的忠实继承者和坚定弘扬者"时，我们可以从以下三个视角展开：首先，中国共产党成功将马克思主义基本原理与中华优秀传统文化融合，提升了马克思主义的科学性内涵和革命性内涵。近代中国深受帝国主义和封建势力的压迫，中国人如何进行反帝反封建斗争，如何救国救民，这些都需要科学的理论指导。而马克思主义不仅揭示了人类社会发展规律，揭示了资本主义剥削秘密，揭示了资本主义的本质，引起中国人的共鸣，为中国人民同帝国主义斗争提供了强大思想武器，而且提出实现无产阶级自身和人类解放的理论，使一盘散沙的中国人有了重新凝聚起来的力量。这与中华优秀传统文化中的"民本"思想是高度契合的。正是在此基础上，毛泽东同志提出了"农村包围城市"的新民主主义革命道路，并且带领中国人民获得了战争的胜利，使人民群众成为国家的主人。并且在党的七大通过的党章明确指出："中国共产党人必须具有全心全意为中国人民服务的精神，必须与工人群众、农民群众及其他革命人民建立广泛的联系。"邓小平同志把自己当作人民的儿子，提出必须把人民拥护不拥护、赞成不赞成、高兴不高兴、答应不答应作为衡量改革和一切事业的根本标准。始终代表最广大人民根本利益是贯穿"三个代表"重要思想的核心内容，江泽民同志说："立党为公、清正廉洁、诚心诚意为人民谋利益，这是我们党受到群众拥护、领导人民夺取革命和建设事业胜利的奥秘所在。"科学发展观强调必须把最广大人民的根本利益作为贯彻落实科学发展观的根本出发点和落脚点。习近平同志说，人民是真正的英雄，中国共产党要担负起领导人民进行伟大社会革命的历史责任，始终与人民心心相印、与人民同甘共苦、与人民团结奋斗，永远保持马克思主义执政党本色。

其次，中国共产党将马克思主义基本原理与中华优秀传统文化融合，强化马克思主义信仰教育。无论是在革命战争年代，还是在社会主义建设时期，抑或在改革开放时期，中国共产党人一直秉持社会主义和共产主义信念，坚定马克思主义信仰。然而，如何将这种科学先进的信仰理念深入人心，使人民群众都坚定不移地追求这一信仰呢？这就需要将这种信仰与中华优秀传统文化相结合，用中国人所熟悉的表达方式来表述和传播。因此，中国共产党人在进行马克思主义信仰教育时主要从三个方面入手，一是引导人民群众认识到中国共产党所追求的共产主义信仰与中华优秀传统文化中的"大同"社会是异曲同工的；二是引导人民群众在深刻认识社会历史发展规律的基础上，树立中国特色社会主义的共同理想和共产主义的崇高理想；三是引导人民群众在把握社会主义代替资本主义的历史必然性的基础上，深刻认识建设社会主义事业的长期性、艰巨性、复杂性。对此，我们可以在教学中适当添加"三大规律"的教学内容。"三大规律"，即共产党执政规律、社会主义建设规律、人类社会发展规律。共产党执政规律，是反映共产党作为马克思主义政党在执政过程中应该遵循的执政理念和执政方略，应该采取的执政体制和执政方式，应该巩固的执政基础和执政资源，应该创造的执政条件和执政环境等。社会主义建设规律，是揭示"什么是社会主义、怎样建设社会主义"这个根本问题的规律性认识，包括社会主义的发展道路、发展阶段、发展战略、发展动力、发展方式、发展环境、发展力量等。人类社会发展规律，是关于人类社会历史运动的普遍规律，决定着人类历史发展的基本趋势。中国共产党人对这三大规律的正确认识正反映了马克思主义与中华优秀传统文化的结合真正扎根于中国大地之中了。

最后，中国共产党将马克思主义基本原理与中华优秀传统文化融合，拓展了马克思主义世界观和方法论意义。党的二十大报告强调，中国共产党为什么能，中国特色社会主义为什么好，归根到底是马克思主义行，是中国化时代化的马克思主义行。在中国特色社会主义建设过程中，不断谱写马克思主义中国化时代化新篇章，就要坚持人民至上、坚持自信自立、坚持守正创新、坚持问题导向、坚持系统观念、坚持胸怀天下，这是中国共产党对马克思主义的世界观和方法论的坚持和发展。因此，在教学过程中，我们可以深入分析革命过程中所形成的马克思主义中国化的理论成果，重点分析它们是如何结合中国的革命实际运用马克思主义的世界观和方法论的，中国化的马克思主义又是在哪些方面对其进行了理论创新和实践创新。

（三）新时代如何弘扬中国精神

第一，培根铸魂，发挥中华优秀传统文化的历史价值，以"文化自信"弘扬中国精神。中国共产党之所以选择以马克思主义为理论武器进行革命、建设和改革，不仅因为马克思主义本身具有科学性，能够解释自然、社会和人类发展的一般规律，也因为马克思主义与中华优秀传统文化能产生共鸣；马克思主义之所以在中国"行"，是因为马克思主义能与中华优秀传统文化互动共生、相互融合，能被中国化和民族化；中国人民之所以能接受和信仰马克思主义，是因为华夏民族用五千多年孕育的本土文化能与当今世界最先进的理论相融合，并让其绽放出更加夺目的光彩，这为人民提供了精神动力。中华优秀传统文化是维系民族凝聚力的重要纽带，是文化自信的重要来源，而在马克思主义的指导下，中华优秀传统文化能够面向世界、面向未来、面向现代化，促进其发展的内生动力，实现创造性转化和创新性发展，同时能够提高文化自信。同时人民群众的"文化自信"能够使马克思主义的发展更加贴合中国实际，加快马克思主义中国化的进程，促进马克思主义理论的创新性发展。

第二，启智润心，发挥中华优秀传统文化的哲学价值，以"世界观和方法论"弘扬中国精神。中华优秀传统文化融合了历朝历代思想家和民众集体智慧的结晶，形成了中华民族独具特色的理论知识体系，是当代马克思主义理论发展和创新的思想源泉。中华优秀传统文化的哲学价值体现在以下几个方面：一是对立统一的辩证观，古代人相信，世间的一切事物都是相互关联的，一切事物都在不断地发展；一切都包含着相互对立的两个层面，它们相互依存、相互包容、相互转化，一切都是相互矛盾的，但也是一致的。主张用整体、矛盾、运动的观点看问题，这都是合乎辩证法的重要思想。其中，普遍联系和对立统一思想堪称中国辩证思维的主流。二是自强不息的世界观，"自强不息"是中国哲学关于世界观的基本态度，出自《易经》"天行健，君子以自强不息"。"自强"意为努力向上、奋发图强，"不息"意为永无止境、永不停歇，这也是支撑中华民族一次次克服艰难险阻，创造无数奇迹的精神动力。三是"以人为本"的人生观，人民是物质和精神的创造者，是历史发展的先驱者，是社会变革的推动者，"以人为本"就是关注民之生、清楚民之需、解决民之难，把最广大人民群众的根本利益作为工作的出发点和着眼点。四是内在超越的价值观，中国哲学具有很强的超越性，超越性是指通过对客观规律的认识和把握，在对事物发展趋势作出准确判断后作出科学决策的一种思维方式。中国哲学的内在超越，是人类自我超越，是将凡夫俗子升华为圣贤，是价值的升华。五是实事求是的知行观，"实事"是客观存在的一切事物，"是"就是事物之间的内部规律，"求"就是要求我们去探索、研究和实践，做到知行合一，说实话、想实法、做实事、求实效的务实精神是中国人民自古以来的淳朴之风。将这些哲学理念与马克思主义哲学融会贯通，从而加强人民群众对马克思主义科学的"世界观和方法论"的深度把握。"至今，这些世界观和方法论仍然指导着乡村产业振兴，是其动力机制的灵魂。"①

第三，修身养性，发挥中华优秀传统文化的教化价值，以"道德建设"弘扬中国精神。当今社会随着市场经济的发展以及社会思想的日益多元化，出现了以"拜金主义""享乐主义"为代表的消极价值观，传统伦理道德逐渐淡化，这对公民道德建设极为不利，也会动摇民众对马克思主义理想信念的根基，不利于马克思主义中国化的发展。为此，利用中华优秀传统文化蕴含的道德观念、伦理规范与当代的社会主义核心价值观有共通之处，使讲仁爱、重民本、守诚信、崇正义、尚和合、求大同的中华民族精神特质与社会主义核心价值观有机融合，发挥对民众的教化作用，消除社会中存在的消极观念，共筑公民思想道德高地。中华优秀传统文化的教化价值体现在以下几个方面：一是诚信，诚信是做人之根本，立业之基。所以孔子讲"民无信不立""人而无信，不知其可也""信言不美，美言不信"。二是

---

① 卢中华：《乡村产业振兴的基本逻辑研究》，山东人民出版社 2023 年版，第 23—26 页。

爱敬，孔子在《孝经》中写道："爱亲者，不敢恶于人；敬亲者，不敢慢于人。爱敬尽于事亲，而德教加于百姓。"拜天是敬神、祭祀是敬祖、尽孝是敬亲、交善是敬人。三是忠恕，曾子说："夫子之道，忠恕而已矣！""忠"就是与人相交要秉持忠实的态度，不可利用、欺瞒、背叛。"恕"就是设身处地、将心比心、换位思考，"己所不欲，勿施于人"。四是知耻，《中庸》里提到"好学近乎知，力行近乎仁，知耻近乎勇"，"知耻"是人之为人的一个文明指标，官员知耻则廉洁，商人知耻则公道，师者知耻则明学，学子知耻则克己。五是谦逊，孔子"敏而好学，不耻下问"是为谦逊；《尚书》中"满招损，谦受益"是为谦逊；王阳明在《传习录》中说"处朋友，务相下则得益，相上则损"是为谦逊。为人处世隐蔽锋芒，虚心低调，勿自鸣得意方得其中之道。六是和而不同，中国人素来有温良之性，倾向于人与人之间的和谐交往，所谓"君子和而不同，小人同而不和"，不同文化之间也可以沟通融合，尊重差异，多元共存是中国文化固有的理念。将这种教化价值与马克思主义基本原理贯通，有利于提高人民群众的品德修养，加强思想道德建设。

第四，治国安邦，发挥中华优秀传统文化的治理价值，以"政治理念"弘扬中国精神。一个国家的治理体系和治理能力与他自身的历史传统、文化精髓具有深厚紧密的渊源关系。中华优秀传统文化的治理价值体现在两个方面：一是以儒、道、法、墨四家为代表的治国理念。儒家以六艺为法，倡导"礼乐""仁义"，倡导"忠恕"与"中庸"，倡导"德治""仁政"，倡导"周礼"，以"周礼"为理想的政治理想。道教以老子的道学思想为理论依据，认为天道不为，万物皆有其性，否定神灵鬼神的统治，主张道法自然，崇尚清净，以"无为而治"作为其政治理想。法家主张"以法治国"，以严刑峻法加强专制统治。墨家以"兼相爱，交相利"为学说基础，政治上主张尚贤、尚同和非攻。二是古代中国的四大治国模式。第一种是西汉孝文帝刘恒的节俭模式，"国奢则用费，用费则民贫"，国家实施休养生息政策，禁止奢靡之风，不接受纳贡和礼物，从上至下、衣食住行一切从简，随后景帝刘启继承了刘恒的治国思想，合称"文景之治"。第二种是唐太宗李世民的民本模式，知人善任，虚心纳谏，重视农业生产和下层民众，实行"宽律令"，重礼轻法，赏罚分明，轻徭役薄赋税，国家繁荣昌盛，史称"贞观之治"。第三种是宋仁宗赵祯的新政模式，范仲淹曾经提出过"明黜陟""抑侥幸""精贡举""择长官""均公田""厚农桑""修武备""减徭役""覃恩信""重命令"等十个方面的改革，都被赵祯采纳，逐步推行，在全国推行，被称为"庆历新政"。第四种是明太祖朱元璋的峻刑模式，一直以来，朱元璋都实行了"猛烈之治"，实行了"以重典为正法"。他既注重律法，又注重礼法，严格吏治。他宣称"我在乱世，刑罚必重"，后世将其简化为"乱世之重法"。虽不能完全实现其目标，但其成效显著，使明代"百年清廉"，被称为"洪武之治"。中华优秀传统文化在治国理政中积累了大量的经验和教训，为推进现代化建设提供宝贵的思想资源，因而，对中华优秀传统文化中的治国理政智慧进行创新和发展，对推进国家治理体系和治理能力现代化的现实实践意义。

第五，面向世界，发挥中华优秀传统文化的世界价值，以"世界大同"弘扬中国精神。在全球化发展的大背景下，不同国家和地区的文化交流日益频繁，也不可避免地出现了文化冲突。多年来，以美国为主导的西方影视文化纷纷以中国古代人物为取材去拍摄影片，以其西方文化解释我国的古代文化并在其中偷偷灌输我国民众有利于维持其西方统治的精神内涵。大量教辅书中运用西方案例阐释马克思主义基本原理，而忽视了中华优秀传统文化对马克思主义基本原理进行阐释的话语权。再者，诸如韩国等将我国文化遗产拿去申遗，将古代人物和传统技术、服饰、饮食都窃为己有。而现在的大学生处在世界观、人生观、价值观的形成阶段，他们对新的东西充满了好奇，更容易被各种不同的文化所影响，有的甚至会接受负面的文化，对我们的优秀传统文化产生怀疑和排斥，不少人把西方文化视为先进、高贵的象征而趋之若鹜，把传统文化视为落后、腐朽的代表而加以批判。"综上所述，当前开展道德与法治教学要将文化自信的内容作为重点，并正确看待开展文化自信教育的意义和实际价值。"① 因此，加强中华优秀传统文化的影响，提升中华文化的软实力，

---

① 马艳：《中华优秀传统文化与高校思想政治教育融合研究》，新华出版社 2024 年版，第 216 页。

提升其国际地位，是维护中国文化对马克思主义基本原理解释权力的必行之策。

六、相关习题解析

（一）课后思考题

1.人无精神则不立，国无精神则不强。结合实际，谈谈为什么中国精神是兴国强国之魂。

答：习近平总书记指出："伟大事业孕育伟大精神，伟大精神引领伟大事业。"中国精神是兴国强国之魂，是实现中华民族伟大复兴不可或缺的精神支撑。

（1）中国精神，为中国繁荣发展和人类文明进步提供了强大的精神动力。伟大创造精神、伟大奋斗精神、伟大团结精神、伟大梦想精神，传承中华民族的宝贵精神基因，汲取时代的丰厚精神滋养，是中国精神内涵的生动展现。

（2）中国共产党是中国精神的忠实继承者和坚定弘扬者。作为中国精神的忠实继承者和坚定弘扬者，一代又一代中国共产党人继承和弘扬中国精神，在长期奋斗中构建起中国共产党人的精神谱系，锤炼出鲜明的政治品格，极大丰富了中国精神的内涵。

（3）实现中国梦必须弘扬中国精神。中国精神是兴国强国之魂。全面建设社会主义现代化国家、全面推进中华民族伟大复兴，必须大力弘扬中国精神，弘扬以爱国主义为核心的民族精神和以改革创新为核心的时代精神。

2.百余年来，党坚持性质宗旨，坚持理想信念，坚守初心使命，勇于自我革命，在生死斗争和艰苦奋斗中经受住各种风险考验、付出巨大牺牲，锤炼出鲜明政治品格，形成了以伟大建党精神为源头的精神谱系。结合实际，谈谈你对伟大建党精神的理解，以及新时代青年应如何从中国共产党人精神谱系中汲取奋斗力量。

答：

（1）伟大建党精神"坚持真理、坚守理想，践行初心、担当使命，不怕牺牲、英勇斗争，对党忠诚、不负人民"，这是中国共产党的精神之源。

坚持真理、坚守理想。中国共产党一经成立，就把马克思主义写在自己的旗帜上。中国共产党始终坚守共产主义、社会主义的理想信念。

践行初心、担当使命。作为马克思主义政党，中国共产党把为中国人民谋幸福、为中华民族谋复兴确立为自己的初心使命并始终不渝地践行。

不怕牺牲、英勇斗争。在应对各种困难挑战中，中国共产党锤炼了不畏强敌、不惧风险、敢于斗争、勇于胜利的风骨和品质。

对党忠诚、不负人民。全心全意为人民服务，这是中国共产党的根本宗旨。对党忠诚、永不叛党，这是党章对党员的基本要求。来自人民、依靠人民、为了人民，是中国共产党的发展逻辑和胜利密码。中国共产党根基在人民、血脉在人民、力量在人民，"人民"二字深深融入党的血脉，成为中国共产党人薪火相传、永不磨灭的精神基因。

（2）新时代青年从中国共产党人精神谱系中汲取奋斗力量的途径

在百余年的非凡奋斗历程中，形成了井冈山精神、长征精神、遵义会议精神、沂蒙精神、延安精神、抗美援朝精神、"两弹一星"精神、脱贫攻坚精神等伟大精神，构筑起了中国共产党人的精神谱系。特别是，沂蒙精神"是中国共产党革命精神的重要组成部分，是我们党和国家的宝贵精神财富，是对广大青年学生进行思想政治教育和革命传承教育的重要内容和生动载体"[1]，新时代青年从中国共产党人精神谱系中汲取奋斗力量的途径主要包括：

①汲取榜样力量，传承弘扬精神。中国共产党人的精神谱系，是中国共产党领导人民在团结奋斗中共同创造的，集中体现了党的坚定信念、根本宗旨、优良作风，凝聚着中国共产党人艰苦奋斗、牺牲奉献、开拓进取的伟大品格，极大丰富了中国精神的内涵，新时代青年从中国共产党人精神谱系中汲取榜样的力量，传承弘扬精神。

②通过学习党史、新中国史、改革开放史和社会主义发展史，深刻认识中国共产党为什么能、马克思主义为什么行、中国特色社会主义为什么好，坚定中国共产党的领导，增强对马克思主义、共产主义的信仰，增强对中国特色社会主义的信念，增强对实现中华民族伟大复兴的信心。

---

[1] 徐东升、李婧、薛舒文：《新时代沂蒙红色文化传承与弘扬研究》，九州出版社2023年版，第239页。

3.方志敏的《可爱的中国》一文，字字泣血，唤醒了中国亿万同胞的爱国之情，鼓舞了许许多多的优秀青年走上救国道路。结合自身实际，谈谈如何做新时代的忠诚爱国者。

答：

（1）爱国主义的基本内涵

爱国主义体现了人们对自己祖国的深厚感情，揭示了个人对祖国的依存关系，是人们对自己家园以及民族和文化的归属感、认同感、尊严感与荣誉感的统一。它是调节个人与祖国之间关系的道德要求、政治原则和法律规范，也是中华民族精神的核心。爱国主义主要表现在：爱祖国的大好河山、爱自己的骨肉同胞、爱祖国的灿烂文化和爱自己的国家。

（2）做新时代的忠诚爱国者

中国特色社会主义进入新时代，实现中华民族伟大复兴的中国梦是新时代爱国主义的鲜明主题。大力弘扬新时代爱国主义必须：

①坚持爱国爱党爱社会主义相统一

新中国是中国共产党领导的社会主义国家，祖国的命运和党的命运、社会主义的命运密不可分。当代中国，爱国主义的本质就是坚持爱国和爱党、爱社会主义高度统一。

爱国，不能停留在口号上，而是要把自己的理想同祖国的前途、民族的命运紧密联系在一起。新时代大学生不仅要在认识上深刻理解爱国爱党爱社会主义的高度统一，更要以实际行动体现对祖国的热爱、对党的热爱、对社会主义的热爱。扎根人民，奉献国家，以一生的真情投入、一辈子的顽强奋斗来践行爱国主义。

②维护祖国统一和民族团结

维护和推进祖国统一，实现祖国完全统一，是实现中华民族伟大复兴的必然要求，是不可阻挡的历史进程，也是全体中华儿女的共同心愿。

促进民族团结，要认清"藏独"和"疆独"等各种分裂主义势力的险恶用心和反动本质，坚持原则、明辨是非，不参与违法犯罪活动，要与破坏民族团结的行为做坚决斗争。

③尊重和传承中华民族历史文化

历史文化是民族生生不息的丰厚滋养，要旗帜鲜明反对历史虚无主义。

④坚持立足中国又面向世界

要维护国家发展主体性，自觉维护国家安全，推动构建人类命运共同体。

4.2021年5月28日，习近平在两院院士大会、中国科协第十次全国代表大会上指出，培养创新型人才是国家、民族长远发展的大计。当今世界的竞争说到底是人才竞争、教育竞争。结合自身实际，谈谈应如何走在改革创新的时代前列。

答：改革创新是当代中国最突出、最鲜明的特点。大学生富有想象力和创造力，是改革创新的生力军，要在改革创新的实践中奉献祖国、服务人民、实现价值。青年时期是创新创造的宝贵时期，新时代的大学要增强创新创造的能力和本领，勇做改革创新的实践者，将弘扬改革创新精神贯穿于实践中、体现在行动上。

①树立改革创新的自觉意识

改革创新，要求大学生自觉增强改革创新的责任感，树立敢于突破陈规、大胆探索未知、勇于创新创造的思想观念，在实践中有直面困难的勇气，有突破难关的精神，锐意进取，奋力前行。

②增强改革创新的能力本领

青年是苦练能力本领、增长才干的黄金时期。新时代大学生应不断夯实创新基础、培养创新思维、积极投身改革创新实践。

（二）考研真题再现

1.单项选择题（下列每题给出的四个选项中，只有一个选项是最符合题目要求的）

（1）【2021年考研真题】中国特色社会主义进入新时代。为了大力弘扬爱国主义精神，中共中央、国务院印发了《新时代爱国主义教育实施纲要》，明确规定新时代爱国主义教育的着力点是（　　）。

A.坚持实现中华民族伟大复兴的中国梦

B. 坚持依法治国和以德治国相结合

C. 坚持维护祖国统一和民族团结

D. 坚持立足中国又面向世界

【答案】C

【解析】《新时代爱国主义教育实施纲要》在总体要求中明确提出，新时代加强爱国主义教育，要坚持把实现中华民族伟大复兴的中国梦作为鲜明主题，坚持以维护祖国统一和民族团结为着力点，坚持以立为本、重在建设，坚持立足中国又面向世界。C 正确。

（2）【2020 年考研真题】习近平在纪念"五四运动"100 周年大会上的讲话中指出："爱国主义是我们民族精神的核心，是中华民族团结奋斗、自强不息的精神纽带。""对每一个中国人来说，爱国是本分，也是职责，是心之所系、情之所归。对新时代中国青年来说，热爱祖国是立身之本、成才之基。"当代中国爱国主义的本质就是（　　　）。

A. 坚持爱国和爱党、爱社会主义高度统一

B. 维护社会和谐和民族平等的统一

C. 对民族和文化的归属感、认同感的统一

D. 坚持立足民族和面向世界的统一

【答案】A

【解析】新中国是中国共产党领导的社会主义国家，祖国的命运和党的命运、社会主义的命运密不可分。"没有共产党就没有新中国"，这是中国的历史和现实所昭示的真理。中国的历史和现实充分证明，中国共产党是高举爱国主义旗帜并躬身实践的光辉典范，是中国特色社会主义事业的坚强领导核心。坚定拥护中国共产党的领导，是中华民族走向复兴、中国特色社会主义事业走向成功的必然要求，也是新时代爱国主义的必然要求。我国爱国主义始终围绕着实现民族富强、人民幸福而发展，最终汇流于中国特色社会主义。爱国主义与爱社会主义的统一是中国历史发展的必然结果。当代中国，爱国主义的本质就是坚持爱国和爱党、

爱社会主义高度统一。A正确。

2.多项选择题（下列每题给出的四个选项中，至少有两个选项是符合题目要求的）

（1）【2021年考研真题】党的十八大以来，习近平总书记多次强调，要"促进各民族像石榴籽一样紧紧抱在一起"，这句话还被郑重写入党的十九大报告。"促进各民族像石榴籽一样紧紧抱在一起"旨在（　　）。

A.铸牢中华民族共同体意识

B.建设各民族共有精神家园

C.巩固和发展平等团结互助和谐的社会主义民族关系

D.使各民族在中华民族大家庭中手足相亲、守望相助

【答案】ABCD

【解析】习近平在全国民族团结进步表彰大会上发表的题为《促进各民族像石榴籽一样紧紧拥抱在一起》的重要讲话指出，要以铸牢中华民族共同体意识为主线，全面贯彻党的民族理论和民族政策，坚持共同团结奋斗、共同繁荣发展，把民族团结进步事业作为基础性事业抓紧抓好，促进各民族像石榴籽一样紧紧拥抱在一起，推动中华民族走向包容性更强、凝聚力更大的命运共同体，促进各民族共建美好家园、共创美好未来。构建各民族共有精神家园，巩固和发展平等团结互助和谐的社会主义民族关系，使各民族在中华民族大家庭中手足相亲、守望相助。A、B、C、D全选。

3.结合材料回答问题：

【2023年考研真题】

材料1

我国每一项举世瞩目的科技成就的问世，都离不开一代代科学技术工作者的矢志报国，奋力攻关。改革开放以来各代科学家，比如屠呦呦、黄旭华等，他们以科学报国的品行和攻坚克难的毅力，诠释了以爱国主义为底色的科学家精神。习近平总书记指出，在中华民族伟大复兴新征程上，一代又一代科学家心系祖国、

不畏艰难、无私奉献，新时代更需要继续发扬以爱国主义为底色的科学家精神。

摘编自《光明日报》（2020年9月14日）、人民网（2022年11月16日）

材料2

钱七虎是陆军工程大学教授、中国工程院首批院士、中国现代防护工程理论的奠基人、防护工程学科的创立者。防护工程被誉为一个国家的"地下钢铁长城"，也是钱七虎毕生钻研的课题。60多年前，钱七虎从国外学成回国后，积极投身于国家的现代防护工程建设事业。60多年来，钱七虎坚守爱院爱国的赤子情怀，战斗在大山深处、戈壁荒漠、边防海岛等工程一线，克服了环境艰苦、条件不足问题复杂的诸多困难，成功研制出我国首套爆炸压力模拟器，创建了我国防护工程学科和人才培养体系，建立了我国城市人防工程毁伤理论模型和分析方法。近年来，钱七虎带领团队勇攀科技高峰，建立了从浅埋工程到深埋工程防护、从单体工程到工程体系防护、从常规抗力到超韧抗力防护等学术理论与技术体系，制定了我国首部人防工程防护标准，解决了核武器和常规武器工程防护一系列关键技术难题，为我国战略工程装上了"金钟罩"。作为多个国家重大工程的专家组成员，钱七虎在港珠澳大桥、雄安新区、南水北调工程、西气东输工程、能源地下储备等方面提出了切实可行的重大建议，由于贡献突出，获得2018年度国家最高科学技术奖，2022年被授予"八一勋章"。创新决定未来，创造引领未来。现在，我国经济社会发展比过去任何时候都更加需要技术创新，更加需要把原始创新能力提升到突出的位置，当代青年生逢其时，施展才干的舞台无比广阔。要大力弘扬科学家精神，让青春在全面建设社会主义现代化国家的实践中绽放绚丽之花。

摘编自《人民日报》（2020年9月15日）、《光明日报》（2022年8月1日）

①为什么新时代"更需要继续发扬以爱国主义为底色的科学家精神"？

答：爱国主义是具体的、历史的，体现了人们对自己祖国的深厚情感，揭示了个人对祖国的依存关系，是人们对自己家园以及民族和文化的归属感、认同感、尊严感与荣誉感的统一，是一个人立德之源、立功之本。爱国不需要理由，是每个人都应当自觉履行的责任和义务。科学家精神是科技工作者在长期科学实践中积累的宝贵精神财富，爱国主义是科学家精神的底色。科学研究虽然没有国界，但是科学家是有祖国的，科学家生存、发展的一切物质条件获取和精神慰藉首先得益于祖国。国家是科学家成长发展的坚实依托，失去国家的庇佑和保护，科学家也将失去成长和发展的最坚实依托。新时代中国特色社会主义事业是一项前无古人的创造性事业，以爱国主义为底色的科学家精神作为兴国强国之魂的价值和意义将更为凸显。

②钱七虎为国铸盾的科学实践，对当代青年进行创新创造有何启示？（4分）

答：创新能力是当今国际竞争新优势的集中体现。钱七虎持之以恒为国铸盾的创新实践，生动诠释了科学家勇攀高峰、敢为人先、创新创造的精神内涵。青年时期是创新创造的宝贵时期，当代青年要发扬勇攀高峰、敢为人先的创新精神，不断增强创新意识，夯实创新本领；要在解决国家重大原创性科学问题、突破制约发展的关键核心技术以及勇闯创新"无人区"中不断积累经验、取得成果、演绎精彩。

（2）【2019年考研真题】

2018年9月30日，在我国第五个烈士纪念日到来之时，党和国家领导人同各界代表向天安门广场人民英雄纪念碑敬献花篮，表达着13亿多人民对英烈的深切缅怀和崇高敬意。人民英雄纪念碑基座上镶嵌的8幅革命历史浮雕，镌刻了从虎门销烟到解放战争时期为争取民族独立和人民幸福而牺牲的人民英雄。这一纪念中国革命胜利的全景图，凝聚了无数先烈的铁骨精魂，更象征着中国人民不忘历史、砥砺奋进的民族精神。欲知大道，必先为史。习近平总书记指出："历史是一面镜子。以史为鉴，才能避免重蹈覆辙。对历史，我们要心怀敬畏、心怀良知。历史无法改变，但未来可以塑造。""天地英雄气，千秋尚凛然。"一个有希望的民族不能没有英雄，一个有前途的国家不能没有先锋。英雄烈士的事迹和精神是中华民族共同的历史记忆和宝贵的精神财富。

一段时间以来，历史虚无主义思潮沉渣泛起。社会上质疑英雄烈士、歪曲历史的现象和行为不时出现，造成了极其恶劣的社会影响，引起了社会舆论的高度关注。在社会各界不断的呼声中，2018年4月27日，十三届全国人大常委会第二次会议全票表决通过《中华人民共和国英雄烈士保护法》，英雄烈士的姓名、肖像、名誉、荣誉受法律保护，禁止歪曲、丑化、亵渎、否定英雄烈士的事迹和精神，宣扬、美化侵略战争和侵略行为将被依法惩处直至追究刑责。《英雄烈士保护法》生效一个月后，最高人民法院、最高人民检察院相继下发通知要求依法惩处侵害英雄烈士权益、形象等违法行为；文化和旅游部部署查处抹黑英雄烈士等违法违规经营行为；各主要互联网文化单位纷纷采取措施清理违规信息、视频和账号；多地检察机关针对侵害英雄烈士名誉等问题依法启动诉讼程序。"昨天你用生命捍卫了我们，今天我们用法律保护你。"网友真挚的话语道出了人们对英雄烈士的敬意和爱戴。从设立烈士纪念日"立大德于社会"，到缅怀英雄烈士仪式"扬大义于国家"，再到制定《英雄烈士保护法》"布大信于天下"，一系列致敬英烈、崇尚英雄的国家行动，筑起了民族复兴征程的闪亮灯塔。摘编自《光明日报》（2018年4月6日）、《人民日报》（2018年6月13日、10月1日等）

①如何理解"英雄烈士的事迹和精神是中华民族共同的历史记忆和宝贵的精神财富"？

人民是历史的创造者，英雄烈士从来都不曾脱离人民，他们是民族精神的代表。各个时期涌现出的英雄烈士以自身坚定执着的信念和无私无畏的言行构筑起特定时代的主流价值，融入中华民族代代相传的历史和文化中，成为中华民族共同的历史记忆。英雄烈士光照历史、感动时代的事迹和精神，引领大众、影响社会，成为推动中华民族伟大复兴宝贵的精神财富。对英雄烈士的心怀崇敬，是为了继承和发扬民族精神，是从历史中汲取养分；对历史虚无主义的反对抵制，是为了树立正确历史观，坚定信念稳步前行。

七、专题参考资料

[1]《新时代爱国主义教育实施纲要》，人民出版社2019年版。

[2]《中共中央关于党的百年奋斗重大成就和历史经验的决议》，人民出版社2021年版。

[3]习近平:《在庆祝改革开放40周年大会上的讲话》，人民出版社2018年版。

[4] 习近平:《高举中国特色社会主义伟大旗帜为全面建设社会主义现代化国家而团结奋斗——在中国共产党第二十次全国代表大会上的报告》,人民出版社2022年版。

[5]《中国共产党第二十次全国代表大会文件汇编》,人民出版社2022年版。

[6] 中共中央宣传部:《习近平新时代中国特色社会主义思想学习纲要（2023年版）》,学习出版社2023年版。

[7] 中共中央文献研究室、中央档案馆编:《习近平新时代中国特色社会主义思想学习论丛（第三辑）》,中央文献出版社2020年版。

[8] 习近平:《在庆祝中国共产党成立100周年大会上的讲话》,《求是》2021年7月16日第14期。

[9] 中共中央宣传部:《论党的宣传思想工作》,中央文献出版社,2020版。

[10] 中共中央文献研究室、中央档案馆编:《建党以来重要文献选编（1921—1949）（第二十二册）》,中央文献出版社2011年版。

[11] 中共中央文献研究室编:《江泽民思想年编（1989—2008）》,中央文献出版社2010年版。

[12] 吴潜涛、唐立军:《中国精神：传承与弘扬》,人民出版社2023年版。

[13] 谢玉进:《〈思想道德与法治（2023年版）〉第三章重难点问题解析》,《思想教育研究》2023年第4期。

[14] 本教材编写组:《〈思想道德与法治（2023年版）〉修订说明和教学建议》,《思想理论教育导刊》2023年第3期。

[15]《马克思恩格斯全集》,人民出版社2002年版。

[16] 陈先达:《中国百年变革的重大问题》,人民出版社2019年版。

[17]《马克思恩格斯选集》第1卷,人民出版社2012年版。

[18] 习近平:《习近平谈治国理政（第四卷）》,外文出版社2022年版。

第五专题

凝心铸魂：
时代新人的价值追求

新时代中国青年要自觉树立和践行社会主义核心价值观，善于从中华民族传统美德中汲取道德滋养，从英雄人物和时代楷模的身上感受道德风范，从自身内省中提升道德修为，明大德、守公德、严私德，自觉抵制拜金主义、享乐主义、极端个人主义、历史虚无主义等错误思想，追求更有高度、更有境界、更有品位的人生，让清风正气、蓬勃朝气遍布全社会！

——习近平：《在纪念五四运动100周年大会上的讲话》，人民出版社2019年版，第11—12页。

一、专题教学目的

本专题要重点反映习近平总书记关于社会主义核心价值观、全过程人民民主、坚持全面依法治国、全人类共同价值、推动构建人类命运共同体等方面的重要论述精神，将党的十九届六中全会精神和党的二十大精神充分融入教学，要依据习近平总书记最新讲话精神，讲述清楚社会主义核心价值观基本内容"富强、民主、文明、和谐，自由、平等、公正、法治，爱国、敬业、诚信、友善"的核心要义；结合党的二十大报告和《决议》等最新理论成果阐述明白社会主义核心价值观的时代性、民族性、阶级性等显著特征以及社会主义核心价值观入法入规相关内容；深入剖析西方"普世价值"的实质与危害、全人类共同价值与所谓"普世价值"的根本不同，吸收运用《决议》提到的新时代的中国共产党以及党的二十大报告关于青年的最新表述，引导青年大学生树立正确的价值观并坚定社会主义核心价值观自信，号召青年大学生积极践行社会主义核心价值观，在激扬青春、开拓人生、奉献社会的进程中书写无愧于时代的壮丽篇章。

二、专题设计思路

本专题将社会主义核心价值观的培育和践行视为系统工程，注重理论与实际相结合、历史与现实相统一，依循提出问题→分析问题→解决问题的逻辑进路，从知识、能力、情感三个维度确定专题教学目标，将培养担当民族复兴大任的时代新人作为培育和践行社会主义核心价值观的着眼点，结合大学生学习生活实际，特别是大学生思想困惑，明晰教学重点与难点，综合运用讲授法、案例教学法、演示法等引导青年大学生认同践行社会主义核心价值观，自觉担当民族复兴大任，积极投身以中国式现代化推进中华民族伟大复兴中国梦的奋斗中。

（一）确立三维教学目标

知识目标：引导帮助大学生明晰价值观、核心价值观、社会主义核心价值观及社会主义核心价值体系的内涵与关系，理解社会主义核心价值观的显著特征，认清西方所谓"普世价值"的实质和危害，树立正确的价值取向，明确积极践行社会主义核心价值观的具体要求。

能力目标：引导帮助大学生深刻理解社会主义核心价值观的基本内容，深刻领会社会主义核心价值概念的显著特征，深刻领会社会主义核心价值观因真实可信而具有强大的道义力量，坚定社会主义核心价值观自信；引导学生提高是非辨析能力，增强核心价值观认同，树立核心价值观自信，自觉培育和践行社会主义核心价值观。

情感目标：引导青年大学生坚持正确的价值取向，自觉培育和践行社会主义核心价值观，成为社会主义核心价值观的坚定信仰者、积极传播者、模范践行者；通过学习，认识到践行社会主义核心价值观与当代大学生成长成才之间的关系，增进对社会主义核心价值观的情感认同，培养爱国主义情操，使社会主义核心价值观成为一言一行的基本遵循并积极践行。

（二）明晰教学重点难点

教学重点：社会主义核心价值观的基本内容与显著特征；青年大学生要"扣好人生的扣子"的原因，将社会主义核心价值观落细落小落实的具体要求。

教学难点：社会主义核心价值观是反映人类社会发展进步的价值理念，彰显人民至上的价值立场，因真实可信而具有强大的道义力量；青年大学生如何将社会主义核心价值观内化于心、外化于行。

（三）厘清教学基本思路

1.在"全体人民共同的价值追求"的教学中，首先，通过案例如"生命摆渡人：汪勇"引导学生从价值角度思考人生选择，进而结合马克思主义经典作家相关论述，讲解价值观与核心价值观的科学内涵；其次，以十八洞村进村道路前后变化对比图说为例，深入阐释社会主义核心价值观的科学内涵及实践展现，运用逻辑思维图阐明社会主义核心价值观与社会主义核心价值体系的关系。此部分要注意二十大报告精神的融入，如可以结合地方的全过程人民民主实践融入二十大报告相关精神。最后，对社会主义核心价值观的作用，可结合习近平总书记相关重要论述引导学生深刻理解，并引导大学生增强对社会主义核心价值观的认同。

2.在"坚定社会主义核心价值观自信"教学中，可通过案例《为何中国政府肯下血本在西方国家绝不做的"亏本买卖"上》,引导学生从价值追求角度探寻原因,进而提出问题"社会主义核心价值观有哪些显著特征"激发学生思考。层层讲述中,可结合2022年北京冬残奥会吉祥物"雪容融"的设计寓意等阐释社会主义核心价值观的时代性,可结合案例"往返城乡间的铁路'番茄列车'""独龙族整族脱贫"等阐释社会主义核心价值观的民族性,可通过邹彬的建议被写进"十四五"规划纲要与美国占领华尔街运动的爆发之间的对比,结合习近平总书记的相关重要论述引导学生认识理解社会主义核心价值观"民主"的阶级性;可结合案例"美国加州发生山火消防员奉行'谁交费先救谁'"等以及小组讨论引导学生认清西方"普世价值"的虚伪性及严重危害,坚定社会主义核心价值观自信,同时,要注意二十大报告相关精神的融入。

3. 在积极践行社会主义核心价值观教学中,首先讲清楚"为什么要扣好人生的扣子",帮助大学生理解正确价值观对自身成长成才的重要引领作用,进而结合习近平总书记相关论述阐释积极践行社会主义核心价值观的具体要求。可结合案例"习近平七年知青岁月"、习近平总书记在北京大学师生座谈会上的相关重要讲话引导大学生理解大学时期是价值观养成的关键阶段,自觉加强正确价值观的养成。可结合案例"毛泽东1937年为陕北公学成立题词"等引导学生认识自身成长成才离不开正确价值观引领,应努力把社会主义核心价值观的要求变成日常的行为准则。在"如何把社会主义核心价值观落细落小落实"的教学中,可结合"躺平并不能躺赢""高铁霸座""热心公益无偿献血彰显大爱"以及"2022'北京青年榜样'年度人物王心仪"等案例故事,详细讲解如何在"勤学、修德、明辨、笃实"四方面下功夫,将社会主义核心价值观内化于心、外化于行,在激扬青春、开拓人生、奉献社会的进程中书写无愧于时代的壮丽篇章。

(四)运用科学有效方法

1. 案例教学法:选取典型案例增强学生对社会主义核心价值观的感性认知和情感认同,引导学生认识到"扣好人生的扣子"对成长成才的重要意义。

2. 演示式教学法。运用多媒体图片、视频帮助学生更好地理解社会主义核心价值观的基本内容。

3. 讨论式教学法：教师指导学生就相关问题进行小组讨论，充分调动学生学习积极性和主动性，引导学生对所学知识进行自觉运用。

4. 启发式教学法：层层递进提出问题，引导学生思考并回答问题，加深学生对理论的认识。

5. 讲授式教学法：通过对书本知识与观点进行讲授，帮助学生在短时间内全面、深刻、准确地掌握践行社会主义核心价值观的具体要求。

三、专题理论支撑

（一）培育和践行社会主义核心价值观重要价值论

推进中国特色社会主义伟大事业，实现中华民族伟大复兴，必须厚植中华优秀文化的精神力量。核心价值观是文化建设的内核，秉持战略思维，立足全局，谋划长远，中国共产党作出培育和践行社会主义核心价值观的重大决策。习近平总书记在考察北京大学同师生座谈时的讲话指出："人类社会发展的历史表明，对一个民族、一个国家来说，最持久、最深层的力量是全社会共同认可的核心价值观"；"我国是一个有着十三亿多人口、五十六个民族的大国，确立反映全国各族人民共同认同的价值观'最大公约数'，使全体人民同心同德、团结奋进，关乎国家前途命运，关乎人民幸福安康"，为此他强调必须"把培育和践行社会主义核心价值观作为凝魂聚气、强基固本的基础工程"。[①]

作为民族和国家重要精神追寻承载的核心价值观，亦是社会判别是非曲直的重要尺度。社会主义核心价值观，以"三个倡导"为内容要素，是马克思道德价值理论中国化时代化结出的美丽果实，是深入理解并积极实践社会主义核心价值观，是运用马克思主义与中国实际相结合、与时代发展相结合进程中结出的丰硕果实武装全党、教育人民的重要内容，是强化党的意识形态工作、推进文化建设的有力措施。当前社会群体呈现思想多样化、价值多元化样态，精准有效地引导

[①] 人民日报评论部：《深入学习贯彻习近平总书记在文化传承发展座谈会上的重要讲话精神》，人民出版社 2024 年版，第 33 页。

各社会群体真正理解并全心实践社会主义核心价值观，有助于国家主流价值风尚的形成，有助于夯实全党全国人民同心同力积极奋斗的思想基础。

（二）培育和践行社会主义核心价值观重要地位论

习近平总书记在中央政治局第十三次集体学习时指出："从社会主义核心价值观基本内涵来看，作为中华文化的精髓和内核，是文化软实力的灵魂、文化软实力建设的重点，是决定中华文化性质和方向的最深层次要素，中国的文化软实力的构建和形成，从根本上说，取决于其社会主义核心价值观的生命力、凝聚力、感召力。"[1] 在党的十九大报告中，习近平总书记进一步指出："社会主义核心价值观是当代中国精神的集中体现"[2]，凝结着全体人民共同的价值追求；在党的二十大报告中，习近平总书记强调，社会主义核心价值观是"凝聚人心、汇聚民力的强大力量"[3]。有效避免社会意识之间的分裂，保障社会有机体运转顺畅、井然有序，其中的途径多种多样，但引导社会成员认同和实践科学的核心价值观是很重要、很有效的途径之一，这也是彰显国家治理体系与治理水平的重要维度。

中国特色社会主义事业的顺利发展，在中国式现代化推进路径上迈向中华民族的伟大复兴，是物质力量与精神力量协同发力的过程。当前，文化软实力已成为民族凝聚与创新的重要动力之源，成为国家与国家之间、民族与民族之间竞争力的重要构成元素。在国家民族发展中，厚植文化的力量，有利于在激烈的国际竞争中塑造和发展获胜优势，增强主动。文化软实力内涵丰富，如文化传统、价值观念等，在丰富的内容构成中，核心价值观被视为其"基本内核"，贯穿文化软实力始终。

---

①张明海：《社会主义核心价值观融入高校思政理论课教学研究》，人民出版社2022年版，第55页。

②习近平：《决胜全面建成小康社会 夺取新时代中国特色社会主义伟大胜利——在中国共产党第十九次全国代表大会上的报告》，人民出版社2017年版，第42页。

③习近平：《高举中国特色社会主义伟大旗帜 为全面建设社会主义现代化国家而团结奋斗——在中国共产党第二十次全国代表大会上的报告》，人民出版社2022年版，第44页。

（三）培育和践行社会主义核心价值观基本内容论

社会主义核心价值观是社会主义核心价值体系的内核，体现社会主义核心价值体系的根本性质和基本特征，反映社会主义核心价值体系的丰富内涵和实践要求，是社会主义核心价值体系的高度凝练和集中表达。社会主义核心价值观的基本内容是党的十八大首次提出来的，十八大报告明确指出，倡导富强、民主、文明、和谐，倡导自由、平等、公正、法治，倡导爱国、敬业、诚信、友善，积极培育和践行社会主义核心价值观。中共中央办公厅印发的《关于培育和践行社会主义核心价值观的意见》明确指出："富强、民主、文明、和谐是国家层面的价值目标，自由、平等、公正、法治是社会层面的价值取向，爱国、敬业、诚信、友善是公民个人层面的价值准则，这24个字是社会主义核心价值观的基本内容，为培育和践行社会主义核心价值观提供了基本遵循。"社会主义核心价值观涵盖国家、社会、个体层面的价值引领与实践旨归，契合中国特色社会主义发展的要求，继承中华优秀传统文化与人类文明优秀成果，有着凝聚共识的价值因子，对我们国家建设的战略追求、社会建设的理想目标以及个体培育的成长旨归等从价值维度作出了科学回答。

（四）培育和践行社会主义核心价值观思想渊源论

中华文化源远流长，积淀着中华民族最深层的精神追求，代表着中华民族独特的精神标识。"中国古代历来讲格物致知、诚意正心、修身齐家、治国平天下"，一定角度观之，"格物致知、诚意正心、严以修身"是个体层面的要求；"齐家"是社会层面的要求，"治国平天下"是国家层面的要求。习近平总书记强调指出，培育和弘扬社会主义核心价值观必须立足中华优秀传统文化。中华优秀传统文化蕴含着启发智慧的经历实践检验的思想真谛，蕴含着修身养性的经历岁月沉淀的道德精华，厚植优秀传统文化思想真谛与道德精华的民族精神和时代精神，需要我们大力弘扬并积极践行；中华优秀传统文化中深深蕴含的讲仁爱、重民本、守诚信、崇正义、尚和合、求大同等对于时代具有的独特价值，需要我们用心体会并细致阐发，进而使优秀传统文化成为涵育社会主义核心价值观的重要动力之源。

中华优秀传统文化及其所蕴含的价值内核传统价值观，为我们认同与践行社会主义核心价值观提供持续动力。历经代代传承，中华优秀传统文化已融入中华民族基因，深入国人内心，润物细无声般地塑造着我们的思想方式与行为方式。"天行健君子以自强不息""大道之行也天下为公""民为邦本""天人合一""和而不同""天下兴亡，匹夫有责""君子义以为质""人而无信，不知其可也""仁者爱人""老吾老以及人之老，幼吾幼以及人之幼""扶危济困"……传统文化中蕴含闪闪发光的优秀思想因子的"金句"言犹在耳，纵然时空无尽变幻，其时代价值永放光芒。正如习近平总书记所教导的，我们应结合新的时代条件，将民族优秀传统文化及其内涵的生命力和持久的价值理念，深深熔铸于新时代中国特色社会主义伟大实践，深深熔铸于以中国式现代化推进民族伟大复兴的光辉实践，实现创造性转化和创新性发展。

（五）社会主义核心价值观培育目标论

习近平在十八届中央政治局第十三次集体学习时强调："要通过教育引导、舆论宣传、文化熏陶、实践养成、制度保障等，使社会主义核心价值观内化为人们的精神追求，外化为人们的自觉行动。"[①]习近平总书记的重要论述实际上指明了培育社会主义核心价值观的重要目标和主要目的。社会主义核心价值观体现我国古圣先贤的思想，仁人志士的夙愿，同我国的历史文化相契合；社会主义核心价值观寄托着我国各族人民对美好生活的向往，深刻体现全面建设社会主义现代化国家、全面推进中华民族伟大复兴所需要的时代精神，具有坚实的现实基础，为丰富人民精神世界提供价值引领。

核心价值观不仅丰盈我们的精神，滋养我们的内心，同时也指引我们的实践。新时代是奋斗者的时代，是需要提振全体中华儿女精气神勠力同心持续奋进的时代。联结各族人民、海内外中华儿女的纽带千千万万，其中精神纽带所能激发的力量是深沉而持久的。强化联结的精神纽带离不开社会主义核心价值观的培育和践行。以习近平同志为核心的党中央擘画的新时代战略蓝图的实现，对全国各族

---

①习近平：《在中共中央政治局第十三次集体学习的讲话》，《光明日报》2014年2月24日。

人民、海内外中华儿女同心同力、共同拼搏提出更高要求。第二个百年奋斗目标从理想到实现，中华民族伟大复兴从历史到现实，都需要我们凝聚价值共识，心无旁骛，团结奋斗，勇往直前，其中社会核心价值观的引领与聚合作用不容忽视。由此，我们在奋进的新时代新征程上，需要用共同理想信念凝铸中华民族坚强意志，用深厚中国精神激扬我国人民磅礴伟力，使我们团结奋斗的共同思想基础稳固扎实，使我们干事创业的精神力量生机勃发。

（六）社会主义核心价值观培育原则论

培育和践行社会主义核心价值观，要自觉遵循和把握其基本原则。其中，一条重要原则就是习近平总书记所指出的，必须注意把我们所提倡的核心价值观与人们的日常生活紧密联系起来，在落细、落小、落实上下功夫。中共中央办公厅印发的《关于培育和践行社会主义核心价值观的意见》强调指出，要坚持以人为本，尊重群众主体地位，关注人们利益诉求和价值愿望，促进人的全面发展；坚持以理想信念为核心，抓住世界观、人生观、价值观这个总开关，在全社会牢固树立中国特色社会主义共同理想，着力筑牢人们的精神支柱；要"坚持联系实际，区分层次和对象，加强分类指导，找准与人们思想的共鸣点、与群众利益的交汇点，做到贴近性、对象化、接地气"[1]；坚持改进创新，善于运用群众喜闻乐见的方式，积极推进理念创新、手段创新和基层工作创新，增强工作的吸引力和感染力。具体实现路径上，创设社会主义核心价值观融入各行业各领域实际工作的长效机制，潜移默化引导社会成员思维方式的跃升与精神境界的提高；建立社会主义核心价值观嵌入政策制度、法律法规制定实施的科学机制，使各项政策和法规的导向与约束作用充分发挥，筑牢有助于社会主义核心价值观培育与践行的政策堡垒和法治屏障。

（七）社会主义核心价值观培育重点论

培育社会主义核心价值观是全社会的共同责任，需要全体社会成员的广泛参与。运用辩证思维智慧结合社会主义核心价值观培育建设重点而言，习近平总书

---

[1]《关于培育和践行社会主义核心价值观的意见》，人民出版社 2013 年版，第 6 页。

记要求，特别要抓好领导干部、公众人物、青少年、先进模范等重点人群。举网以纲，千目皆张。四大重点人群中，对党员领导干部、青少年应予以较多关注，核心价值观的培育和践行重中之重就在于此。党的领导干部发挥好带头作用，做好群众主心骨，对每一项决策、每一项工作以及群众关心和反映的每一件事情，都认真对待，站稳群众立场，合法合情合理推进解决，在群众心中真正树立起领导干部以人民为中心的正义形象，以夙夜在公为民谋利的模范行为和人格力量感动激发群众。对充满希望的青少年群体，习近平总书记指出："青年的价值取向决定了未来整个社会的价值取向，而青年又处在价值观形成和确立的时期，抓好这一时期的价值观养成十分重要。"基于对青少年价值观生成的规律性认识，我们提升培育和践行社会主义核心价值观的行动自觉，必须尽早抓起，并将社会主义核心价值观纳入国民教育总体规划，构建家庭、社会和学校协同发力的育人格局。

（八）社会主义核心价值观培育载体论

培育和践行社会主义核心价值观必须有针对性地创设载体、搭建平台，不断提高培育工作实效性，促进核心价值观在全社会的认同与践行。习近平总书记指出，可以通过教育引导、舆论宣传、文化熏陶、实践养成、制度保障等促进社会主义核心价值观内化为我们的精神追求，外化为我们的自觉行动。具体实施路径上，一是发掘并用好先锋模范的示范效应。榜样有着巨大的示范引领效应。近些年，相关部门动员社会各界参与道德楷模、最美人物等榜样模范的选树实践，产生了良好示范效能，尤其是观众数量和空间分布都极为广泛的中央电视台，持续十多年开展"感动中国人物年度评选"，获得良好社会反响，助力良好社会道德风尚的形成。二是丰富并运用各类文化样态的引导功能。电影、歌唱、戏剧、小品等文艺样态，既有德育价值，又有美育功能，必须深入开掘，推出更多高质量、高水准的文艺佳作，开展生动有趣的核心价值观美育主题文化实践，以更好发挥其教育效能。三是完善并发挥各类规章制度的形塑作用。在社会各行业规章制度中，厚植社会主义核心价值观的价值理念与追求，使各领域各项规章制度在核心价值观塑造下趋于完善，是社会主义核心价值观真正成为人们日常工作生活的引领力量。此外，还可以创设一些礼仪制度，进而组织开展形态丰富的纪念庆典实践，如深受青少年喜爱的成人仪式、入党仪式等，对重大纪念日、民族传统节日也要予以重视，可充分利用这些有着特定重要意义的纪念日等设计进行价值观教育活动，依托这些形态多样的传播核心价值观的有形或无形的载体，增进人们对核心价值观的认同和践行。四是传承并发挥良好家教家风的教育效能。良好的家风家教，是中华传统美德的重要载体，也是我们应予以重视的培育和践行社会主义核心价值观的有效载体。在核心价值观教学中，可将革命先烈的家书等红色文物融入本部分内容的讲授，具体运用形式可根据学生专业特点，选用诸如角色扮演、家书领读、制作微电影等生动而又有效的方式进行。五是创设并发挥信息技术载体的传播效能。"高校网络思政教育是学生思政教育的有效延伸，构建在理性上说服人、在感性上吸引人的网络思政文化育人体系是思政教育改革创新的重要路径。"[①] 信息时代现代技术手段更新速度加快，青少年作为思想活跃、求知欲强、对新生事物有着较强兴趣的群体，对信息技术领域的工具运用学习效率和使用效率均较高。核心价值观教育者应注重现代技术手段，如微信、微电影以及虚拟技术、网络教学平台等的充分发掘和运用，提升社会主义核心观网络空间教育实效。此外，发挥好公益广告宣传的作用。实践证明公益广告也是传播社会主义核心价值观的一种有效载体，具有很好的传播力和感染力。相关部门应鼓励创作高质量的社会主义核心价值观主题公益广告，传播好主流价值，增强人们的认同感和归属感。

（九）社会主义核心价值观培育方法论

核心价值观培育实践离不开方法的运用。方法科学有效则事半功倍，否则，难以取得实效。方法的选择和运用不能仅靠想象，必须结合新的时代条件、社会发展以及青少年思想实际等，持续创新方式和方法。一是宣传引导方法。这一方法的运用需要教育者注重新闻媒体在传播和培育核心价值观中的主渠道作用，通

---

① 丁瑞兆、措吉、周洪军：《全媒体时代高校思想政治教育研究》，新华出版社 2023 年版，第 4 页。

过新闻报道、人物访谈、专题栏目等形态多样的途径方式，将把社会主义核心价值观贯穿到日常形势宣传、成就宣传、主题宣传、典型宣传、热点引导和舆论监督中，以此引领社会舆论取向，不断巩固壮大积极健康向上的主流思想舆论。二是活动引领方法。这一方法在运用中，可采取如道德践履实践的广泛开展、学习历史或当前先锋模范活动以及精神文明创建活动等形式，通过深入实践，塑造参与主体的核心价值观，进而在全社会形成良好社会风尚。三是以文化人方法，即依循习近平总书记"努力用中华民族创造的一切精神财富来以文化人、以文育人"[1]及相关重要论述精神，通过加强优秀传统文化思想价值的挖掘，梳理和萃取中华文化中的思想精华，并结合新时代条件进行创造性转化创新性表达，赋予其新的时代内涵，使中华优秀传统文化发挥其怡情养志、涵育文明的作用，成为涵养社会主义核心价值观的重要源泉。

（十）社会主义核心价值观培育环境论

培育和践行社会主义核心价值观需要营造良好的社会氛围和环境。习近平总书记指出："要利用各种时机和场合，形成有利于培育和弘扬社会主义核心价值观的生活情景和社会氛围，使社会主义核心价值观的影响像空气一样无所不在、无时不有。"[2]习近平总书记的这一重要论述为我们营造有利于培育和践行社会主义核心价值观的良好社会环境提供了宝贵启发。贯彻好落实好这一重要论述精神，将社会主义核心价值观落实到我国经济发展实践和社会治理中，要构建好有利于弘扬社会主义核心价值观的科学政策导向，确保我们出台的各项经济社会政策和重大改革措施都遵循社会主义核心价值观要求；充分发挥法律的规范、引导、保障和促进作用，注重把社会主义核心价值观的相关要求上升为具体法律规定，形成有利于培育和弘扬社会主义核心价值观的良好法治环境；把践行社会主义核心价值观融入制度建设和治理实践中，努力形成科学有效的诉求表达机制、利益协调机制和权益保障机制，最大限度地完善激励机制，褒奖善行义举，使整个社会

---

①《习近平谈治国理政》，外文出版社 2014 年版，第 164 页。
②习近平：《在中共中央政治局第十三次集体学习的讲话》，《光明日报》2014 年 2 月 24 日。

形成激浊扬清、抑恶扬善的道德风尚，形成扶正祛邪、公平正义的良好风气，引导全体公民自觉做良好道德风尚的建设者，做社会文明进步的推动者。

四、专题问题聚焦

从人类社会发展的历程来看，全社会共同认可的核心价值观为民族和国家的发展提供持久而又深沉的力量。社会主义核心价值观作为一种精神力量的价值内核，不仅是中国特色社会主义道路、理论、制度和文化的价值体现，也是全体人民在日常生活中践行的价值准则。为使青年大学生深刻领会社会主义核心价值观的重要意义和科学内涵，树立正确的人生观，在日常的点滴小事、细微之处践行、弘扬社会主义核心价值观，在本专题的讲授、分析和研讨中，特别应明晰并深刻理解社会主义核心价值观的内涵。

深化对社会主义核心价值观内涵的理解。社会主义核心价值观作为社会主义本质在价值上的体现，对社会主义核心价值观的培育和践行是增强社会意识、保障社会秩序、凝聚社会力量的有力措施。社会主义核心价值观的培育和践行涉及方方面面，深化对社会主义核心价值观内涵的理解可以为这一行动提供思想先导。对于社会主义核心价值观的理解和把握可围绕对两个层次问题的认识来展开，一是什么是社会主义核心价值观？二是社会主义核心价值观是什么？第一个问题回答的是社会主义核心价值观的本质与内涵，第二个问题则涉及其表象和外延，对社会主义核心价值观的本质与内涵的理解为把握其表象和外延提供了前提和基础。由此可知，深刻理解社会主义核心价值观，关键在于准确把握社会主义核心价值观的本质内涵。社会主义核心价值观反映社会主义社会关系在价值上的本质体现，在社会主义的社会关系中居核心地位、起主导作用。因此，准确把握社会主义的本质对于深化对社会主义价值关系本质的认识具有决定性作用，进而也会影响到对社会主义核心价值观本质与内涵的理解。可通过准确把握社会主义及其价值关系的本质来准确把握社会主义核心价值观的本质内涵。

对社会主义本质的认识，我们从四种形态逐步深入了解，分别是"理论""社会""制度"和"价值"。社会主义核心价值观的提出，标志着我们对于社会主义本质价值关系的认识有了新的飞跃。社会主义的本质反映在价值关系上，就是作为一种"理论形态""社会形态"和"制度形态"而存在，即体现为对广大社会成员生存和发展的价值需要。从这一角度讲，社会主义核心价值观是社会主义核心价值体系的"核心"，从价值层面上回答了什么是社会主义、为什么选择社会主义、建设什么样的社会主义以及怎样建设社会主义等根本问题。社会主义核心价值观不仅反映了人们对于其他"主义"在理论、社会和制度层面的价值比较，也反映了人们在这三方面的价值追求，对于什么是理想的社会主义、怎样建设理想的社会主义有了更明晰的价值判断和选择。社会主义核心价值观的提出就是要为大家明确，我们要建设一个富强、民主、文明、和谐的国家，构建一个自由、平等、公正、法治的社会，培养爱国、敬业、诚信、友善的公民，社会主义的道路、理论、制度和文化为实现这一宏伟蓝图提供了指导方向、理论依据、制度保证和文化支撑。

在理解社会主义本质属性和基本价值关系等深层次问题上要避免认知模糊和片面。我们需要明确以下几个问题：社会主义的本质规定和根本特征体现在价值目标和价值标准的哪些方面？社会主义核心价值观和资本主义核心价值观有什么样的本质区别？这两者与社会主义制度和资本主义制度的本质区别有什么样的对应关系？社会主义核心价值观推崇的价值理念和西方所谓的"普世价值观"存在分歧的实质是什么？对于这些深层次问题要形成科学的认识和普遍的认知，避免仅仅是将社会主义核心价值观当作一种社会美德来解读，对社会主义核心价值观本质内涵的认识只是浮于表面。社会主义核心价值观理解的"准度"，反映着我们对于社会主义本质理解的"深度"和"高度"，进而影响到社会主义核心价值观践行的"信度"和"效度"。

深刻阐述社会主义核心价值观的科学性和先进性。培育和践行社会主义核心价值观的终极目标是在全社会形成对社会主义核心价值观的信仰自觉。社会学家埃米尔·涂尔干认为，只有当个体融入群体中去，并且接受一套普遍认同的价值理念和风俗习惯的时候，团结才得以维系。社会主义核心价值观是否能成为凝聚民心、汇聚合力的价值力量，取决于它是否能为广大社会成员所接受、践行和弘扬，因此，社会主义核心价值观的关键点在于"信"。

青年大学生是一个庞大的群体，社会主义核心价值观"取信"于青年大学生的关键在于其自身是否具有科学性和先进性。社会主义核心价值观不仅是一种价值共识，也承载着人们在社会、政治、道德和生活层面的向往和追求，它反映了人民群众对于"好国家""好社会""好制度""好公民"等问题的价值判断和价值选择。判断一种价值观能否成为我们追求的理想、坚定的信念、毕生的信仰，就要看它是否符合社会发展的规律，引领文明的进步，是否能够提供价值磁场，满足人民群众的价值需求，是否能够为实现理想提供现实的可能性。

社会主义核心价值观实质上是对马克思主义的科学性、社会主义制度的优越性、改革开放的必然性、中国共产党执政的合法性等问题的价值判断和选择，这将直接影响到青年大学生对马克思主义、社会主义制度、中国共产党的价值选择。社会主义核心价值观要取信于青年大学生，就要对这些价值选择的必要性和正确性进行合理的阐述和回答：马克思主义为什么是正确反映人类历史发展规律的科学理论？社会主义制度较之于资本主义制度的合理性、优越性是什么？历史和现实如何确定了中国共产党的执政地位？为什么只有中国共产党才能救中国、才能发展中国？为什么改革开放是决定当代中国命运的关键一招？准确充分回答这些问题，才能引导大学生在价值上认同、信奉、追随乃至信仰马克思主义；才能在与西方"普世价值观"的比较中坚定发展社会主义事业的信念；才能在认识中国共产党创造历史的卓越贡献与引领中国未来的过程中认同中国共产党的执政地位，坚定对党和政府的信任；才能在改革开放的过程中正确认识困难和挫折，增强对改革开放的信心。

从更高层次上来看，培育和践行社会主义核心价值观是一个树立和培养"信心、信任、信念、信仰"的问题，其根本在于一个"信"字。其中，"信仰"被视为"信"的最高境界，是我们世界观、人生观、价值观的集中体现，这也是社会主义核心价值观的终极目标。只有从信仰的高度来认识社会主义核心价值观的本质与内涵，才能引导和帮助青年大学生把握培育和践行社会主义核心价值观的理论内涵与实践要求。

五、专题延伸内容

为什么只有在社会主义社会，人民才有可能真正实现平等？

存在剥削制度与剥削阶级的社会中，平等不可能真正实现。资本主义私有制是社会分配不公的制度根源，必然导致社会贫富分化和阶级对立。只有在社会主义社会中，生产资料公有制代替私有制，剥削制度不复存在，人民才有真正实现平等的可能。（《思想道德与法治》2013 年版教材第 114 页）

平等是现代社会的基本特征，是衡量人类文明进步的重要标准，也是人类向往的理想价值。人们向往和追求平等，首先要明确平等的内在意涵。平等是什么？平等是一种社会价值，是一种关于社会应当如何对待其成员的规范性价值。具体而言，一个社会中的全部成员在特征、个性、能力、需求等方面肯定是千差万别的，但他们在作为人、作为社会主体的意义上是平等的。社会应将每个人作为平等的社会成员来对待，确保每个人生存和发展的需求都受到同等程度的尊重和照顾。这就是现代社会平等理念的基本意涵。平等是一个具有历史性和相对性的概念，它的要求随生产关系、社会结构的变化而变化。马克思主义认为，平等的观念，无论以资产阶级的形式出现，还是以无产阶级的形式出现，都是历史的产物。随着生产力的飞速发展，只要人类社会生产力还不能足够发展，那么人类社会的生产关系将无法足够平等，因而生产力、生产关系是平等的先决条件，是平等形成的根源。只有生产力和生产关系发展到高级阶段，彻底消灭剥削制度和剥削阶级，把人民的立场贯穿始终，才可能实现真正的平等。事实上，在阶级社会，平等只能是阶级内部的平等，跨越阶级界限的全面平等是不存在的。实现为全体社会成员所共同享有的平等，必然要消灭阶级，消灭私有制。恩格斯曾指出："无产阶级平等要求的实际内容都是消灭阶级的要求。任何超出这个范围的平等要求，都必然要流于荒谬。"[1] 社会主义制度的显著优越性是实现平等的重要保障，发挥制度优势；社会主义社会要消灭私有制，使广大人民得到彻底的解放，追求和实现

---

[1]《马克思恩格斯文集》（第九卷），人民出版社 2009 年版，第 113 页。

平等是应有之义。自改革开放以来，我国历届领导集体都始终坚持以马克思主义中国化的理论成果和中国特色社会主义理论体系为指导，在社会发展过程中不断探索与实践，基于对社会主义核心价值体系的凝练，概括提出社会主义核心价值观，为我国实现平等创造了有利的社会条件与理念导向。作为社会主义核心价值观的平等，是兼顾效率与公平的平等，不是"不患寡而患不均"的绝对平均主义；是实实在在的平等，不是落在法律文本上的"形式上的平等"；是要让人人都能公平行使社会权利、履行社会义务、分享社会成果，政治上平等参与、经济上共同富裕、文化上共建共享，与祖国和时代同呼吸共命运。为什么只有在社会主义社会，人民才有可能真正实现平等呢？对此，我们可以从以下方面进一步理解。

（一）站稳人民立场，坚持以人民为中心保障政治平等

人民平等是社会主义社会的生命。为什么人的问题，是检验一个政党、一个政权性质的试金石，人民立场是中国共产党的根本政治立场。坚持人民至上，站稳人民立场，并将其贯穿党的执政宗旨、执政理念、执政方略、执政实践始终，全心全意把平等的美好愿景变为现实，使每个个体乃至全体人民充分享有平等，是百年来中国共产党人坚持不懈上下求索尽心尽力要切实解决的问题。西方资产阶级取得革命胜利后建立了旨在创造一个平等、民主、自由世界的资本主义制度，但实际上资本主义社会的平等却为资本严密操控。建立在生产资料私有制基础上的资本主义平等决定了其主体"专属"于资产阶级群体，本质依然是少数资本家对大多数人民群众的剥削和压制，是资本家开给广大受苦受难的工人阶级开的空头支票，并非属于广大人民群众。因此，不仅形式充满虚伪性，还丢掉了平等应有的内涵和本质，存在自身难以克服的局限。相对于处在统治地位的资本家而言，工人阶级总是处于弱势的一方。因此，是否以广大人民群众的利益为立场，是社会主义平等观与资本主义平等观的重要区分。

习近平总书记指出，"人民立场是中国共产党的根本政治立场"。[①] 在历史的长河中，发展民主政治、实现平等是每个阶级、每个政党的追求，即使资本主义

---

① 《习近平谈治国理政》（第二卷），外文出版社 2017 年版，第 40 页。

社会也不例外。但受历史和阶级的限制，所谓"平等"服务的只是少数资产阶级的利益，满足的仅是资产阶级的诉求，致使平等最终流于形式甚至只是口号。而社会主义社会的平等却回应了广大人民的诉求和亟待解决的问题，究其原因在于对人民的立场坚守上。社会主义平等观符合社会客观规律和时代发展要求，其所具有的包容性、非偏私性与非歧视性的优势特征并不是口号和空话，而是真正落实到实践中，使公民不因性别、出身、民族与所拥有财富和地位的不同而受到区别对待。一方面，全体公民在社会生产资料的占有关系上处于平等的地位，都享有利用社会生产资料进行劳动与发展的同等权利；另一方面，所有公民都有权通过多种形式全过程参与国家和社会事务的管理，行使法律赋予的各项权利，增强了主人翁意识。

就"起点公平"来说，不仅是确保现代国家建设和发展的逻辑起点，在实践中也是摆脱西方资本主义局限的根源。强调起点平等，主要在于保障人民群众具备必需的生产、生活资料，通过较为完整的制度体系降低对人的发展产生的不良影响。它并非反对竞争，而是强调从起点为才智相当者提供均等发展机会和资源，创造公正、平等的竞争情境，让人民通过辛勤劳动都可以有创造并拥有未来美好生活的机会。同时，主体平等是人人享受发展成果的前提，是机会平等与实质平等的基础。社会主义社会下主体平等坚持人民立场，以中国特色社会主义平等观聚焦并回应人民的要求、解决广大群众的利益问题、满足人民的幸福生活需要，促进社会公平正义。

我国是工人阶级领导的、以工农联盟为基础的人民民主专政的社会主义国家。作为政权的组织形式，与国体相适应的政体是以民主集中制为组织原则的属于民主共和制范畴的人民代表大会制度。这一根本制度与中国共产党领导的多党合作和政治协商制度、民族区域自治制度、基层群众自治制度构成了中国特色社会主义政治制度体系，具有强大的自我完善和自我发展的能力，体现人民民主。与过度强调形式的资本主义民主政治不同，中国特色社会主义政治制度体系贯彻以人民为中心的发展思想，凝聚广大人民的智慧和共识，切实保障广大人民能够参与到事务管理中，确保有关政策反映人民的意愿和呼声，集中体现社会主义民主政治的本质属性，真正实现了人民当家作主。

相较于弊端暴露无遗的西方资本主义民主政治，中国特色社会主义法治体系在法治轨道上为政治平等提供了支撑和保障。社会主义法治与平等紧密相连，平等是社会主义法律的基本属性，不仅表现在法律面前人人平等、一切违反法律的行为必受追究，而且作为最基本人权的平等权受到法律的认可和保护。我国宪法明确规定："国家尊重和保障人权"，习近平总书记多次强调公民的平等权利应该依法保障。可见国家对法律平等的重视，公平正义正是我国制度的优势所在。在推进"法治中国"建设中把法律和平等进行紧密关联，在立法和司法等重要环节兑现和履行平等，把涉及平等相关的主张进一步落实落细，着力推进起点平等、过程平等和结果公正的有机统一，为新时代中国特色社会主义平等事业提供了坚实的法治支撑。总之，坚持法律上的一视同仁，以法的形式完善公民的平等保障，既最大限度地实现社会的公平正义，保障中国特色社会主义平等观的合法性，又促进公民对平等的了解和维护，实现社会的和谐与稳定，同时，突显社会主义政治平等的精神实质，使中国特色社会主义政治制度和法治体系优越性得以充分彰显。

（二）实践"三个共享"，落实机会平等促进人的全面发展

人的全面发展既是经济社会发展的根本目的，也是人民群众持续享有平等权利的重要保障。社会主义社会经济平等实现的根基在于我国公有制为主体、多种所有制经济共同发展和按劳分配为主体、多种分配方式并存的社会主义基本经济制度，在社会主义市场经济体制之中，是对自由主义私有制永恒论的批判与超越。坚持和完善社会主义基本经济制度，为解放和发展生产力、推动高质量发展、实现人民生活水平提高、平等共享发展成果提供了重要前提性条件。较多学者认为以社会主义基本经济制度等构成的中国特色社会主义制度体系是实现人民群众机会平等的有力保障。

关于机会平等之"机会"的内涵，学界尚未形成清晰的共识性表述，也因此，对机会平等的理解也是多样的，甚至还存在分歧。对核心概念的深刻理解与科学

界定是研究思考的重要基础。研读马克思恩格斯的相关文本，发现马恩文本中经常出现机会，但马克思恩格斯却未对"机会"的含义作出具体的阐述。循着马恩对机会的使用去理解和把握，可以总结出"机会"的三种含义：一是参加某种活动的权利或资格，以及行使该权利所必须具备的基本条件；二是有利于达成目标的某种特别的境况、境遇，与契机、机遇近义；三是达成某种目标的可能性。结合马恩文本中"机会"的用法和含义，"机会平等"中的"机会"意指参加某种活动的权利和行使权利所需要的条件，而非有利于达到目标的特殊情况或达到目标的可能性。依循这一思考轨迹和认识，经济领域中的平等即每个人参与或从事各种经济活动的权利平等，公平进入、有序竞争，使经济持续健康发展。马恩语境中政治领域的机会平等就是人民参加政治活动中同等享有广泛、充实的权利。而教育领域中的机会的平等即接受教育的权利平等，促进教育公平。正如马克思曾指出的，"当局采取了惩戒措施和经济措施，剥夺了贫苦的大学生（他们占大学生总数的三分之二以上）受高等教育的机会"[1]。马克思对贫苦大学生被剥夺受高等教育的权利进行批判，指出不同经济条件下学生之间出现了机会的不平等即权利的不平等。深刻理解马恩文本中的机会和机会平等，可以认识到，在马恩视野中，机会就是参加某种活动的权利，机会平等就是参加某种活动的权利平等。[2]

在上述梳理、总结基础上，机会平等是每个人在生存、发展以及选择时所获得发展自我和奉献社会的机会，社会主义社会中的机会平等保证每个人平等参与、平等发展权利，激发出创新创造活力，让每位公民都能实现好三个"共享"——共享人生出彩的机会，共享梦想成真的机会，共享同祖国与时代一起成长进步的机会。秉持社会主义核心价值观中"平等"的价值理念和追求，一方面，充分发挥市场的作用，全面推进产业体系、市场体系、收入分配体系等协同发展，着力实现资源配置效率最大化，提高经济整体竞争力，释放社会活力；另一方面，注重更好发挥政府作用，增强经济治理体系和治理能力现代化，发挥社会主义市场

---

① 《马克思恩格斯全集》（第十八卷），人民出版社1964年版，第492页。
② 徐梦秋、张宽前：《马克思恩格斯的视野：机会与机会平等》，《世界哲学》2023年第2期。

经济的独特优势，确保有效市场与有为政府相结合。融合平等理念作出加快经济体制改革的战略部署，防范区域性、系统性风险，规约资本逐利本性，依法规范和引导资本健康发展，营造平等环境，促进共同富裕。社会主义社会将机会平等作为基本原则，以达到促进人的全面发展的价值目标追求。如习近平总书记反复提及"全面建成小康社会，一个也不能少""共同富裕路上，一个也不能掉队"，从"着力解决群众的操心事、烦心事、揪心事"到"把增进人民福祉、促进人的全面发展、朝着共同富裕稳步前进作为经济发展的出发点和落脚点"，从"要抓紧抓实农业、畜牧业生产，确保市民的'米袋子''菜篮子'货足价稳，确保农民的'钱袋子'富足殷实"到"两不愁三保障"政策制定落实等，体现以习近平同志为核心的党中央坚定不移维护和尊重社会公民的平等权益。一方面围绕广大群众最关心最直接最现实的利益问题，真抓实干为民造福，加快补齐短板建设，把以人民为中心的发展思想通过各项政策制度落到实处，转化为具体行动，取得明显成效。另一方面也强调了机会平等是实质平等的动态化与有效实现路径，提供价值根据。

（三）满足人民期盼，践行实质平等促进全体人民共同富裕

社会主义社会致力于让人民群众成为"平等"的享有者，这是区别于西方资本主义的重要体现。作为马克思主义的一个重要概念，平等也是马克思主义的理论逻辑建构焦点和核心价值追求，并在对资本主义平等问题的批判和揭露的过程中找到社会主义社会走向平等的现实之路。马克思主义平等观提出，资产阶级所宣扬的平等只是资产阶级的话语垄断和意识形态修辞，其社会的平等是通过承认形式上的平等来掩盖对无产阶级的剥削，实质是为少数资产阶级服务的虚伪的平等，而社会主义社会的平等观建立在唯物史观的基础上，不仅重视制度层面上的形式平等，更注重在现实政治、经济、社会等方面获得实质平等。

平等的实现离不开坚实的物质基础。只有在生产力高度发达的基础之上，才会使平等真正落在实处，否则将是画饼充饥式的虚幻平等，抑或走向绝对的平均主义。在探索过程中，党和国家高度重视将平等建立在生产力不断发展和物质财富不断丰富之上，让发展成果由人民共享。邓小平指出："贫穷不是社会主义，

社会主义要消灭贫穷。"① "社会主义的本质,是解放生产力,发展生产力,消灭剥削,消除两极分化,最终达到共同富裕。"② 习近平总书记强调:"保证人民平等参与、平等发展权利,维护社会公平正义,使发展成果更多更公平惠及全体人民,朝着共同富裕方向稳步前进。"③ 推进共同富裕,是满足人民对平等的渴求,实现人人所享有的平等,促进人的全面发展的重要决策。共同富裕是全体人民共同的富裕,不是整齐划一的平均主义,也不是个人绝对等同地占有生产资料和社会财富,而是允许条件差异所带来的"不平等"性的共同富裕。在社会主义社会里,中国特色社会主义平等观体现在全体中国人民实现共同富裕的平等。在推进实质平等的过程中处理好先富和后富的关系,既要避免打击优势群体的生产积极性,又要积极推动先富带动后富,并处理好效率与公平的关系,实现好再分配的补偿性原则来给予弱势群体更多关注,营造公平正义的社会氛围,促进人的全面发展,实现形式平等与实质平等的有机统一。

中国共产党自诞生之日起,就把自己的初心和使命与广大人民紧紧联系在一起,人民群众是党执政的最大底气,也是党的安身立命之本。习近平总书记指出:"我们的人民热爱生活,期盼有更好的教育、更稳定的工作、更满意的收入、更可靠的社会保障、更高水平的医疗卫生服务、更舒适的居住条件、更优美的环境,期盼孩子们成长得更好、工作得更好、生活得更好。人民对美好生活的向往,就是我们的奋斗目标。"④ 改善民生,推进社会公正平等,并没有停留在口头上,而是落实在了党和国家的各项事业和工作中,并取得了举世瞩目的伟大成就:秉承男女平等的价值理念,持续推进男女平等和妇女全面发展;普及义务教育,优化区域教育资源配置,不断促进教育公平,融入深化教育领域综合改革各方面各环节,以教育公平促进社会公平正义;规范劳动力市场和良性用工关系,消除基于性别、年龄、地域的就业歧视,保障公民平等就业的权利;聚焦分配领域的热点

---

① 《邓小平文选》(第三卷),人民出版社1993年版,第116页。
② 《邓小平文选》(第三卷),人民出版社1993年版,第373页。
③ 习近平:《在中法建交五十周年纪念大会上的讲话》,《人民日报》2014年3月29日。
④ 《习近平谈治国理政》,外文出版社2014年版,第4页。

和难点问题，进一步改革完善收入分配制度，有效遏制收入差距扩大趋势，促进收入分配更加公正合理，达到分配公平的目标；充分利用社会资源，强化资源整合，完善社会保障体系，推进社会保障制度改革系统集成、协同高效；消除绝对贫困，确立精准扶贫、精准脱贫方略，现行标准下9899万农村贫困人口全部脱贫，区域性整体贫困得到解决，等等。所有这些都证实，中国共产党追求和倡导的社会平等是机会公平、发展公平和结果公正辩证统一的实质平等，与资本主义社会倡导的平等有天壤之别。此外，在推进社会平等、为民造福的过程中，中国共产党所展现出来的决心毅力、担当作为以及投入的力度和取得的实绩，都是史无前例的。这既体现了社会主义社会制度的优越性，也说明了唯有社会主义社会才能真正实现人民平等。

（四）积极应对社会主要矛盾转化，开掘实现平等的广阔空间

社会主义社会平等的实现并非一蹴而就，而是要不断跟随时代和实践发展变化，坚定信心决心持续推进的事业。正所谓一代人有一代人的使命担当，只有在中国共产党坚守人民立场，带领人民群众不断实践、不断推进时才能使社会平等取得实实在在的成效。进入新时代，以习近平同志为核心的党中央深刻洞察社会发展变化，科学认识我国社会主要矛盾已经转化为"人民日益增长的美好生活需要和不平衡不充分的发展之间的矛盾"。这是社会主义社会推进平等不可忽视的重要背景。

唯物辩证法要求抓住重点带动全面工作，中国共产党在革命、建设、改革各个时期都坚持这一方法论，认识到推进各项事业离不开抓社会主要矛盾，抓住主要矛盾也就抓住了解决问题的根本。随着社会历史条件的变化，社会主要矛盾同样发生转化，意味着在新的历史方位下对党和国家工作提出了许多新要求。但是我国社会主要矛盾变化并没有改变对我国社会主义所处历史阶段的判断，依然要立足社会主义初级阶段这个基本国情和最大实际，在持续推动经济发展的同时，着力解决新时代人民群众在经济、政治、文化、社会、生态等方面需求的满足。

党的十八大以来，以习近平同志为核心的党中央准确认识和把握社会主要矛

盾，提出"创新、协调、绿色、开放、共享"的新发展理念，坚持发展中促平衡，解决社会公平正义问题，推进全体人民共同富裕，"保证人民平等参与、平等发展权利，维护社会公平正义，使发展成果更多更公平惠及全体人民，朝着共同富裕方向稳步前进"。[1] 贫困不仅是复杂尖锐问题，也是需要党重点施策、倾力解决的平等问题。在实现共同富裕的道路上，中国共产党一直以彻底解决困扰中华民族几千年的贫困问题为目标，根据不同历史时期的国情提出消除贫困的具体措施，特别是党的十八大以来，以习近平同志为核心的党中央从全面建成小康社会的大局出发，紧紧围绕贫困人口的现实全面实施精准扶贫、精准脱贫方略，全面打响脱贫攻坚战，并把扶贫开发摆在治国理政的突出位置，成为筑牢平等堤坝、着力解决长期以来我国农村社会和城乡之间不平等问题的治本之策。

自精准扶贫、精准脱贫战略实施以来，在国家的大力支持下，深度贫困地区突出的基础设施和社会事业滞后、社会文明程度较低、生态环境脆弱的问题得到根本改善，2012年底至2019年底，我国贫困人口从9899万人减少到551万人，贫困村从12.87万个减少到2707个，贫困县从832个减少到52个。2020年，我国现行标准下近1亿农村贫困人口全部脱贫，832个贫困县全部摘帽，这不仅书写了世界减贫史上的"中国奇迹,"也创造了人类脱贫史上"当惊世界殊"的减贫奇迹。脱贫攻坚战略，不仅是消除绝对贫困，提高人民生活质量的根本之举，也是解决我国农村社会公平正义问题、解决城乡差距问题，改变落后地区发展面貌的根本之举，更是我们党带领人民致力于中国特色社会主义平等事业的伟大壮举。习近平总书记作为党的领袖，来自群众，植根于群众，饱含对人民群众的大爱深情，始终遵循人民至上的价值取向。习近平总书记始终心系人民群众，以为民造福的胸襟和情怀，坚持面向基层、面向实践、面向一线，及时回应人民群众所需的平等关切。这再次充分证明，只有社会主义社会才能真正实现人民的平等。

（五）以资本主义平等的实践与教训为镜鉴，实现平等理念和实践的跃升

诺贝尔奖获得者、瑞典经济学家冈纳·缪尔达尔在对东南亚的经济和社会结

---

[1]《习近平谈治国理政》，外文出版社2014年版，第41页。

构进行深入调查研究后，著述《亚洲的戏剧：对一些国家贫困问题的研究》《世界贫困的挑战——世界反贫困大纲》等探讨了一些国家贫困的根源及解决途径。他指出，平等问题是不发达国家应着力解决的重要问题。不平等及其加剧的趋势会大大限制社会发展。只有实现平等来扭转这一趋势，才能使这些国家加速发展。他认为部分亚洲贫困国家所共同存在的腐败泛滥问题致使权力集中在少数人手中，滥用权力以谋取私利比比皆是，当其渗透到分配领域时则导致分配危机，收入差距大，财富分配失衡，财富涌向"金字塔"顶端，贫困率居高不下，所有保护和促进民众利益的改革难以有效实施。他提出，社会不平等与经济不平等相互影响，经济政治结构不平等、治理失序使得一个国家难以消灭贫穷、摆脱贫困。同时，冈纳·缪尔达尔通过事实研究发现，生产与分配在同一宏观系统中互相依赖、相辅相成，仅靠生产并不能使社会自行前进发展，只有努力消除社会不平等和经济不平等带来的发展阻碍，实行平等分配的平等改革，才能调动各方面的积极性，释放生产活力，推进那些贫困国家更有序更高效发展。

资本主义实行生产资料私人占有制，必然产生两极分化的问题或财富过于集中的现象。美国、瑞典等国是资本主义的典型代表，财富集中的现象在美国和瑞典已是不争的事实。瑞典是当今资本主义世界中最令人羡慕的福利国家，可它的大部分财富同样集中在少数人手中。所以，瑞典等国家虽然十分富裕，且社会福利水平高，但是，不可能因此而消除财富差距带给人们的不平等。美国虽然国力强大，但穷人却并未受惠。有人认为，造成美国贫富差距拉大的原因有多种。首先是财富分配异常失衡，其次是教育机会不平等、税收制度不合理，这与美国政治、经济制度脱不开干系。美国自视为"民主自由"的灯塔、最富有的资本主义国家，但现实却是民主政治的表象难掩财阀政治的本质，不平等的经济分配格局使得财富鸿沟愈发难以弥合，在美国，经济不平等与政治平等以相互冲突的方式共存。此外，美国的种族、性别歧视还很严重，人权也遭到挑战。

平等观是美国人公正观的核心。美国人承认人们在智力、生活条件、教育条件上的差异，他们要求的平等只是机会的平等。在美国的盎格鲁－撒克逊人中，机会平等大部分得以实现了。而美国人在对待其他人中、少数人群和其他国家的人时，是存在歧视的。因此，美国人的平等观仅限于对内部人，"自我"的意识和观念很强。美国人的平等观不否认社会的等级秩序，但他们只尊重因为优秀而形成的等级秩序，而这个等级结构中的人是流动的，这种流动以才能的消长为依据。每个人都有平等的机会进入到社会这个按优秀等级构成的社会结构中。美国的平等原则主要有四个：对社会主体的民主规则、对弱势群体的关顾规则、对先进群体的激励规则和对违规者的严格的强制惩罚规则，这些平等原则对于保证美国社会秩序稳定具有重要作用。但作为资本主义和市场经济社会，美国人把财产私有看成社会公正的前提。当然，在资本主导的社会里是不可能实现经济或者说财富平等的。美国人很注意把工作领域与慈善领域截然分开。在工作领域，通常只考虑效率。对老弱病残者的照顾，由福利机构来考虑，由人们的慈善施舍来光顾。日本的经济发展已经到了"团块代"，阶层固化趋势明显。当经济状况良好时，由于绝对富裕水平快速增长，有时会使得人们误以为相对富裕水平的差距也已大大缩小，其原因是，人们感受到的"富裕水平"常常是在用过去的标尺来度量当前的状态。这种"富裕水平"感自然不能忽视，但从消除差距的角度来说，它不过是一种错觉而已。当大多数人都得到参与竞争的机会之后，绝对富裕水平再有提高也无法变成开放的动力了。基于以上思考，资本主义社会的不平等问题产生的根源在于其基本制度，因此，要消除不平等，就得根本变革资本主义制度，变生产资料私有制为公有制、按资分配为按劳分配；而传统的社会主义社会的不平等问题产生的主要原因在于具体制度的不完善，此种情境下，要消除不平等，须在保证社会主义方向，坚持公有制为主体的前提下，对各项不适应生产力发展的具体制度进行改革。

资本主义向世界宣扬其所包含了经济、政治、法律、社会身份上的平等，然而本质却是一种表面上的、形式上的平等，并没能满足广大无产阶级对平等的渴求。就现实来看，资本主义虽然创造比以往任何时期都要多的生产力，但在其社会里依然存在极端贫困，并且这背后的原因并非偶然性的或周期性的，而是根源在于经济的不平等，即商品生产本身是以广大劳动人民的被剥夺与贫困化为基础的，生产资料占有不平等，贫富差距持续扩大。而经济不平等加速了社会其他领域其他方面的不平等，低收入人群面临生存困境，社会不公日益加剧。英国著名理论家安东尼·吉登斯曾指出，在财富分配方面，西方资本主义社会里依然存在明显的不平等现象。尽管各国历史经济发展背景不同，不平等程度各有差异，但宏观整体看，在财富不平等的流动中，总是极少数人拥有更多的机会、方法和力量使得其在国家财富总额中拥有极大比例的财富，并为维护自身利益破坏机会平等。如果从股票和股权的角度考察，而不是一般财富的角度来看，少数人占有的情况还要更加突出。①

同时，资本主义社会的宣扬的平等难掩虚假本质：一方面他们只要求实现资本的平等，而忽视剩余劳动和必要劳动之间存在着的矛盾，否认广大劳动者的现实平等要求；另一方面，不断壮大的富人阶层将经济优势转化为政治优势，以其绝对优先话语权将交换关系中的平等原则推广到国家和政治生活之中，获取国家政治生活中的平等权利，政府成为利益集团的代言人，"机会平等"沦为一句虚幻的政治口号，劳动群体与民主政治日益疏离。西方引以为傲的资产阶级民主制度在阶级斗争过程中具有一定历史意义，但其本质决定了它的弊端最终暴露无遗，西方的资本主义民主所服务的只是少数资产阶级利益，并绝对不会为广大劳动群体超出维护资产阶级统治的底线。可以说它背离了民主的本质要求，进而造成社会动荡无序和极化隔阂。这就是实现了形式上平等的西方政治实质上的不平等。

社会主义平等建立在对资本主义平等批判的基础上。在社会主义社会，平等是指社会的平等，是指人们对生产资料的同等关系和由此产生的在社会生活的政治领域、经济领域、社会领域的文化领域内的平等。经济平等，是指人们生产资料的占有、劳动成果的分配、经济交换、消费等方面都有平等的机会，也就是人与人在生产、分配、交换、消费等各个环节中的身份和地位都平等。政治平等，是指人们在政治生活中平等地享有各项政治权利，人民群众平等地参与管理国家事务和社会事

---

① [英] 安东尼·吉登斯：《社会学：批判的导论》，郭忠华译，上海译文出版社 2013 年版，第 37—38 页。

务，政府由人民选举产生，服务于人民。文化平等，是指人们享有同等的文化权利，如受教育的权利等。社会平等，是指人们对生产资料的平等关系和由此产生的在社会生活的政治领域、经济领域、社会领域和文化领域内的平等。从一定意义上说，社会平等是经济平等、政治平等、文化平等的归宿和最终表现。特别是党的十八大把"平等"作为社会主义核心价值观在社会层面的基本范畴，体现了社会主义的本质要求，既表达了我们党在理论凝练与创新上的与时俱进，又反映了我们党坚持人民立场、满足人民诉求，在实践中所不断探索的人文价值追求。为实现真正意义平等，我们还有很长的路要走，并在理论和实践上进行更有力的探索创新，当今社会的我们正在充分享受着平等的机会。正如习近平总书记指出："生活在我们伟大祖国和伟大时代的中国人民，共同享有人生出彩的机会，共同享有梦想成真的机会，共同享有同祖国和时代一起成长与进步的机会。"①

平等是社会主义核心价值观的重要内容，也是社会主义发展的本质特征。实现平等，深深扎根于中国革命、建设、改革和当代中国的伟大变革实践中，它是历史的生成，也是生动的现实实践。历史与现实都已表明，只有社会主义运动和社会主义制度，才能开辟实现真正平等的光明大道。社会主义制度是实现和保证人民当家作主的先进制度。

六、相关习题解析

（一）课后思考题

1. 习近平指出，核心价值观是一个民族赖以维系的精神纽带，是一个国家共同的思想道德基础。如果没有共同的核心价值观，一个民族、一个国家就会魂无定所、行无依归。你是如何理解核心价值观的？

答：习近平总书记在北京大学师生座谈会上的讲话中指出，人类社会发展的历史表明，对一个民族、一个国家来说，最持久、最深层的力量是全社会共同认可的核心价值观。深入理解核心价值观需要厘清其基本内涵及重要价值等。

（1）核心价值观的基本内涵。理解核心价值观的基本内涵，需对价值以及价

---

① 《习近平谈治国理政》，外文出版社2014年版，第40页。

值观有科学的认识。价值和价值观问题在人类生活实践中是一个历久弥新的问题，人类社会很早就有了对价值的思考和讨论。价值是指在实践基础上形成的主体和客体之间的意义关系，主要反映的是现实的人的需要与事物属性之间的关系。在对价值的认识过程中，人们逐渐形成关于价值的不同观点，即为价值观。价值观是主体对客体有无价值、价值大小的立场和态度，是对价值及其相关内容的基本观点和看法。价值观反映特定的时代精神，体现鲜明的民族特色，蕴含特定的阶级立场。而核心价值观是一定社会形态、社会性质的集中体现，在一个社会的思想观念体系中处于主导地位，体现着社会制度的阶级属性、社会运行的基本原则和社会发展的基本方向。

（2）核心价值观的重要作用。核心价值观，承载着一个民族、一个国家的精神追求，体现着一个社会评判是非曲直的价值标准。核心价值观是一个民族赖以维系的精神纽带，是一个国家共同的思想道德基础；是凝魂聚气、强基固本的基础工程。核心价值观作用于经济社会生活的方方面面，对每个社会成员有着深刻的影响。无论何种社会，都存在多样化的价值观念和价值取向，要把全社会的意志和力量凝聚起来，必须有一套与经济基础和政治制度相适应并能形成广泛社会共识的核心价值观，否则一个民族就没有赖以维系的精神纽带，一个国家就没有共同的思想道德基础。如果一个民族、一个国家没有共同的核心价值观，莫衷一是，行无依归，那这个民族、这个国家就无法前进。

历史和现实都已向我们表明，核心价值观是一个国家的重要稳定器，能否构建具有强大感召力的核心价值观，关系社会和谐稳定，关系国家长治久安。世界上各种文化之争，本质上是价值观念之争，也是人心之争、意识形态之争。

（3）培育和弘扬核心价值观。培育和弘扬核心价值观，是为了抢占核心价值体系的制高点，是解决当前思想道德问题的需要。我国是一个有着十三亿多人口、五十六个民族的大国，确立反映全国各族人民共同认同的价值观"最大公约数"，使全体人民同心同德、团结奋进，关乎国家前途命运，关乎人民幸福安康。

正如习近平总书记指出的，每个时代都有每个时代的精神，每个时代都有每个时代的价值观念。在当代中国，我们的民族、我们的国家应该坚守什么样的核心价值观？在当代中国，我们倡导富强、民主、文明、和谐，自由、平等、公正、法治，爱国、敬业、诚信、友善的社会主义核心价值观。社会主义核心价值观，集中体现了当代中国精神，凝结着全体人民共同的价值追求，是凝聚人心、汇聚民力的强大力量。

2. 习近平指出，我们生而为中国人，最根本的是我们有中国人的独特精神世界，有百姓日用而不觉的价值观。你是如何理解这句话的？

答：价值观是人类在认识、改造自然和社会的过程中产生与发挥作用的。不同民族、不同国家由于其自然条件和发展历程不同，产生和形成的核心价值观也各有特点。一个民族、一个国家的核心价值观必须同这个民族、这个国家的历史文化相契合，同这个民族、这个国家的人民正在进行的奋斗相结合，同这个民族、这个国家需要解决的时代问题相适应。习近平总书记强调，我们生而为中国人，最根本的是我们有中国人的独特精神世界，有百姓日用而不觉的价值观。习近平总书记的重要论述实际上阐明了社会主义核心价值观与中华民族优秀传统文化之间的关系。

（1）中华优秀传统文化是涵养社会主义核心价值观的重要源泉。社会主义核心价值观，充分体现了对中华优秀传统文化的传承和升华。中华民族能够在几千年的历史长河中生生不息、薪火相传、顽强发展，很重要的一个原因就是有一脉相承的精神追求、精神特质、精神脉络。两千多年前，老子、孔子、墨子等思想家广泛探讨了人与人、人与社会、人与自然的关系，提出了孝悌忠信、礼义廉耻、仁者爱人、与人为善、天人合一、道法自然、自强不息、兼爱非攻等诸多理念，至今仍然深深影响着我们的生活，成为我们日用而不觉的价值观念。对此，习近平总书记指出，中华文明绵延数千年，有其独特的价值体系。中华优秀传统文化已经成为中华民族的基因，植根在中国人内心，潜移默化影响着中国人的思想方式和行为方式。

中华优秀传统文化强调"民惟邦本""天人合一""和而不同"；强调"天行健，君子以自强不息""大道之行也，天下为公"；强调"天下兴亡，匹夫有责"……像这样的思想和理念，不论过去还是现在，都有其鲜明的民族特色，都有其永不褪色的时代价值。这些思想理念，既随着时间推移和时代变迁而不断与时俱进，又有其自身的连续性和稳定性。我们提倡的社会主义核心价值观，充分体现了对中华优秀传统文化的传承和升华。中华文化延续着我们国家和民族的精神血脉，既需要薪火相传、代代守护，也要与时俱进、推陈出新。要认真吸收中华优秀传统文化的思想精华和道德精髓，深入挖掘和阐发中华优秀传统文化讲仁爱、重民本、守诚信、崇正义、尚和合、求大同的时代价值，并结合新的时代条件加以继承和发扬，使之成为涵养社会主义核心价值观的重要源泉。

（2）培育和践行社会主义核心价值观，必须从中华优秀传统文化中汲取丰富营养。习近平总书记指出，培育和弘扬社会主义核心价值观必须立足中华优秀传统文化。牢固的核心价值观，都有其固有的根本。抛弃传统、丢掉根本，就等于割断了自己的精神命脉。博大精深的中华优秀传统文化是我们在世界文化激荡中站稳脚跟的根基。我们提倡和弘扬社会主义核心价值观，必须从中华优秀传统文化中汲取丰富营养，否则就不会有生命力和影响力。为此，我们应深入中华民族历久弥新的精神世界，把长期以来我们民族形成的积极向上向善的思想文化充分继承和弘扬起来，推动中华优秀传统文化创造性转化和创新性发展，激活其生命力，增强其影响力和感召力，把跨越时空、跨越国度、富有永恒魅力、具有当代价值的文化精神弘扬起来，把继承优秀传统文化又弘扬时代精神、立足本国又面向世界的当代中国文化创新成果传播出去。

3.青年是引风气之先的社会力量。青年的价值取向，决定着未来整个社会的价值取向。作为当代大学生，应如何培育和践行社会主义核心价值观？

答：青年是引风气之先的社会力量。正如习近平总书记所言，青年的价值取向决定了未来整个社会的价值取向，在全社会培育和弘扬社会主义核心价值观，需要大学生始终走在时代前列，成为培育和践行社会主义核心价值观最积极、最活跃的青年先进代表。作为当代大学生，培育和践行社会主义核心价值观，一方面，应正确认识培育和践行社会主义核心价值观与自身肩负历史使命以及自身成长成才等的正确认识；另一方面，应在落细落小落实社会主义核心价值观上下功夫。

（1）树立培育和践行社会主义核心价值观与自身肩负历史使命以及自身成长

成才等的正确认识。一是正确认识大学时期是价值观养成的关键阶段。青年时期是价值观形成和确立的时期，抓好这一时期的价值观养成十分重要。习近平总书记谆谆教诲青年大学生，这就像穿衣服扣扣子一样，如果第一粒扣子扣错了，剩余的扣子都会扣错。人生的扣子从一开始就要扣好。青年大学生要深刻意识自身肩负的历史使命，自觉加强价值观养成，树立正确的价值取向。二是深刻认识自身的成长成才和全面发展，离不开正确价值观的引领。当今世界和中国都处于大变革之中。这种变革反映到人们的思想观念中，自然会产生多种多样的观点想法和价值理念。面对世界范围内各种思想文化交流交融交锋的新形势，面对整个社会思想观念呈现多元多样、复杂多变的新特点，大学生健康成长成才更加需要价值观的引领。正确价值观能够引导大学生把人生价值追求融入国家和民族事业，始终站在人民大众立场，同人民一道拼搏、同祖国一道前进，服务人民、奉献社会，努力成为中国特色社会主义事业的合格建设者和可靠接班人。三是理性认识核心价值观的养成绝非一日之功。大学生要坚持由易到难、由近及远，从现在做起，从自己做起，努力把核心价值观的要求变成日常的行为准则，形成自觉奉行的信念理念，并身体力行大力将其推广到全社会去，为实现国家富强、民族振兴、人民幸福的中国梦凝聚强大的青春能量。

（2）在社会主义核心价值观落细落小落实上下功夫。其一，要勤学，下得苦功夫，求得真学问。知识是树立社会主义核心价值观的重要基础。大学生正处于学习的黄金时期，要把学习作为一种精神追求、一种生活方式，以韦编三绝、悬梁刺股的毅力，以凿壁借光、囊萤映雪的劲头，努力扩大知识半径，既读有字之书，也读无字之书，砥砺道德品质，练就过硬本领。要努力掌握马克思主义理论，形成正确的世界观和科学的方法论，深化对社会主义核心价值观的认知认同。大学生要注重把所学知识内化于心，形成自己的见解，既有专攻，又要博览，努力掌握为祖国、为人民服务的真才实学，让勤于学习、敏于求知成为青春远航的动力。其二，要修德，加强道德修养，注重道德实践。"德者，本也。"蔡元培曾经说过："若无德，则虽体魄智力发达，适足助其为恶。"德是首要，是方向，一个人只有明大德、守公德、严私德，其才方能用得其所。修德，既要立意高远，又要立足平实。要立志报效祖国、服务人民，这是大德，养大德者方可成大业。同时，还得从做好小事、修好小节起步，"见善则迁，有过则改"，踏踏实实修好大德、公德、私德，学会劳动、学会勤俭，学会感恩、学会助人，学会谦让、学会宽容，学会自省、学会自律。其三，要明辨，善于明辨是非，善于决断选择。培育和践行社会主义核心价值观，要增强自己的价值判断力和道德责任感，辨别什么是真善美、什么是假恶丑，自觉做到常修善德、常怀善念、常做善举。当前，在一些领域和一些人当中，价值判断没有了界限、丧失了底线，甚至以假乱真、以丑为美、以耻为荣。大学生要善于明辨是非，善于判断选择，旗帜鲜明地弘扬真善美、贬斥假恶丑，澄清模糊认识，匡正失范行为，自觉做良好道德风尚的建设者、社会文明进步的推动者。其四，要笃实，扎扎实实干事，踏踏实实做人。道不可坐论，德不能空谈。于实处用力，做到知行合一，核心价值观才能内化为人们的精神追求，外化为人们的自觉行动。《礼记》中有："博学之，审问之，慎思之，明辨之，笃行之"。有人说，圣人是肯做工夫的庸人，庸人是不肯做工夫的圣人。青年有着大好的机遇，关键是要迈稳步子、夯实根基、久久为功。心浮气躁，朝三暮四，学一门丢一门，干一行弃一行，无论学习还是创业，都是最忌讳的。"天下难事，必作于易；天下大事，必作于细。"成功的背后，永远是艰辛努力。青年大学生要把艰苦环境作为磨炼自己的机遇，把小事当作大事干，一步一个脚印往前走。滴水可以穿石。只要坚忍不拔、百折不挠，成功就一定在前方等你。

培育和践行社会主义核心价值观，既要目标高远、保持定力、不懈奋进，又要脚踏实地、严于律己、精益求精。新时代青年大学生要将社会主义核心价值观转化为人生的价值准则，勤学以增智、修德以立身、明辨以正心、笃实以为功，在激扬青春、开拓人生、奉献社会的进程中书写无愧于时代的壮丽篇章。

（二）考研真题再现

1.多项选择题（下列每题给出的四个选项中，至少有两个选项是符合题目要求的。多选或少选均不得分）

（2019年）2018年3月，十三届全国人民代表大会第一次会议通过宪法修正案，把国家倡导的社会主义核心价值观正式写入宪法，进一步凸显了社会主义核心价值观的重大意义。社会主义核心价值观是（　　　）。

A.坚持和发展中国特色社会主义的价值遵循

B.构建人类命运共同体的行动指南

C.增进社会团结和谐的最大公约数

D.提高国家文化软实力的迫切要求

【答案】ACD

【解析】社会主义核心价值观作为我国意识形态，是中国特色社会主义发展的总指导，是文化指导，也是提高社会凝聚力的必需，ACD选项正确。人类命运共同体属于中国外交方面，B项不正确。

2.分析题（要求结合所学知识分析材料回答问题）

（2020年）结合材料回答问题：

2019年9月29日，中华人民共和国国家勋章和国家荣誉称号颁授仪式在人民大会堂隆重举行。95岁的老英雄张富清是受表彰者之一。

张富清是原西北野战军战士，在解放战争的枪林弹雨中，九死一生，先后荣立特等功一次、一等功三次、二等功一次，"战斗英雄"称号两次。1955年，他退役转业，主动选择到湖北省最偏远的来凤县工作，先后任城关粮油所主任，三胡区副区长、区长、建行来凤支行副行长等职务，直至在此岗位上离休。

对工作，他脚踏实地，担当奉献，想群众之所想，急群众之所急，他推动水电站建设，让山村进入"电力时代"；他牵头办起桐油和茶叶基地、牧场，群众生活明显改善；他与群众一起，找水源修道路，解决群众出行难，吃水难的问题……

对待战功荣誉，他刻意隐瞒，连自己的女儿都不知情。如果不是2018年一次退役军人的信息采集，他的事迹可能依旧无人知晓。

很多人不禁好奇，张富清为何一辈子深藏功名？为何在平凡岗位上如此低调奉献却甘之如饴？他在回答记者提问时说："和我并肩作战的战友，献出了自己宝贵的生命，和牺牲的战友相比，我有什么资格张扬呢？我和战友们跟着党奋斗的目标是为了建立新中国，就是为了人民能走上幸福美满的道路，这一切都是我应该做的。"

正是有这样的信念，他在每一次的战斗中都要担任"突击队员"；正是有这样的信守，他放弃留在大城市。他的岗位，身份一再改变。始终不变的，是他的赤子之心。

国家主席习近平在国家勋章和国家荣誉称号颁授仪式讲话中说："英雄模范们用行动再次证明，伟大出自平凡，平凡造就伟大。只要有坚定的理想信念、不懈的奋斗精神，脚踏实地把每件平凡的事做好，一切平凡的人都可以获得不平凡的人生，一切平凡的工作都可以创造不平凡的成就。"

新中国70年的不凡岁月中，闪耀着一个个光辉的名字，一段段感人的故事。他们不懈奋斗的精神和忠诚、执着、朴实的鲜明品格，是亿万中华儿女的榜样，激励我们在追梦之路上砥砺前行。

——摘编自《人民日报》2019年5月27日、9月24日、9月30日

①结合张富清高尚的追求，说明理想信念的力量。（6分）

答：①张富清的事迹充分说明，理想信念是精神之"钙"。理想信念昭示奋斗目标，是人们思想行为的定向器，一个理想坚定信念崇高的人，就会在理想信念的指引下沿着正确的道路前进；理想信念提供前进动力，有了坚定的理想信念，就会以惊人的毅力为理想奋斗；理想信念是一个人精神世界的重要标尺，理想信念提高精神境界，一个精神境界高尚的人就会抵御诱惑，克服困难，走向人格完善。

②国家颁授国家勋章和国家荣誉称号对全社会弘扬和践行社会主义核心价值观有何重要意义？（4分）

答：②社会主义核心价值观是当代中国精神的集中体现，凝结着全体人民共同的价值追求。国家勋章和国家荣誉称号颁授仪式的举行，是在全社会弘扬社会主义核心价值观的重要形式，彰显了国家坚持和发展中国特色社会主义的价值遵循的力度。最高规格褒奖英雄模范，有利于鼓励更多的人向受表彰者学习，用社会主义核心价值观影响更多的人，发挥社会主义核心价值观强大的凝聚力、向心力的作用，增进社会团结和谐的最大公约数。

七、专题参考资料

[1] 习近平：《高举中国特色社会主义伟大旗帜 为全面建设社会主义现代化国

家而团结奋斗——在中国共产党第二十次全国代表大会上的报告》，人民出版社 2022 年版。

[2] 习近平:《论党的青年工作》，中央文献出版社 2022 年版。

[3] 习近平:《青年要自觉践行社会主义核心价值观》，人民出版社 2014 年版。

[4]《习近平关于社会主义精神文明建设论述摘编》，中央文献出版社 2022 年版。

[5]《习近平著作选读》（第一卷、第二卷），人民出版社 2023 年版。

[6]《习近平关于社会主义文化建设论述摘编》，中央文献出版社 2017 年版。

[7] 本书编写组:《习近平与大学生朋友们》，中国青年出版社 2020 年版。

[8] 中共中央文献研究室编:《十八大以来重要文献选编》（上），中央文献出版社 2014 年。

[9] 高兆明:《制度公正论——变革时期道德失范研究》，上海文艺出版社 2001 年版。

[10][美] 约翰·罗尔斯:《正义论》，中国社会科学出版社 1988 年版。

[11] 冯秀军，王淼:《培育和践行社会主义核心价值观的几个问题》，《教学与研究》2014 年第 8 期。

[12] 陈先达:《论普世价值与价值共识》，《哲学研究》2009 年第 4 期。

[13] 李慎明:《关于民主与普世民主的相关思考》，《马克思主义研究》2009 年第 6 期。

[14] 戴木才:《论坚定社会主义核心价值观自信》，《马克思主义研究》2018 年第 8 期。

[15] 燕连福，周祎:《以社会主义核心价值观引领人民精神生活共同富裕的三重向度》，《思想理论教育导刊》2023 年第 4 期。

第六专题　德润人心：时代新人的道德涵养

实施公民道德建设工程，弘扬中华传统道德，加强家庭家教家风建设，加强和改进未成年人思想道德建设，推动明大德、守公德、严私德，提高人民道德水准和文明素养。

——习近平：《高举中国特色社会主义伟大旗帜 为全面建设社会主义现代化国家而团结奋斗——在中国共产党第二十次全国代表大会上的报告》，人民出版社2022年版，第44页。

一、专题教学目的

本专题的主要目标,旨在引领新时代的大学生建立起马克思主义的道德观念,以社会主义道德为指引,自发地传承我们中华的优秀传统美德和革命道德。同时,我们还倡导大学生积极吸纳和借鉴全球的优秀道德成果,使他们的道德修养得以全面提升。我们期望通过这样的实践,使大学生在追求崇高的道德品质的过程中,不断地锤炼自己的道德品格,提升个人的道德境界。在党的二十大精神指引下,我们应积极弘扬劳动精神、奋斗精神、奉献精神、创造精神以及勤俭节约精神,以此引领社会风气,树立时代新风貌。同时,我们还应大力传承中华传统美德,加强家庭家教家风建设,深化青年人的思想道德教育。通过明大德、守公德、严私德,全面提升时代新人的道德水准和文明素养,为构建和谐社会作出积极贡献。本次专题将全面深入地探讨马克思主义道德观、社会主义道德的先进性和科学性。

通过这一部分的深入学习,青年学生将能够深刻领悟道德理论的根源,并在马克思主义道德观的正确指引下,形成正确的道德观念。在第二部分中,我们将重点介绍并吸纳历史上优秀的道德成果,包括中国优秀传统道德和革命道德。通过这一部分的学习,学生们将能够更深刻地理解道德认识、道德情感、道德意志、道德信念和道德实践等方面的内容,从而在优秀传统道德和革命道德的滋养下,不断提升自身的道德品质。最后,在第三部分中,我们将投身崇德向善的道德实践中,从社会公共领域、职业领域、家庭领域和个人领域等多个方面,深入领会道德是身心一致、知行合一的核心理念。通过这一部分的学习和实践,学生们将能够锤炼自己的道德品质,明辨是非、身体力行,成为一个有道德、有担当的优秀青年。

二、专题设计思路

在贯彻党的二十大报告精神的基础上,我们要深刻理解和科学运用习近平新时代中国特色社会主义思想。遵循"道德认知—道德情感—道德意志—道德信念—道德实践"的教学框架。我们的教学应立足于将马克思主义与中国的实际情况以及中华优秀传统道德相结合。在马克思主义道德观的指导下,我们应展现社会主义道德的先进性,同时吸收中华传统道德的智慧,赋予其新时代内涵。此外,我们还要发扬中华革命道德，传播其当代价值，使其成为克服前进道路上一切困难的精神支柱。同时，我们应广泛吸收世界各国的优秀道德成果，坚持马克思主义的正确立场和方法。通过这些优秀的道德成果，我们可以滋养今天的社会。在专题教学过程中，我们还应提升学生的道德认知水平。通过大量的实例、案例和实践作业，让学生对"道德"有深入的理解，从认知到情感，再到意志和行为，实现知行合一。我们的目标是将学生的"道德观念"转化为"道德行动"，让他们自觉地讲道德、尊道德、守道德，成为社会主义道德的积极践行者、示范者和引领者。

具体思路可以归纳为一是，道德之问，社会主义道德的核心和原则，这是课程的重难点之一；二是道德之果，吸收和借鉴一切优秀的道德成果；三是，道德之行，修德与实践，积极投身崇德向善的道德实践，锤炼自己的道德品格，具体的专题设计思路：

第一，道德之问，以马克思主义道德观为指导，结合实际案例，帮助大学生深刻理解社会主义道德的先进性和正确性，强化为人民服务的核心观念。在教学设计上，首先以社会新闻为切入点，引导学生深入探讨社会道德问题。针对道德起源的不同观点，开展课堂讨论，鼓励学生发表自己的见解。通过讲解道德的作用、发展与进步，阐述社会主义道德的先进性和科学性。分析为人民服务的层次性，以及社会主义市场经济与为人民服务的一致性，帮助学生更好地理解社会主义道德的核心。同时，着重强调集体主义原则，分析集体利益与个人利益的关系，引导学生正确认识二者之间的辩证关系。在理解集体、国家与个人长远利益和根本利益一致性的基础上，进一步坚定社会主义道德的优越性。

第二，道德之果，在党的二十大报告中，强调了吸收借鉴优秀道德成果，包括传承中华传统美德、发扬社会主义革命道德以及借鉴人类文明优秀道德成果。重点在于培育大学生的文化自信，坚定中华文化立场，能够提炼展示中华文明的精神标识和文化精髓。为实现这一目标，我们应把握中华传统道德的创造性和创新性发展，通过小组讨论深入了解中华民族的传统美德，并思考如何将其优秀道德成果进行转化。对于传统道德，我们应明确其具有矛盾性。我们应坚持取其精华、去其糟粕的原则，实现古为今用、推陈出新。辩证地取舍，传承和弘扬中华传统美德，用其滋养社会主义道德建设。在党的二十大报告中，"实施公民道德建设工程，弘扬中华传统美德，加强家庭家教家风建设，加强和改进未成年人思想道德建设，推动明大德、守公德、严私德，提高人民道德水准和文明素养"被专门提及，这充分体现了对中华传统美德当代价值的重视。

在新时代的中国特色社会主义中，为了使传统美德更好地发挥其价值，我们需要将其与日常生活相融合，造福广大人民。二十大报告中也明确指出："只有植根本国、本民族历史文化沃土，马克思主义真理之树才能根深叶茂。必须坚定历史自信、文化自信，坚持古为今用、推陈出新，把马克思主义思想精髓同中华优秀传统文化精华贯通起来同人民群众日用而不觉的共同价值观念融通起来，不断赋予科学理论鲜明的中国特色，不断夯实马克思主义中国化时代化的历史基础和群众基础，让马克思主义在中国牢牢扎根。"① 中华民族的传统美德是中国传统文化的重要组成部分，其博大精深在长期的历史发展过程中已深入全民族的思维方式、价值观念、行为方式和风俗习惯中。这些美德如责任意识、奉献精神、仁爱原则、自强不息、厚德载物等智慧结晶，对当今的道德建设和人类面临的道德难题具有重要的指导和借鉴意义。同时，也为大学生的日常行为规范提供了宝贵的精神养料。美德的传承与弘扬并非空洞之谈，而是需要每个人深入理解其智慧，将传统美德内化为个人优秀品质，并体现在日常行为之中。我们应当顺应时代需求，以推动中国特色社会主义事业、建设社会主义道德体系、培育和践行社会主义核心价值观为标准，发挥中华传统美德的教化作用。让美德的精神内核成为涵养人们精神世界的重要力量，展现中华传统道德的永恒魅力。

中国革命道德是中华传统美德的延续与升华，它源自中国共产党人、人民军队、先进知识分子和广大人民群众在革命、建设、改革过程中所展现的优秀道德品质。这一道德体系是马克思主义理论同中国实际相结合的产物，凝聚了先辈们

---

① 习近平：《高举中国特色社会主义伟大旗帜 为全面建设社会主义现代化国家而团结奋斗——在中国共产党第二十次全国代表大会上的报告》，人民出版社 2022 年版，第 18 页。

在艰苦卓绝岁月中形成的强大精神力量。我们应当深刻认识到，革命道德蕴含着不畏艰难险阻、勇于担当、自律修身的核心理念。在当今复杂多变的国际环境中，这些价值观念将为我们克服各种挑战提供强大的精神支持。正如习近平总书记所言："每一种文明都是美的结晶，都彰显着创造之美。一切美好的事物都是相通的。"① 在人类文明发展进程中，各个民族都孕育了其独特的道德传统与价值观念。我们应当坚定马克思主义的立场与观点，积极借鉴人类文明的优秀成果，以我为主、为我所用，为推动人类文明进步作出贡献。

第三，道德之行，投身崇高的道德实践，引领大学生明辨是非、积极行动。道德之"道"，蕴含真理、认知与心灵；而"德"则强调实践、德行与身体力行。道德的核心在于身心一致、知行合一，以个人的行为承载道德之"道"。道德实践是在一定道德意识影响下的人类的活动，包括个体与群体的行为。这些道德实践活动依据一定的道德原则和规范进行，通过善恶、荣辱、正义和非正义等价值评价方式来调节人与人、集体、社会之间的利益关系。只有在道德实践的过程中，人们才能真正地弃恶扬善，形成正确的行为方式。此部分内容旨在从公共生活、职业、家庭以及个人品德等多个方面，完善道德行为，提升道德品质。实施公民道德建设工程，需要我们遵守社会公德、恪守职业道德、建设家庭美德，并提升个人品德。通过全方位提升公民的道德水平，以推动社会文明程度的显著提高。根据2019年发布的《新时代公民道德建设实施纲要》，我们应全面推进社会公德、职业道德、家庭美德及个人品德的建设。这需要我们持续强化教育引导、实践养成以及制度保障，从而提升公民的道德素质，促进人的全面发展。目标是培养能够担当民族复兴大任的时代新人。

三、专题理论支撑

（一）马克思主义道德观

马克思主义理论体系中，马克思主义道德观占据着至关重要的地位。而社会主义道德观，正是马克思主义道德观在中国这片广袤土地上的具体展现。这一理

① 习近平：《深化文明交流互鉴 共建亚洲命运共同体》，《人民日报》2019年5月16日。

论蕴含着鲜明的自觉价值追求，不仅具备科学的根基，还展现出与时俱进的品质。研究马克思主义道德观，挖掘深厚的理论根源，掌握其核心思想及发展规律，不仅可以提升思想政治教育的质量和效果，更能推动社会主义道德建设的进步，为中华民族的伟大复兴注入强大的精神动力。

我们要研究马克思主义道德观的形成与发展，更要关注马克思主义个人道德观的形成过程中，他的家庭和成长环境对他的影响。马克思虽然攻读法律专业，但哲学才是他最热衷的领域，马克思曾说"没有哲学，我就不能前进"①，大学期间他受到黑格尔唯心主义的思想启迪，成了康德、费希特等"道德领域内的思想巨人"的铁杆粉丝。在研究哲学的过程中，马克思逐渐与基督教神学划清了界限，开始批判基督教神学，在批判的过程中，马克思运用康德以自由意志为前提的自律观，将道德的根源从神转向了人自身。他强调人的自我意识是道德产生的主观条件，这一转变标志着马克思道德思想的重大进步。然而，在这一阶段，马克思其道德观的思想仍处于萌芽阶段，他还没有完全厘清道德的产生与社会之间的密切关系。

后经历不断的研究和实践，马克思认识到道德作为人类社会发展到一定程度的产物，劳动才是道德起源的首要前提，它的产生与社会分工也有密切的关系。马克思明确提出，道德属于上层建筑的范畴，它是由经济基础决定并反映社会关系的一种特殊的社会意识形态，道德的产生、发展和变化都源于社会经济关系，这就表明马克思这时已经深入地理解了道德和社会关系的密切联系，也是人类思想史上第一次科学而全面地论述了道德本原问题。

马克思在《德意志意识形态》中明确指出："个人如何展现自己的生命，他们的本质就是如此。因此，他们的本质如何，与他们的生产方式保持一致——既与他们生产的内容一致，又与他们生产的方式一致。"② 这一论述阐明了道德与社会物质生产方式之间的关系，只有把道德放在社会关系中，道德才有意义，马克思道德观的"经济基础决定论"得以确立，也标志着马克思主义道德观的成熟。

---

① 《马克思恩格斯全集》（第四十卷），人民出版社1982年版，第13页。

② 《马克思恩格斯文集》（第一卷），人民出版社2009年版，第520页。

它摒弃了把道德抽象化的观点，批判了道德评价和规范源于自由意志的观点，在人类伦理史上掀起了一场革命性的变革，是一种具有辩证唯物主义特质的科学道德观。马克思主义道德观作为一种全新的、科学的道德观，主要有以下几个特点：

（1）道德具有历史性。马克思主义者认为，道德是一个历史范畴，具有历史性。历史唯物主义是马克思主义道德观的理论基石，它强调道德与历史的密切联系。马克思曾批判康德的道德观是与历史脱节的，马克思在《德意志意识形态》中指出，康德在法国革命时期醉心于脱离现实生活的道德争论，完全脱离了历史背景和社会关系是无意义的。马克思认为，道德只有在一定的历史背景和社会关系中才有意义。这意味着道德不能离开现实生活，道德必须关注社会现实中人的欲望和需要。单纯的道德讨论而忽视现实人的需求，会导致脱离现实的思维困境。根据马克思主义唯物史观的观点，经济基础决定上层建筑，经济基础的变化会引起包括道德在内的上层建筑的变化。这表明道德不是抽象物，而是与社会关系、现实生活密切相关。

（2）道德具有实践性。这个思想源于马克思对资产阶级剥削本质及资本主义制度的深入揭露，这同样是其对社会现实的细致观察与深刻理解的产物。马克思对黑格尔哲学的批判缺乏实践性，是抽象化、概念化的研究，所以在批判资本主义旧制度方面显得无力感，也无法真正触及资本主义旧制度的根基。与纯粹理论观点不同，马克思始终强调道德理论在实践性社会生产与活动领域中的实际应用，认为只有这样，道德理论才具有真实价值。与同时期哲学家不同的是，马克思的哲学宗旨在于改变世界，而非解释世界。对于抽象化、概念化的伦理道德研究，马克思坚决反对，强调行动的重要性。在《哥达纲领批判》中，他明确表示"一步实际行动胜于一打空洞纲领"。马克思在有生之年，在黑暗的资本主义制度下，作为道德革命的实践者，马克思以一种忘我的大爱精神竭尽全力去拯救身处困境的劳苦大众，将毕生精力投入全人类自由解放的伟大事业中，为无产阶级的解放事业不懈奋斗，正因如此，他受到200多年后全世界人民的无限崇敬与爱戴。

（3）道德具有社会性。马克思曾经深刻指出，道德是人类社会特有的现象，在生产生活的实践活动中，人类必然要发生各种各样的人际交往和社会关系，各种利益关系也会凸显，随着社会分工的不断深化，个人利益、他人利益和社会利益间的界限逐渐清晰，规范、协调或制约利益冲突的意识更加强烈。为了规范和协调各种利益关系，道德作为一种重要的利益调节规范，在人们的劳动和生产生活实践活动中产生、发展和进步。因此，道德是在物质生产和交换的过程中，为调节人们之间的利益冲突而产生的，它客观地反映了社会现实和当时社会的经济状况。马克思在研究道德的时候，他从市民社会的矛盾入手研究道德问题，从具体的社会现象中研究道德的本质，而一刻也没有脱离人们的生产实践，这为我们理解和把握道德问题提供了重要的启示。但马克思没有从市民社会的角度去思考道德问题，他认为"旧唯物主义的立脚点是市民社会，新唯物主义立脚点则是人类社会或社会的人类"①。因此，马克思不主张先建立道德伦理规则让人去普遍遵从，而是鼓励人们先有行动，每个人去做"善事"去让社会更加地安宁，从而解决特殊利益与普遍利益、个体性原则与普遍性原则的关系问题。

（二）社会主义道德的核心与原则

社会主义道德作为人类社会最崇高的价值追求，其核心和原则正是源于社会主义制度的本质要求。它代表了较高层次的道德，其核心和原则之所以被确定为"为人民服务"和"集体主义"，这是由社会主义道德的本质所决定的。基于唯物史观的指导，这两项核心原则能够有力地保障社会的发展与进步，体现社会主义的优越性。"物质生活的产生方式制约着整个社会生活、政治生活和精神生活的过程"。②马克思主义认为，道德作为特殊的意识形态，属于上层建筑范畴，是对社会经济关系的反映，其产生、发展和变化，从根本上源于社会经济关系。在我们今天社会主义社会中，道德是社会主义经济基础的反映，在以生产资料公有制为主体的社会中，人民不仅在政治上实现了当家作主，而且在道德上实现了从被动到主动的转变。社会主义道德批判继承了人类优秀的道德资源，克服了以往阶

①《马克思恩格斯选集》（第一卷），人民出版社2012年版，第136页。
②《马克思恩格斯选集》（第二卷），人民出版社1995年版，第32页。

级社会道德的片面性和局限性，它坚持为人民服务为核心，以集体主义为原则，展现出真实而强大的道义力量。

追根溯源，"'为人民服务'思想是马克思主义认识论和实践观的具体化、明确化"①。马克思和恩格斯在《共产党宣言》中指出："过去的一切运动都是少数人的，或者为少数人谋利益的运动。无产阶级的运动是绝大多数人的，为绝大多数人谋利益的独立的运动。"②马克思唯物史观的观点——人民群众是历史的创造者，这是社会主义道德的核心"为人民服务"的理论基础，依据马克思唯物史观的观点——人民群众是历史的创造者，不仅创造了物质文明和精神文明，而且在社会变革中起着决定性的作用。社会主义的道德原则"集体主义"的理论基础是马克思关于人的本质属性——社会性的论断，马克思指出："人的本质不是单个人所固有的抽象物，在其现实性上，它是一切社会关系的总和。"③在社会中，人既作为个体的存在，又作为集体的存在，个人与集体是不可分割的。这表明个人离不开集体，没有离开集体的单独存在的个人，同时集体的发展壮大也需要依靠个人的贡献。在社会主义制度下，国家利益、社会整体利益和个人利益在根本上是相一致的，三者利益做到共同发展、相互增益、相得益彰。因此，个人的发展与集体的发展是密不可分的，只有通过共同的努力和奋斗，才能实现个人和集体的共同发展与繁荣。其所倡导的"集体"是代表全体成员利益的"真实的集体"④，在社会主义基本经济体制中，生产资料公有制占据核心地位，作为集体主义的经济基石。

在社会主义道德建设中，坚持以"为人民服务"为核心，"集体主义"为原则，充分体现了社会主义制度的本质属性，也是马克思主义基本原理的内在规定性。为了确保这一核心与原则的说服力与正确性，需要回到马克思主义基本原理中进行深入分析，这不仅是课程教学的目标要求，也是提升课程思想性和理论性的必然要求。通过透彻的学理分析和清晰的思想理论阐述，可以有效地回应学生

---

①《马克思恩格斯选集》（第一卷），人民出版社2012年版。
②李佃来：《追寻马克思哲学的道德基础》，《山东社会科学》2015年第10期。
③《马克思恩格斯选集》（第一卷），人民出版社2012年版，第501页。
④《马克思恩格斯选集》（第一卷），人民出版社2012年版，第571页。

的疑问，引导学生形成正确的理论认同。因此，在教学过程中，我们必须坚定政治性和学理性的统一，以真理的强大力量引导学生，解决他们深层次的思想困惑。

（三）马克思主义与中华优秀传统文化

党的二十大指出：坚持和发展马克思主义，必须同中华优秀传统文化相结合。只有植根本国、本民族历史文化沃土，马克思主义真理之树才能根深叶茂。中华优秀传统文化源远流长、博大精深，是中华文明的智慧结晶，其中蕴含的天下为公、民为邦本、为政以德、革故鼎新、任人唯贤、天人合一、自强不息、厚德载物、讲信修睦、亲仁善邻等，是中国人民在长期生产生活中积累的宇宙观、天下观、社会观、道德观的重要体现，同科学社会主义价值观主张具有高度契合性。"我们必须坚定历史自信、文化自信，坚持古为今用、推陈出新，把马克思主义思想精髓同中华优秀传统文化精华贯通起来、同人民群众日用而不觉的共同价值观念融通起来，不断赋予科学理论鲜明的中国特色，不断夯实马克思主义中国化时代化的历史基础和群众基础，让马克思主义在中国牢牢扎根。"[①] 这一过程包括两方面的内涵：一方面，马克思主义作为外来理论，之所以能在传入中国后落地生根，成功指导中国革命、建设、改革的具体实践，得益于中国人民优秀传统文化土壤的滋养；另一方面，马克思主义中国化在具体实践中所形成的科学理论成果，也为中国的优秀传统文化在新时代更好地发展指明了方向。

中华优秀传统文化是中华民族长期发展的历史沉淀和集体智慧的结晶，今天，中国传统文化得到创造性的传承与转化，新时代焕发出蓬勃生机与活力。传统文化之所以在今天发挥巨大的当代价值源于中华文化的博大精深与大力弘扬，还有赖于马克思主义的科学指导，为传统文化的发展指明了方向。随着时代的发展和进步，马克思主义中国化与优秀传统文化的融合实践充分证明，这并非简单的文字转化，既要坚持不断继承和发展中华优秀传统文化，又要坚持马克思主义的指导地位。中华优秀传统文化和马克思主义在许多方面存在着相通之处。例如，中

---

① 习近平：《高举中国特色社会主义伟大旗帜 为全面建设社会主义现代化国家而团结奋斗——在中国共产党第二十次全国代表大会上的报告》，人民出版社 2022 年版，第 18 页。

华优秀传统文化强调以天下为己任，将国家和民族的命运与个人紧密相连，这与马克思主义强调无产阶级运动为全人类的解放而奋斗的观点相呼应。此外，中华优秀传统文化中的民本思想，强调人民是历史的创造者和推动者，这与马克思主义强调人民群众在社会变革中的决定性力量的观点相契合。同时，中华优秀传统文化所追求的大同社会，与马克思主义所设想的共产主义社会制度在理念上具有一致性，都代表着人类社会的最美好、最进步的社会制度。马克思主义正是因为同中华优秀传统文化相结合，才能够发挥其理论的指导作用。马克思主义基本原理与中华优秀传统文化存在种种的内在契合，以唯物史观为指导对二者的内在关联进行客观、全面的梳理对新时代更好地坚持和发展马克思主义、坚定文化自信具有重要的理论和实践意义。

中国共产党人始终坚定不移地探索如何更好地将马克思主义与中华优秀传统文化相结合。在1938年10月的党的六届六中全会上，会议明确指出：马克思主义在中国的具体化是全党亟须掌握和解决的重要问题。这是首次提出马克思主义中国化的命题。会议强调，应将马克思主义的基本原理与中国的实际情况和中华优秀传统文化相结合。在马克思主义中国化的具体实践中所形成的理论体系中都蕴含着极为丰富的中华传统文化，彰显着中国风格。马克思主义作为外来传入中国的理论之所以能够被历史所选择、被中国人民所选择，就在于它能与中国的优秀传统文化相互融合在一起，在马克思主义指导下建立起具有时代特征又具有科学性的社会主义先进文化。用中华优秀传统文化揭示出马克思主义的更深层的理论价值和实践意义，从而二者能够更深层地统一起来，马克思主义中国化与中华优秀传统文化之间不断地交汇与融合，共同构成了中国特色社会主义文化的特色和魅力所在。

（四）中华传统道德

中国传统道德作为社会主义道德的基石，其内涵深邃且丰富，对于培育社会主义道德观念具有不可估量的价值。它主要涵盖了礼仪文化、义利观以及道德人格等核心要素，这些要素在儒家道德教化思想中得到了深入的阐述和发展。当然，除了儒家思想，中国传统道德还汲取了道家"德性论"、墨家"兼爱"以及佛教"为善去恶""因果报应"等学说，通过互补与整合，共同塑造了中国传统道德的博大精深。

在"礼仪文化"领域，礼仪不仅是中华传统文化的重要组成部分，彰显着中华民族的独特魅力，更是每个人在日常生活中所必需的道德修养。中国传统文化中礼仪与道德的关系密不可分，正所谓有些学者谈到的"德成于中，礼形于外"。礼仪的本质其实就是一种道德规范。历史发展进程中，从原始社会一些仪式比如：禁止盗窃、不得侵害他人等都包含着基本的道德准则。到阶级社会，特别是封建社会更是将礼仪之邦、伦理纲常作为维系封建社会尊卑有序最重要原则与规范，加以粉饰伪装的封建礼仪无不包含着封建伦理道德的核心要义，正所谓礼仪是道德的外在表现形式，道德的实践需凭借礼仪来实现。在封建社会的礼仪活动的反复实践中，个体的道德认识得以深化、道德修养得以提升，从而知行合一，社会的整体的道德水平得以提升。从礼仪活动本身去研究，无论是作为道德外在表现的言行举止，还是以道德为核心要义的内在价值，还是在礼仪活动中所使用的礼器、乐器等都蕴含着深厚的道德内涵。

在"义利观"领域，也就是我们说的"德福矛盾"，现实生活中利益与道德间矛盾问题之间的价值评判。首先，是对不同流派义利观的介绍与分析。传统儒家认为要用"仁义"等道德规范来约束、克制个体的物质欲望。儒家认为个体在义利问题中有不同取向，表明了在道德水平上的本质差异。而墨家义利观发挥原始夏文化的博爱精神，讲义利之和，发扬互利、民主、平等、节俭为公的精神，并提出"兼相爱，交相利""贵义""兴利"等思想主张。法家义利观是基于人性论的思考，主张"重利轻义"，从人好利恶害的本性出发，国家应当设立严酷法律，奖惩引导个体服从公利。认为法是制约利的有利机制，义的推行会破坏法的公正性和客观性。其次，对传统义利观的界定，认为华夏先民们围绕日常生活中出现的矛盾冲突而展开的道德思考。随着生产力的不断发展，为解决个人利益与集体利益的冲突、现实与道德理想的矛盾，自发形成一套约定俗成的道德规范，用以规范个人的行为，力避冲突，使社会更加稳定，最终形成了中华民族重义轻利、集体本位、责任担当、乐于奉献的崇高的道德取向。最后，还对传统义利观进行了创新性发展，既保留传统，又不乏创新之道。传统义利观中重集体轻个人，忽视了个体在物质、精神方面的正当需求，使个体价值的实现受到了很大的限制。在社会主义制度下，集体利益和个人利益有矛盾的一面，但二者存在高度的统一性，集体利益是个人利益在整体利益、长远利益的凝练和升华，要尊重个体正当的价值诉求和个人利益，在满足个体正当利益要求的同时，也要达成集体利益的实现。伦理学家王泽应提出了社会主义义利观，认为从社会主义的性质角度出发，社会主义的义利之辨所导向的价值目标只能是义利并重和义利统一。

在"道德人格"方面，中华传统道德规范中特别重"正心""修身"，注重个体身心修养，作为修齐治平的基础。传统理想人格的特征，华东师范大学杨国荣教授认为，理想人格是人在价值取向、内在德性、精神品格方面的集中展现[1]。传统理想人格诸子百家按照思想流派有不同的见解，比如：儒家强调"内圣外王"的理想人格，道家追求"以虚静通于万物"的理想人格，墨家的理想人格是"圣贤"，能圣必然贤，贤则可通圣。华东师范大学马和民教授认为，理想人格是一种在人生实践层面对主流价值观的集中反映，也是凝聚一个统一的民族国家所必需的社会整合和秩序维系的教育导向[2]。道家的思想对中国人文化心理结构形成和发展也发挥着重要的作用，比如，湖南大学涂阳军教授，华中师范大学郭永玉教授对道家理想人格的思考，形成以"道"之"自然本真"为核心的文化—心理结构，如辩证不极端、谦退、节俭、坚忍、知足、平和、敛藏等，这些对中国人在心理、行为产生了深远的影响，重塑了中国人的人格特质，影响了中国人的思想、价值观、人生观。在中国人七大人格中，外向性之乐观、情绪性之耐性及处世态度之淡薄无疑不受到道家文化的影响。

在对中国传统道德的继承发扬的过程中，主要说明两类问题。一类是如何

① 罗国杰：《论中华民族传统道德的"精华"与"糟粕"》，《道德与文明》2012年第1期。
② 马和民：《儒家文化、价值共识与理想人格建构》，《南京社会科学》2015年第6期。

的对待中国传统道德的态度问题，中华传统道德中无可避免存在一定的"糟粕"，罗国杰先生认为，我们要用马克思主义的历史唯物主义的立场、观点和方法，剔除其腐朽性的糟粕，吸收其民主性的精华①。对全盘否定的文化虚无主义、全盘否定的西化论、全盘肯定的复古主义等思潮采取批判的态度②。习近平总书记也多次强调中国传统道德的重要价值，并指出："我们要在去粗取精、去伪存真的基础上，坚持古为今用、推陈出新，努力实现中华传统美德的创造性转化、创新性发展。"③

另一类则具体探讨中国传统道德在新的历史征程上的时代价值。中华传统道德是历史赋予我们的宝贵精神财富，总结并提炼出足以传世的美德，促进传统美德与现代社会之间矛盾、冲突的化解，实现传统美德与现代社会的科学对接和辩证统一④。在社会主义新时代，我们一定要夯实传统文化的根脉，弘扬中国传统道德的永恒价值，为新时代的发展凝心铸魂。发挥中国传统道德中"道德教化"的重要作用，学思并重强调自我思考的重要性、用克己内省强调道德自律的重要性，只有个体高度自律地约束和反省，才能达到慎独自律理想道德境界。重视道德践履，达到知行合一。道德不能只停滞"知"的层面，真正的道德是明辨是非、身体力行，达到王阳明"知者行之始，行者知之成"的"真知"境界，将知与行结合起来，在个人道德实践中体现道德修养，在社会实践中锤炼个人品质，实现道德在实践中的重要价值。

总之，中华传统道德是历史给我们的精神馈赠，是涵养社会主义道德巨大的思想宝库，我们必须从传统道德中汲取精华，挖掘其当代价值，为今天的社会主义道德建设提供不竭的源泉，也为当代的道德的困境提供出路，更为大学生提升道德品质添砖铺路。

---

① 罗国杰、夏伟东：《古为今用 推陈出新——论继承和弘扬中华传统美德》，《红旗文稿》2014年第7期。

② 罗国杰、夏伟东：《古为今用 推陈出新——论继承和弘扬中华传统美德》，《红旗文稿》2014年第7期。

③ 中央文献研究室：《习近平关于社会主义文化建设的论述摘编》，中央文献出版社2017年版，第148页。

④ 王易、黄刚：《探求中华传统美德的创造性转化》，《思想理论教育导刊》2015年第5期。

（五）道德实践

道德实践亦称"道德活动"。是指人类生活中受一定的道德意识指导和影响而进行的社会活动。道德实践包括个体行为和群体行为，按照一定的道德原则和道德规范，通过善恶、荣辱、正义和非正义等价值评价，来调节个人之间、个人与集体和社会之间的利害关系的活动。根据一定的道德体系和道德理想对人们所进行的道德教育、道德修养和对社会行为是非善恶的辨别等，也是道德活动的表现形式。道德活动是道德现象的主要组成部分，道德现象包括道德活动现象、道德意识现象和道德规范现象。它们既相互区别，又密不可分。道德活动是一定的道德意识得以形成的实践基础，并且能使已经形成的道德意识得到进一步巩固和发展。道德意识是道德活动在观念形态上的反映，并反过来对道德活动起指导和制约作用。人类的道德活动是随着社会的进步和科学文化的发展而不断发展的，一定的道德活动都有与其内容相适应的形式，随着社会关系的变化，道德活动的内容及其形式也随之发生变化。

"纸上得来终觉浅，绝知此事要躬行"，高尚的道德品格的形成重在实践，也就是表现为道德行为，道德行为是人们道德修养最重要的标志。古人特别注重道德行为的重要性，特别重视"躬行"，主张"听其言而观其行"。墨子也注重力行，墨子言："士虽有学，而行为本焉。""务言而缓行，虽辩必不听。"朱熹强调自小练习"洒扫、应对、进退之节"，实践"爱亲、敬长、隆师、亲友之道"，是"修身、齐家、治国、平天下之本"。道德本身就是一种实践精神，人们只有在投身崇德向善的道德实践才能获取道德体验，培养道德情感、道德信念，从而形成个体的道德行为习惯，在实践中不断锤炼道德品质，提升人生精神境界。

四、专题问题聚焦

在大学阶段，个体的道德观念逐渐形成并发展，这一时期所建立的道德观念对个体的人生轨迹具有深远的影响。为提升青年人的道德素养，首要任务是夯实其理论基础，通过深入学习道德相关的理论问题，树立起马克思主义道德观。同时，我们应积极弘扬社会主义道德，自觉传承中华传统美德和中国革命道德，并广泛吸纳人类文明中的优秀道德成果。此外，个体应积极投身于崇德向善的道德实践中，不断锤炼自己的道德品格，从而达到提升自身道德素养的目标。通过本专题的讲授和学习，主要解决以下几个问题。

（一）马克思主义道德观的主要内容是什么？

答：马克思的道德观念是马克思主义哲学中不可或缺的构成部分，它构建了一个探究道德的起源、本质和功能的理论体系。在马克思的观点中，道德被视为一种社会意识形态，是社会实践的产物，同时也是调整人们之间以及个人与社会之间关系的行为准则和规范的综合体。马克思强调，道德不具备强制性，而是依赖于社会舆论、人们的信念、习惯、传统和教育来发挥其影响力。道德作为社会关系的反映，受到人们的经济关系的制约，并随着社会经济关系的变化而变化。马克思主义道德观主要包括以下几个方面：

第一，道德具有历史性。马克思主义道德观认为，道德是社会历史发展的产物，是人类社会关系的反映。道德观念并非一成不变，而是具有鲜明的历史性特征。道德并非抽象的、永恒不变的规范，而是特定历史条件下的产物。随着社会的演进和发展，道德的标准和价值取向也在不断地发生变化。在不同的历史时期，人们对于道德的理解和要求存在着显著的差异。例如，在古代社会，奴隶制度曾被广泛接受，甚至被认为是社会秩序的一部分。在古希腊和罗马时期，奴隶制被视为理所当然，奴隶被视为财产，可以被买卖和任意处置。然而，随着历史的发展，特别是进入现代社会，人们对自由和平等的追求逐渐增强，奴隶制度逐渐被视为不道德的，甚至是一种严重的罪行。现代社会普遍认为，每个人都应享有基本的人权和尊严，奴隶制度与这一价值取向背道而驰。此外，随着工业革命和资本主义的发展，道德观念也发生了重大变化。在资本主义初期，追求利润最大化被视为合理的行为，而在现代社会，人们更加关注企业的社会责任和环境保护，强调可持续发展和公平贸易。道德标准的这种变化反映了社会经济结构和生产力水平的变迁。因此，道德并非一成不变的规范，而是随着社会的发展和历史的进程不断演变的。不同的历史时期有着不同的道德标准和价值取向，这正是道德具有历史性的体现。

第二，道德具有社会性。道德不仅仅是个体的行为准则，而是一种深刻的社会现象。它是在人们相互交往、共同生活的过程中逐渐形成并发展起来的。道德规范了人们的行为，调整了社会关系，确保了社会的和谐与稳定。它是社会稳定和发展的必要条件，因为只有当人们遵循一定的道德规范时，社会才能有序运行，避免混乱和冲突。

第三，道德具有阶级性。道德并非超阶级的存在，而是一种阶级斗争的工具。在不同的社会制度和历史阶段，统治阶级往往利用道德规范来维护自身的利益，巩固其统治地位。在资本主义社会中，资产阶级通过制定和宣扬特定的道德规范来维护其经济和政治利益，而工人阶级则常常被贴上"不道德"的标签，以削弱其反抗意识和斗争力量。

第四，道德具有实践性。道德不是抽象的概念，而是要在实践中得到体现和落实。道德的真正价值在于其在现实生活中的应用，只有通过实践，人们才能真正理解道德的真谛，体会到道德规范对于个人和社会的重要性。实践是检验真理的唯一标准，也是推动道德进步的动力。

（二）社会主义道德的核心和原则是什么？

答：社会主义道德建设"要以为人民服务为核心，以集体主义为原则"。

社会主义道德是以社会主义公有制为主体的经济基础的反映；是在无产阶级自发形成的朴素的道德基础上，以马克思主义的世界观为指导，由无产阶级自觉培养起来的道德。

一方面是指社会主义道德的内容体系，它由各方面的道德规范构成，如政治道德、商业道德、家庭道德以及各行各业都有自己具体的规范、具体的内容，各种规范有机地结合在一起，构成了社会主义道德的内容体系。另一方面是指社会主义道德的层次体系。

其次，集体主义原则体现了社会主义民主政治建设的精神。民主就是人民自己当家作主，民主政治建设就是实现公民的政治平等，让人民真正行使自己的权力来保证自己的权利。社会主义的公民只有具备集体主义精神，才能真正使自己进入主人角色，行使主人权利。社会主义的集体主义体现了个人与社会的不可分割性，社会形成了个人与集体的统一体，社会不仅不可能离开每个人而存在，同时，个人也离不开社会而存在。因此，社会主义民主依赖于每个公民都有自主选择的民主权利，包含着对个人权利、个人利益、个人价值的尊重和保障，它反对只顾个人不顾集体的个人主义。

（三）中华优秀传统美德有哪些基本精神值得我们今天去学习？

答：中华传统美德是人类文明发展的重要精神财富，是社会主义道德建设的源头活水。基本精神包括：

一是，重视整体利益，强调责任奉献。传统道德中的义利之辨、理欲之辨，其重要和本质是公私之辨。"公义胜私欲"是中国传统道德的根本要求。"夙夜在公""以公灭私，民其允怀""苟利国家生死以，岂因祸福避趋之"。

二是，推崇"仁爱"原则，注重以和为贵。"己所不欲，勿施于人""己欲立而立人，己欲达而达人""老吾老以及人之老，幼吾幼以及人之幼""亲亲而仁民，仁民而爱物""仁者自爱""兼相爱，交相利"的思想。

三是，提倡人伦价值，重视道德义务。"五教"的思想，即"父义""母慈""兄友""弟恭""子孝"；伦理教育的其他观点有"父子有亲、君臣有义、长幼有序、朋友有信""仁、义、礼、智、信""忠、孝、节、义"四大德目等。

四是，追求精神境界，向往理想人格。"明于庶物，察于人伦""先天下之忧而忧、后天下之乐而乐""富贵不能淫，贫贱不能移，威武不能屈"。

五是，强调道德修养，注重道德践履。"修身""修己""克己"和"慎独""见贤思齐焉，见不贤而内自省也""吾日三省吾身""善养吾浩然之气""察色修身"和"以身戴行"。

（四）中国革命道德的基本内容和当代价值？

答：中国革命道德是对中华传统美德的延续和发展，中国革命道德是指中国共产党人、人民军队、一切先进分子和人民群众在中国革命、建设、改革中所形成的优秀道德，是马克思主义与中国革命、建设、改革的伟大实践相结合的产物，是中华民族极其宝贵的道德财富。

中国革命道德的主要内容包括：为实现社会主义和共产主义的理想信念而奋

斗、全心全意为人民服务、始终把革命利益放在首位、树立社会新风，建立新型人际关系、修身自律，保持节操。

中国革命道德的当代价值主要体现在以下几个方面：

一是，有利于加强和巩固社会主义和共产主义的理想信念。弘扬革命道德，有利于树立和培养人民群众的社会主义和共产主义的理想信念，有利于坚持和发展中国特色社会主义道路。

二是，有利于培育和践行社会主义核心价值观。在新的历史条件下，继承和弘扬革命道德，增强价值观认同，为中国特色社会主义事业提供攻坚克难的强大精神支撑具有重要意义。

三是，有利于引导人们树立正确的道德观。发扬革命道德，能引导人们正确对待个人利益和社会利益、国家利益的关系。能够在今天以昂扬的姿态开启全面建设社会主义现代化新征程。

四是，有利于培育良好的社会道德风尚。中国革命道德强调纪律和道德约束的重要性，认为只有加强纪律和道德约束，才能保持社会稳定和公正，促进社会和谐。当代中国，强调纪律和道德约束是加强党的建设、推进全面从严治党的重要举措，是推进中国特色社会主义事业的重要保障。

总之，中国革命道德是中华民族优秀传统美德的继承和发展，是中国革命和建设事业取得胜利的重要保证。它的当代价值在于坚定理想信念、弘扬民族精神、倡导优良作风、强调纪律和道德约束等方面，是推进中国特色社会主义事业、实现中华民族伟大复兴的强大精神动力。

（五）青年人如何树立正确的择业观？

答：就业牵涉大学生自身和千家万户的利益，也影响国家和社会的发展，每个大学生都要面临就业的现实。树立正确的择业观，对于大学生顺利走进职业生涯具有重要的现实意义。

首先，树立崇高的职业理想。职业活动不仅是人们谋生的手段，也是人们奉献社会、完善自身的必要条件，学习马克思崇高的职业理想，值得大学生择业学习和追求。

其次，服务社会发展的需要。择业和创业固然要考虑个人兴趣和意愿，同时也要充分考虑现实的可能性和社会的需要，把自己的职业的期望与社会的需要、现实的可能结合起来。

再次，做好充分的择业准备。素质是立身之基，技能是立业之本。大学生有了真才实学，才能在未来适应多种岗位。

最后，培养创业的勇气和能力。创业是通过发挥自己的主动性和创造性，开辟新的工作岗位、拓展职业活动范围、创造新业绩的实践过程。

（六）青年人如何践行家庭美德建设？

答：作为青年学生践行家庭美德的方式：

一是，个人以身作则。在日常生活中做到勤俭节约，杜绝铺张浪费。比如不大兴举办生日宴会，生日当天最该对父母表达感恩之情，时刻铭记生命的来之不易，生日宴会适当举行，符合量入为出的原则，不能因为互相攀比或是为一时的面子和意气而不顾一切地大办生日宴会。

二是，应该努力提高自身学识和修养。打好基础知识，并将自己的专业学精学透。平常业余时间多参加社团活动和社会实践，锻炼自身的处事能力。节假日可外出旅游，在游览名胜古迹中增长见识、拓宽视野，了解各地风土人情。多参加各种学术讲座和交流会，熏陶自身的学术素养。

三是，在与家人相处过程中，切忌大呼小叫和顶撞长辈。长辈有丰富的生活和为人处世的经验，对于长辈的教导要认真谨记，诚心接受，不能敷衍了事和厌烦，要学会尊重和肯定长辈的个人能力和处事方式。

五、专题延伸内容

（一）如何从人性与道德的关系角度构建人类命运共同体？

在全球抗击新冠疫情的战斗中，我们重新认识到人性的巨大道德力量。这场百年一遇的大灾难，促使我们从现实生活的教训中深入思考伦理问题：人性的本质、道德的内涵以及它们之间的关系。为了更好地倡导符合人性的道德观念，我们应努力拨开思想迷雾，深入认识善良人性的重要伦理道德价值。在此基础上，我们应该努力重建与现代人类生活相契合的道德观念和行为规范，真正推进我国公民道德建设的发展。

经过深入探讨，人类的伦理智慧揭示了人性的双重属性，既有自然需求，也有社会品质。道德并不是从天而降的，而是源自人类的生产劳动和社会交往的实践，它的目标是维护每个人的正当需要和利益，并引导我们的行为。因此，关注自我和他人的基本需求，以及追求满足这些需求的动机和行为，本身就是符合道德的。我们的伦理智慧告诉我们，道德并不是一成不变的，而是随着时间和社会情境的变化而演变的。它是一种动态的、适应性的方式，帮助我们在复杂的社会中建立和维护互信和和谐。因此，平衡自我和他人需求的关注是关键所在，这反映了我们的伦理智慧和道德演进的本质。只有通过理解和尊重这一双重属性，我们才能更好地应对伦理挑战，建设更加和谐和公正的社会。

人性是一个复杂而多维的概念，它包含了善与美的道德特质，同时也具备了与动物不同的社会性。人性的社会性强调了我们对他人的同情和关心，以及共同体的责任感，展现了我们的道德理性。我们的幸福不是孤立存在的，而是与他人的福祉紧密相连。这个观念强调了道德责任的重要性，即我们有责任照顾和关心他人，不仅仅是出于自身的幸福，还因为这是人性的一部分，这是作为生命共同体的基本要求。

在现实生活中，我们必须正视并重视道德生活的实践。人性是我们不能回避的重要议题。长久以来，广大民众都深知，"人性"是基本的、强有力的道德标志。当某些官僚只顾私利而忽视民生时，民众会用"你缺乏人性！"来表示强烈的道德谴责。当有人做出残害生命、丧尽天良的行为时，人们会用"人性"的有无来表达愤怒和谴责。而对于那些关爱他人、救助他人的高尚行为，人们会以"人性的温暖和力量"给予最高的赞誉。

这次全球抗击疫情的伟大斗争，促使我们重新审视人性，认识到基于人性的伟大道德力量。我们提倡"善良人性"这一伦理道德概念或范畴。善良人性是人类共同的基本道德观念，它的核心在于自爱爱人、自利利人。在实现个人价值和幸福的同时，也要关心和帮助他人实现他们的价值和幸福。在道德观念多元化的现实中，善良人性已成为全社会乃至全人类在道德上唯一可达成的一致共识或底线伦理。

进入中国特色社会主义新时代，我们应当大力倡导和培育人们的善良人性。善良人性作为一种重要的道德规范，要引导人们在思想和行为上做到：

其一，珍惜生命。在抗击新冠疫情的过程中，我们确实深刻地体会到了生命的宝贵和神圣。这场全球性的公共卫生危机让每个人更加意识到生命的脆弱性和不可预测性，从而激发了我们对生命的深刻尊重和珍惜，一方面，对他人生命的关怀。疫情期间，人们普遍表现出对他人生命的同情和关怀。这不仅仅是因为对死亡的恐惧，更是源于人性中的善良和对他人福祉的考虑。在危机中，我们看到了许多人无私地帮助他人，不计个人损失，这反映了人性中的道德光辉。另一方面，新冠疫情促进了全球范围内的团结与协作。各国和地区不仅在医疗资源、疫苗研发和治疗方法上进行了合作，而且在人道主义援助方面也表现出了空前的团结精神。这种团结不仅是对抗疫情的需要，也反映了人类对生命价值的普遍尊重和珍惜。第三，个体责任意识的增强。疫情让人们意识到，作为社会的一员，个人的行为对他人生命安全和公共卫生可能产生重大影响。因此，增强个人责任意识，遵守公共卫生规定，成为保护自己和他人生命的重要途径。与此同时，人们也对自己的生活方式、工作模式和社会关系进行了深刻反思，更加重视家庭、健康和个人成长。这些行为都体现了对生命的珍视和保护，是对善良人性的赞扬。在道德层面上，善良的人性首先应体现为对生命的尊重和保护。在道德伦理中，生命被视为最高的价值，而善良的人性要求我们对所有生命持有平等的态度，即生命的价值不因其种类、身份或功能的不同而有所区别。真正的善良人性体现在对他人处境的理解和共鸣。在遇到他人面临困难或危险时，展现出的同情心和援助行为，是对生命价值的直接体现。在资源有限或利益冲突的情况下，如何平衡个人利益与他人生命的价值，是衡量人性善良的重要标准。道德行为应倾向于最大化地保护和促进生命的价值。总之，把对生命的尊重和保护作为道德行为的首要准则，不仅能够促进个人道德的提升，还能够推动整个社会向更加和谐、公正的方向发展。通过在教育、文化、法律和政策等各个层面上强化这一价值观，我们可以逐步构建一个更加尊重生命、关怀他人、和谐共生的社会环境。在这样的社会中，每个人都能感受到生命的价值得到了尊重和提升，从而激发出更多的善行和道德行为，共同促进人类社会的进步和发展。

其二，善待民生。作为人类，我们共享着一系列基本的人性需求，这些需求包括食物、住宿以及其他基本的物质和精神支持。在我们的生活中，满足这些基本需求被认为是合理和道德的事情。古话说得好，"食色，性也"，以及"民以食为天"，这两句话深刻地反映了人们对于基本生存需求的关注。人类的生存需要是最基本的需求。每个人都有权利获得足够的食物、合适的住所和医疗照顾。这不仅仅是一种道德责任，也是对人的基本尊严的尊重。政府应该以人民为中心，将人们的生活状况和需求置于优先考虑之中。这包括关注和满足人们不断增长的物质和文化需求，逐步消除贫困和物资匮乏。只有以基本需求为基础的道德观念才是真正的道德行为。政府的政策应该旨在提高人们的生活质量，使他们能够过上健康、幸福的生活。同样，理解和关心他人的基本生存需求是判断一个人是否具备道德品质的重要标准。同样地，政府和官员也应以人为本，善待人民，尊重他们的基本需求。倾听人民的声音，了解他们的困境和需求，是体现道德的关键方式。通过确保人民在努力工作中能够满足基本需求，我们可以最好地体现出善良的人性。因此，以基本需求为基础的善待民生不仅仅是一种责任，也是建设更加平等、公正、和谐社会的关键。通过关注和满足人们的基本需求，我们可以共同创造一个更美好的世界，使每个人都能享受到更好的生活条件。这不仅对个人有益，也对整个社会有益。我们应该共同努力，善待民生，以真正的道德观念为指导，推动社会的进步和繁荣。

其三，同情他人。在人性中，同情心是一种特有的品质，它使我们能够站在他人的角度考虑问题，对他人的痛苦、困境和生命安危感同身受。同情是一种情感移情，是从关注自身利益到关心他人利益的转变。它是人类道德心理的自然反映。首先，同情心的本质。同情心是一种深刻的情感，它能够引导我们从内心关注和关心他人的福祉。当我们感到同情时，我们能够感同身受，理解他人的痛苦，并愿意提供支持和安慰。这种能力不仅表现在面对他人的困境时，还表现在对侵害人尊严、生命和幸福的行为的愤恨，对于他人遭受无辜苦难和不公正对待的义愤，以及对于人们生离死别的痛苦的同情。其次，同情心的重要性。同情心是健康心灵的表现。它使我们能够建立深刻的人际关系，增进理解和互信。同时，同情心也是衡量一个人是否具备善良品质、是否具备道德性格的重要标准。一个拥有同情心的人更容易与他人和睦相处，更有可能采取积极的行动来改善社会和帮助那些需要帮助的人。最后，培养同情心。培养善良人性的基础之一就是培养人们的同情心。教育的角色在这方面尤为重要。教育可以通过教导学生关注和理解他人的需求，提倡同情心的实践，来培养这一品质。同时，家庭也起着关键作用，父母可以通过身教和鼓励孩子参与慈善活动等方式来树立同情心的榜样。总之，同情他人不仅是一种道德行为，也是一种心灵的丰富和成熟。通过关注和培养人们的同情心，我们可以建立更加仁慈和理解的社会，使每个人都能享受到尊严和关爱。同情心是人性中最宝贵的财富之一，我们应该珍视并将其传递给下一代，以建设更加公正、善良、和谐的世界。

其四，帮扶弱者。在秉持善良人性的指引下，对待社会中的弱势群体，不仅要表现出同情，更要付诸实际行动去支持和帮助他们。这种援助弱者的品质，体现了慈善精神，也符合伦理道德的要求同情与行动。首先，帮助弱者是慈善精神的具体体现。慈善不仅仅是一种捐赠金钱或物质的行为，更是一种为改善他人生活而努力的态度。它包括关怀和陪伴，为那些需要帮助的人提供温暖和希望。慈善精神可以促使社会更加团结，建立更加和谐的社会关系。其次，帮助弱者是伦理道德的要求。伦理道德要求我们对待他人要有公平和正义的原则，特别是对那些弱势群体。社会的正义要求我们不仅要关注自己的利益，还要考虑到他人的需求。通过帮助弱者，我们体现了伦理道德的要求，促进了社会的公平和正义。总之，帮扶弱者是一种高尚的行为，它是善良人性的具体表现。通过同情、慈善精神、伦理道德的要求和传递关爱之情，我们可以为社会建设更加公平、和谐和仁慈的社会作出贡献。只有通过关心和帮助那些处境困难的人们，我们才能真正体现出善良人性的力量，建立一个更加美好的世界。

其五，仁爱人类。人的天性中蕴含着自我关爱和对他人的同情，这驱使着我们去关心自己、关心他人，甚至关心整个人类。仁爱的精神在道德生活中扮演着至关重要的角色。仁爱是一种深刻的情感和行为，它体现了对他人深切的同情和对整个人类的广泛关怀。它不仅是对他人的关心，也是对人类生命的尊重和珍视。仁爱的本质包括宽容和慈悲的心态，无论是对自己还是对他人，都表现出一种深刻的理解和爱护。仁爱是社会和人际关系中的润滑剂。它能够减轻人际冲突和敌对，促进互相理解和和谐。在现代社会，随着竞争的加剧和利益的冲突，仁爱的价值更加凸显。仁爱的力量超越了个人层面。它可以鼓舞人们共同合作，克服各种困难，保护和促进生命，创造更加健康、文明和理想的生活。仁爱的重要作用不仅在于关心他人，还在于提醒我们尊重人类共同的价值观。它教导我们不仅要关注自身的需求，还要考虑到他人的需求，以建立更加公平和正义的社会。仁爱是一个国际性的精神，它促使我们超越国界，关心整个人类。因此，仁爱人类是一个理想社会的关键要素。通过同情、慈悲和广泛关怀，我们可以共同建设一个更加公平、和谐和仁慈的社会。仁爱不仅是人类的精神财富，也是推动社会发展和改善人类生活的力量之源。只有通过重视仁爱的价值观，我们才能共同创造一个更美好的世界，让每个人都能享受到尊严和关爱。

其六，高扬人道。善良的人性和人道精神在本质上相互交织，它们共同构建了一个关注道德和人类价值的伦理体系。人道主义强调人的价值和尊严不容侵犯。它鼓励促进满足人的需求和利益的经济社会活动，并致力于实现人的全面发展和幸福。这意味着我们应该致力于创建一个更加平等、公正和包容的社会，确保每个人都有平等的机会和权利，不受性别、种族、宗教或国籍的歧视。我们应该认识到，人道精神要求我们的道德关怀不仅仅局限于个人和家庭，而应延伸到更广泛的群体、社会、民族和整个人类。在全球化时代，我们生活在一个相互联系的世界中，每个人的命运都与其他人紧密相连。因此，我们有责任关心并帮助那些处于困境中的人，不管他们身处何地。尽管现实中可能存在人际冲突和自私的行为，但我们必须认识到，善良的人性是我们共同认可、遵循和弘扬的基本道德精神。在重建全球经济、政治、文化和道德秩序方面，善良的人性是不可或缺的基石。它提醒我们，无论遇到多大的挑战，我们都应该以同情和慈悲的心态去面对，努力构建更美好的世界。这次疫情提醒我们，人类有着共同的利益，为了捍卫这些利益，我们必须弘扬基于善良人性的人道主义精神，努力构建人类命运共同体。只有通过团结合作，我们才能克服全球性挑战，维护和平与安全，促进可持续发展，实现更加公平和平等的社会。因此，高扬人道是我们共同的责任和使命。善良的人性和人道精神相互补充，共同推动着人类社会的进步。我们应该努力将这些价值观融入我们的日常生活中，以创造一个更加仁慈、公正和繁荣的未来。只有共同追求人道的目标，我们才能实现人类的真正价值和潜力。

在当前复杂多变的国际环境下，建设人类命运共同体是全球各国的共同任务。为了实现这一目标，我们必须依赖于广泛接受并遵循的道德价值观念和行为规范。同情、仁爱和人道精神是这一道德框架的核心，它们将引导我们走向更加和平、公正和人道的未来。只有共同遵循这些原则，我们才能共同构建一个更美好的世界，让每个人都能享受到尊严和关爱。

（二）如何认清当今社会转型下的道德困境，并有效推进当今社会转型下的道德重构？

1.为了适应新时代对道德建设提出的新要求，要认清当今社会转型下的道德困境。

其一，协同联动机制还需完善。在道德建设的这一宏伟任务中，我们面对的是一个由众多元素和环节交织影响的动态系统，尽管我国在道德建设上覆盖面已经很广泛，但各项工作推进过程中仍存在分散涣散、各自为政等问题，致使缺乏一个有效的协同机制来整合资源，推进各项政策和措施的顺利进行。由于职责分工不明确、信息流通和资源共享存在障碍，不同部门之间缺少足够的配合，导致整体工作协力未能完全建立。为打破不同部门、不同岗位、不同育人团队以及不同层级间的合作障碍和合作壁垒，我们迫切需要构建一个一体化的道德建设体系，畅通相互间的交流、沟通与合作。此外，需要明确的是，道德发展不仅依赖个体的内省、反思和自律，更是在社会生产和生活实践中进行不断地调整与提升。因此，道德建设应当通过有效对接和转换道德建设的价值观、规范和举措，围绕理论装备、价值引领和实践养成等多方面持续进行，力争构建一个持续发展的道德建设系统。此外，通过融合传统与现代的传播方式，确保理想与现实的无缝衔接。通过增强不同道德建设主体间的互动与合作，汇聚各方道德建设力量，形成跨领域和跨群体的协同联动机制。

其二，道德规范在实际应用中的精准度还需提高。当前，在我国的社会管理和道德建设中，道德规范往往采用相对宽泛的表述方式，倾向于制定一些高度抽象概括的原则和规范，而不足以涵盖日常生活中遇到的具体情况，缺乏具体性和个性化，这种宽泛性虽有助于覆盖广泛的社会行为，但同时也使得道德规范在指导道德行为时显得力不从心，削弱道德规范的实效性，从而导致在实际应用中效果不佳。此外，提高道德规范的精准度是提升其实效性的关键，在制定道德规范时，由于不能考虑其普遍性和包容性，导致道德规范的精准度和针对性不足，而只有注重道德规范的可操作性和针对性，确保道德规范能够具体指导人们在特定情境下如何作出道德决策时，才能真正发挥其在社会管理和个人道德修养中的作用。

其三，加强道德建设分层分类设计，针对性有待增强。当前在道德体系的构建过程中，社会各阶层、不同地域和背景的群体在道德观念上存在较大差异，一种统一的、普遍适用的道德建设模式难以满足多样化的需求，且对这些不同社会群体的持续和动态关注尚未形成一种自觉行为，不能理解和分析不同社会群体的个性化、具体化以及多样化的道德要求，导致道德建设方案的制订和实施有时候会存在过度统一化、绝对化等"一刀切"的现象，需要进一步深化分层、分类的设计，并强化顶层设计，以保持其持续的影响力和引导力。

2. 新时代新征程，面对当今社会转型下的道德困境，需要破解制约道德建设取得新进展的难点问题，有效推进当今社会转型下的道德重构。

其一,多措并举构建综合治理机制。通过收集和分析关于当前道德建设的数据、研究报告和政策文件,了解存在的问题和挑战,利用专家知识和数据分析工具,科学研判当前的道德建设政策状况;强化总体策略和"一盘棋"意识,跨部门、跨层级整合资源和力量,坚持将相互补充和协作的理念应用于所有工作流程中,优化协作流程,完善工作链条,形成家庭、教育机构和社会共同参与的教育合力,将道德典范作为高标准的示范角色,以法治建设为坚实的后盾,有效整合和调度各种长效机制,通过多措并举激发更强大的集体效应。家庭是道德养成的起点,要发挥家庭教育在道德建设中的基础作用,强化品德教育,即如何做人的教育。学校是公民道德建设的重要阵地,要全面贯彻党"立德树人"的教育方针,将道德教育纳入学校教育体系,针对不同教育阶段学生身心特点,培养学生的道德观念和行为习惯。社会是道德建设的重要场域,利用媒体和公共平台,强化积善成德、追求真善美、抵制假恶丑等道德观念的宣传,增强公众的道德意识,在尊重差异中积极扩大社会共识。在道德建设中,还要选树和宣传道德模范,发挥其高标准示范引领作用,挖掘道德模范的"时代精神"激励广大人民群众崇德向善、见贤思齐。加强道德建设不仅要靠思想教育、实践养成,还要靠制度机制加以保障,在多措并举的基础上,实现道德建设与制度建设的良性互动,构建一个全面、协调、高效的综合治理机制,从而有效促进和提升社会道德水平。

其二,夯实道德建设新阵地,扩大道德建设的辐射作用。在网络、经济和教育等领域,道德建设尤为重要,需要更精准定位切入点和关键议题,在坚持普遍适用原则的基础上,尊重各领域不同道德准则的差异性,将道德建设的实践更加具体化。针对网络空间的特性,加强网络道德建设,将刚性制度约束与柔性道德引导有机结合起来,制定适应性强的网络道德规范;通过网络平台推广正面网络文化,抵制低俗、暴力等不良信息;在各级教育体系中增加网络素养教育,提高公民识别和抵御网络风险的能力。加强经济领域的道德建设,是推动可持续发展和建立公正社会的关键环节,要重点在体系建设和相关保障方面下功夫。要建立和完善与经济活动相关的道德规范和法律制度,确保这些规范和制度能够体现公平、正义的原则，并且能够得到有效执行；加强对企业管理层和员工的道德教育和培训，提升他们的道德意识和社会责任感；建立有效的激励与约束机制，既要加强和完善违法失信惩戒机制和守法诚信褒奖机制，也要倡导用正确价值观引领人们经济行为；通过媒体、教育以及文化活动等多种方式，弘扬诚实守信、公平、正义的社会主义核心价值观，为经济领域的道德建设提供强大的文化支撑和社会氛围，通过体系建设和相关保障的不断完善，实现市场经济与道德建设的良性互动。同时，要加强教育领域师德师风建设。明确师德师风标准，制定和完善具体、可操作的师德师风准则，明确教师在职业行为、教学实践、人格塑造等方面应达到的要求；加强师德教育和培训，对教师进行定期的师德教育和专业培训，增强他们的职业道德意识和教育教学能力；强化日常监督和评价，营造良好的师德文化，建立师德师风的长效监督机制和公开透明的评价体系，让学生、家长和社会都能参与到教师评价和监督中来。通过持续的师德师风建设使广大教师真正做到严谨治学、注重诚信、勇担责任，立志做大学问、做真学问，把社会责任放在首位。

其三，持续强化道德认同，加强道德建设的主体力量。要在普遍性和重点关注之间找准平衡，一方面要注重道德建设的普遍性，即在全民和全社会范围内加强道德建设，普及道德教育和提升道德意识；另一方面，也要重视和培育"关键人群"的道德养成，使其成为道德行为的模范，通过其标杆示范作用的发挥，激励和引领社会"最大多数"人群向上向善。通过这样的双重策略，在全社会范围内普及道德教育的同时，又能针对在社会道德建设中发挥关键作用的重点群体进行精准培育，从而更有效地促进道德认同的深化，强化道德建设的基础力量。党员干部是党的各项事业的领头雁，党员干部的道德水准直接关系党的形象、凝聚力和战斗力，其言行应当体现出对党忠诚、为民服务、勤政廉政的价值追求。因此，党员干部必须坚定理想信念，以更高的道德标准来约束自己，展示出超越常人的道德风范。这不仅涉及将权力限制在制度的框架内，而且还要将其纳入党性教育和修养的范畴。党员干部需要加强个人的道德自律，即党员干部要自觉地按照高标准要求自己，保持政治纯洁性，拒绝一切不正之风，同时也要加强道德他律，即通过建立健全的监督机制，让党员干部在群众的监督下行使权力。这种双向努力旨在形成一个既受内在信念驱动又受外部监督约束的良性循环，从而确保党员干部能够真正做到全心全意为人民服务。通过党员干部的高标准、严要求，做到以高尚情操赢得民心所向，以境界格局赢得事业成就，引导社会风气向上向善。青少年阶段是道德观念形成的关键期，也是其人生的"拔节孕穗期"，类似于植物生长的"抽茎孕穗期"，这个比喻强调了青少年时期人特有的成长动力、发展潜力和形塑能力，因此，必须对他们进行及时有效的道德教育，深入理解并遵循青少年的成长规律、人才培养规律和道德形成规律，即要认识到青少年成长的阶段性、满足年龄特定的需要、尊重青少年的个性差异以及重视通过实际行动和社会实践来体验和内化道德价值等方面，从家庭教育入手，为他们提供道德启蒙和基础建设，在学校教育中加强道德指导和性格塑造，在社会实践活动中进行道德的测试和完善。

（三）如何实现新时代传统美德的传承与发展？

中华文明历史悠久，为中华民族塑造了卓越品质和中国人民的崇高价值观。中华传统美德，这一贯穿中华民族历史的道德精华与行为典范，至今犹显生机勃勃的活力。这些美德深邃而广泛，不仅彰显了人们对社会责任的深入洞察和积极担当，还体现了对爱国主义的深厚感情。同时，中华传统美德融合了自强不息、敬业乐群、积极向善、救助危难、勇于担当、孝顺敬老等众多道德理念。习近平总书记关于传统美德的论述，进一步拓展了其时代内涵，也为我们继承和发扬新时代的传统美德提供了根本遵循。

1. 在其漫长而辉煌的历史进程中，中华民族塑造了辉煌璀璨的优秀传统文化，并从中孕育了凝聚着中国几千年的文明沿革的传统美德。这些美德强调要重视个人的道德修为、生活行为的规范以及对社会的责任感，尤其蕴含了深邃的中国哲思和价值观，已经融入中华子孙的思维模式、日常行为及生活实践之中，对促进个人与社会的和谐发展发挥了不可或缺的作用。在当前时代背景下，我们更应从文化自信的高度，深刻认识到中华传统美德的时代价值和意义。这不仅是对过去智慧的继承，更是对未来发展的指引，指导我们在快速变化的世界中保持独特的文化身份和价值观念，为促进全球文明的交流与合作提供中国智慧和中国方案。

其一，中华传统美德对个体道德的塑形价值。中华优秀传统文化和传统美德关注人的存在、德行、生命价值与意义等问题，倡导追求高尚理想与完美人格。这些传统美德在现代社会中的价值，首先体现在其对个体道德的塑形上，即在培养具有君子人格的个体。以儒家的核心道德理念"五常"来说，仁、义、礼、智、信构成了个体道德发展的基石，是当代品德建设的基本要求和核心要素。其中，仁德作为最基本的道德准则，强调的是对他人的同情和爱心，是个体能够在社会中安身立命的基础；义德关乎正确的行为和决策，为个体提供了行为的道德指南，保障了言行的正确性；礼德规范了个体的行为举止，促使人以文明得体的方式进行人际交往，维护社会秩序；智德赋予个体分辨是非、善恶、利害的能力，引导人们作出明智的选择；而信德则是构建和维护良好社会关系的基础，强调诚实与信用。可以说，仁、义、礼、智、信对个体的道德塑形不可或缺，它们不仅帮助个体实现在物质层面之外的精神满足，而且有助于个体精神境界的丰富与提升。个体的道德人格的形成与强化，离不开对这些传统美德的深入理解与实践。习近平对传统美德的重要论述，强调了在现代化进程中，继续传承和弘扬传统美德的重要性，为新时代背景个体道德人格的塑形提供了理论支撑和实践指南。

其二，中华传统美德对强国兴邦的道德支撑价值。中华传统美德作为中华文明五千年传承下来的道德基因，是实现中华民族伟大复兴和社会主义现代化强国的精神源泉。为此，需要深度领会并传承弘扬这些传统美德的道德精髓，通过深化对仁爱、民本、诚信、正义、和合、大同等价值理念的理解和实践，挖掘其时代价值，引领当代社会风尚和提高公民道德水平。在扶贫攻坚等社会实践中，"仁爱"美德通过互助和支援困难群众体现其价值；在党和国家治理中，"民本"理念通过确保政策反映民意和共享发展成果，强调了以人民福祉为核心的治理思想。每一位党员、政府官员都应将人民的利益放在首位，以民众的幸福为最终目标；此外，结合提升工作效率和加强道德修养的措施，"诚信"的重要性在于构建一个诚实守信的社会环境，通过建立全面的信用系统和完善的奖惩机制来促进社会的诚信建设和道德提升。

其三，中华传统美德对世界发展的启迪价值。中华传统美德在当代社会主义社会中保持其时代价值，主要得益于其固有的道德独立性和跨时空的普遍价值。

习近平强调，尽管时代变迁，中华传统美德如儒家思想之类的精髓，对世界的发展依旧提供重要的思想启发。面对当前国际国内两个百年未有之大变局，不仅需要现代智慧和力量，也需借鉴和应用人类历史积累的智慧，尤其是中华优秀传统文化所蕴含着当代人类面临的难题时的解决方案。世界和平发展是全人类的根本福祉所在以和为贵、与人为善、"己所不欲，勿施于人"，才能实现本国人民及世界人民的共同发展。中华传统美德中的和平、和睦、和谐等发展理念，不仅对促进各国人民的共同发展有着根本性的影响，而且对于解决国际争端、促进世界和平与共生具有重要意义。中华文化所倡导的"天下一家"和"和合共生"的理念，强调了全人类作为一个命运共同体，面对战争、贫困、疾病和自然灾害等全球性问题时，唯有通过国际合作和共同努力，才能建设一个更加和谐美好的世界。

2. 中华传统美德是中华文化的精髓，蕴含着丰富的道德资源，是新时代道德建设的不竭源泉。要从文化自信的高度出发，以礼敬自豪的态度对待中华优秀传统文化，并让其成为我们精神生活、道德实践的鲜明标识。

其一，礼敬自豪中华传统美德。我们需从文化自信的高度深刻理解其在现代社会的价值，真正认同、真正接纳并真正践行，将其真正融入我们的道德生活，守护我们的精神领土。中华传统美德积淀在中华民族的民族精神中。中华民族历经长时间的社会实践，孕育出独特的思想理念与道德规范，包括仁爱、民本、诚信、辩证、和谐以及求同存异等思想，以及自强、敬业、助人为乐、救困扶危、见义勇为、孝顺等传统美德。这些观念和思想不仅标识着传统社会的精神面貌，也塑造了中国人辨别正邪的价值观，影响着一代又一代人的行为模式。中华传统美德同样贯穿在革命精神中。中国共产党人对于国家富强、人民幸福和民族未来的追求和承担，以及其对共产主义理想的坚定奋斗，无不体现着中华传统美德在新的道德实践中的继承和发展。革命道德以其服务人民的核心价值观、集体主义原则和无私奉献、艰苦奋斗、勤俭节约的道德规范，塑造了具有时代特征的革命精神，成为民族精神的宝贵资产和时代精神的重要根源。此外，中华传统美德也为以改革创新为核心的时代精神注入了活力和提供有益滋养，为新时代人们认识道德现象、为社会道德建设以及进行道德教育和提高道德修养提供了智慧启迪。

其二，转化与发展传统美德。实现中华优秀传统美德的"创造性转化"与"创新性发展"，必须把传统美德与现代社会发展以及现实生活的需求相结合，以凸显其时代价值。我们要以积极和主动的态度，深入探索和研究那些蕴含深刻思想、经典言论、道德理念和典范人物的传统道德文化经典，揭示其本来意义、引申意义及历史传承；要对那些表述不明的古文进行科学的解读，还要赋予其新的时代意义。虽然众多传统道德规范和精神内涵值得我们传承与弘扬，但它们的思想理念和实践方法必须与现代社会保持一致。例如，"天人合一"理念强调人与自然是一个不可分割的整体，为构筑人与自然的和谐共生的生态环境提供价值引领。儒家的"人性论"，主张人性本善，强调了道德教育和个人修养的重要性。传统的"理欲论"强调欲望的控制和理性的生活，与当今强调对自然的敬畏、节制欲望、理性消费和可持续发展的实践具有内在一致性。传统"人生论"认为生死自然、唯义所在，启示今天要认识到生命的意义，倡导一种积极、乐观、向善的生活态度。而传统的"知行论"强调理论与实践、道问学与尊德性的统一，鼓励我们要为道德理想和追求而努力，实现内外一致、知行合一。

其三，讲好中华传统美德故事。采用人们喜闻乐见的方式，讲述中华美德、中国精神、中国故事，通过学术创新、逻辑深化和实践应用，不断丰富和更新中华传统美德的现代表达。基于现代的审美旨趣，创新中华传统美德的讲述形式。动画电影《哪吒之魔童降世》，该片通过时空的转变与逻辑架构，用现代的视角重新诠释了经典故事，其中的角色塑造超越了传统道德教条，呈现出更加立体和符合现代价值观的人物形象，如李靖的深沉父爱和母亲的慈悲与坚韧，赢得了广泛的认可和高票房。同样，《中华好家风》节目通过展示中国家庭的传统美德和文化情感，生动地传承了优秀的家庭风尚和精神价值。《中华好故事》利用各种现代形式，如知识竞赛和故事演绎，讲述以爱国、励志、道德和亲情为主题的故事，成功吸引了广泛的受众群体。而《经典咏流传》通过将古典诗歌与现代音乐结合，有效地将经典教育与道德传授融入日常生活之中，使诗歌教育与道德教育更加生动活泼和贴近现代生活。

其四，积极践行中华传统美德。古代圣贤历来注重道德实践，注重立德修身的理想人格追求，并重视在道德实践中提高道德修养，体现了一种修身之道、做事智慧和思辨哲学。积极践行中华统美德，要从小事、生活中的细微之处做起，"勿以善小而不为"，即使是最平凡的善行也能促进人与人之间的亲近，温暖他人的心灵，"迷则为凡人，悟则为圣"，只要把小事做到极致，平凡的人也可以成为圣人。家庭在这一过程中扮演着至关重要的角色，父母的言传身教成为孩子最真实、最具感染力的道德活动。通过家训的诵读、家庭会议的召开、道德故事的分享以及参与社会公益活动等多样化的家庭教育方式，家庭成员可以共同学习和传承传统美德。在抗击新冠疫情的过程中，中国人民展现了高尚的道德品质和团结精神，医护人员的无私奉献的精神和无畏前行的行为、全国人民的互助合作和坚定意志，都是中华传统美德在现代社会中的生动体现，将传统美德中"己所不欲，勿施于人"自律自守做到了极致也是对"勿以恶小而为之，勿以善小而不为"的最佳诠释。美德之事，既要目标高远，又要脚踏实地，唯有如此才能体现知行合一的真谛，真正践行和传承中华传统美德。

六、相关习题解析

（一）课后思考题

1. 道德的力量是无穷的，国无德不兴，人无德不立。结合实际，谈谈道德的作用。

答：道德的作用是指道德的认识、规范、调节、激励、导向、教育等功能的发挥和实现所产生的社会影响及实际效果。

道德的作用主要体现为：

（1）道德作为维系社会稳定、促进国家发展的重要因素，在巩固特定社会的经济基础和上层建筑层面发挥着重要的作用。

（2）道德作为激励人们改造客观世界和主观世界的一种精神力量，有助于促进人的精神境界的提升、促进人的自我完善以及推动人的全面发展。

（3）道德作用的发挥具有历史性，道德作用的发挥受经济基础和其代表的阶级利益的影响。代表社会生产力发展诉求和反映进步阶级利益的道德，对社会发展和人的素质提高产生积极的推动作用，反之就不利于甚至阻碍社会发展和人的素质提高。

要仔细分辨道德的不同代表性观点。在道德的作用上，有两种极端的看法，即"道德万能论"和"道德无用论"。"道德万能论"片面夸大道德的作用，认为道德高于一切；"道德无用论"则从根本上否定道德的作用，忽视了道德作为上层建筑对经济基础和生产力发展具有一定反作用。

2. 社会主义道德是人类道德发展史上一种崭新类型的道德，谈谈社会主义道德为什么要以为人民服务为核心、以集体主义为原则。

答：（1）社会主义道德以为人民服务为核心的原因：

①为人民服务是社会主义经济基础和人际关系的客观要求

在我国，以公有制为主体、多种所有制经济共同发展，以按劳分配为主体、多种分配方式并存，社会主义市场经济体制等社会主义基本经济制度，是为人民服务的根本经济制度保证，在此基础上逐步形成的团结互助、平等友爱、共同进步的人际关系，是为人民服务的基础。

②为人民服务是社会主义市场经济健康发展的要求

社会主义市场经济本质上要求为人民服务，不仅在于人们在一切经济活动中，应正确处理个人与社会、竞争与协作、效率与公平、先富与共富、经济效益与社会效益等关系；更在于强调在社会主义物质文明和精神文明的引导下，每个市场主体都要有为人民服务的思想。

③为人民服务是先进性要求和广泛性要求的统一

为人民服务，既伟大又平凡，既高尚又普通，它并非高不可攀、远不可及，而是可以通过不同层次、不同形式表现出来。为人民服务作为社会主义道德的核心，是社会主义道德区别和优越于其他社会形态道德的显著标志。

（2）社会主义道德以集体主义为原则的原因：

①集体主义是调节社会利益关系的基本原则。

一是集体主义强调国家利益、社会整体利益和个人利益的辩证统一。个人与集体辩证统一，一方面个人作为独立的个体发挥自己的作用，另一方面个人只有在集体的支持下才能将自身利益发挥到极致。在社会主义社会，国家利益、社会整体利益体现着个人根本的、长远的利益，是所有社会成员共同利益的统一。同时，每个人的正当利益，又都是国家利益、社会整体利益不可分割的组成部分。

二是集体主义强调国家利益、社会整体利益高于个人利益。在日常生活中，个人利益和国家利益、社会整体利益难免会发生矛盾。集体主义强调，在个人利益与国家利益、社会整体利益发生矛盾尤其是发生激烈冲突的时候，个人应当以大局为重，在必要时作出牺牲，使个人利益服从国家利益、社会整体利益。这样的原则要求有利于保障最广大人民的利益，是社会主义本质要求的体现。

三是集体主义重视和保障个人的正当利益。集体主义促进和保障个人正当利益的实现，使个人的才能、价值得到充分的发挥。那种将集体主义看作对个人的压制、对个性的束缚的想法是完全不对的，因为只有个人的正当利益得到充分实现，集体才能焕发出更加深刻和长久的生命力。

②集体主义具有鲜明而又丰富的层次性。

根据我国现阶段经济社会生活和人们思想道德的实际，集体主义可分为三个层次的道德要求：

一是最高层次是时时处处为集体利益着想，并甘愿为集体牺牲一切的集体主义，是优秀共产党员、先进分子应努力达到的道德目标。

二是在维护集体利益的前提下追求个人的正当利益，即已经具有较高社会主义道德觉悟的人能够达到的要求，拥有广泛的社会基础。

三是以正当合法的手段保障个人利益的公民最基本道德要求。这些层次分明而又内涵丰富的集体主义为人们的道德实践提供了广阔的选择空间。

3. 中华传统美德是社会主义道德建设的源头活水，中国革命道德是社会主义道德的红色基因。结合实际，谈谈新时代大学生如何传承中华传统美德和弘扬中国革命道德。

答：（1）大学生传承中华传统美德的途径

①要加强对中华传统道德的辨别力，坚持在取其精华，去其糟粕的基础上有选择性地传承中华传统美德。

②要加强对中华传统美德的挖掘和阐发。任何道德都是具体历史时代的产物。中华传统美德是在中国漫长的历史发展中形成的，具有鲜明的传统社会烙印，存在一些与现代社会发展不相适应的地方。弘扬中华传统美德，必须提升个体自我的辨别力，剔除其中带有阶级和时代局限性的成分，挖掘具有当代价值的道德精神，并结合现代生活赋予其新的时代内涵，努力推动中华传统美德的创新性发展。

③用中华传统美德滋养社会主义道德建设。要结合时代要求，将中华传统美德的发展与现代文化、现实生活相融相通，使之成为全体人民精神生活和道德实践的鲜明标识，让传统美德中蕴含的宝贵伦理精神渗透进人们的生活，丰富人们的精神世界。

④要反对两种错误思潮：一是认为要恢复中国"固有文化"，形成以中国传统文化为主体的道德体系的"复古论"。二是要反对全盘否定中国传统道德，认为其现已完全不具备意义价值的"虚无论"。我们要树立高度的文化自觉和文化自信，结合时代特点和需求发展中国传统美德。

（2）大学生弘扬中国革命道德的途径

①弘扬中国革命道德，要同弘扬中华传统美德相结合。中国革命道德继承和吸收了中国传统道德的精华，摒弃了传统道德的糟粕，是对中国优良传统道德的延续和发展。因而我们要将弘扬中国革命道德同弘扬中华传统美德结合起来。

②要坚持全心全意为人民服务。全心全意为人民服务强调重视人民的根本利益，从人民的利益出发思考问题，为人民利益献身。全心全意为人民服务在中国共产党的革命事业中发挥了重要作用，是中国共产党革命经验的重要传承。

③要坚持始终把革命利益放在首位。始终把革命利益放在首位，极大地激发

了革命者为集体而献身的斗志，增强了革命队伍的向心力和凝聚力，使得革命事业不断蓬勃向前发展。

④要树立社会新风，建立新型人际关系。弘扬革命道德，就要有敢于破旧立新的勇气和决心，在打破陈规中推进和弘扬革命道德。为此我们要破除不良的社会风气，以身体力行树立社会新风，打碎旧的人际关系，建立新型人际关系。

⑤要修身自律，保持节操。个人道德修养状况是影响革命成败的关键因素，因而践履中国革命道德的重要环节就是共产党人修身自律、保持节操。具体来说，就是要以中国革命事业为重，严格要求自我，洁身自好，胸襟坦荡，彰显出强大的人格魅力和崇高的人格风范。

4.社会公德、职业道德、家庭美德、个人品德是新时代公民道德建设的着力点。结合自身实际，谈谈如何理解社会公德、职业道德、家庭美德、个人品德的基本要求。

（1）社会公德的基本要求：

①公共生活与公共秩序：公共生活需要公共秩序。公共秩序是由一定规范维系的人们公共生活的一种有序化状态。公共生活领域越扩大，对公共秩序的要求就越高。有序的公共生活是社会生产活动的重要基础，是提高社会成员生活质量的基本保障，更是社会文明的重要标志。

②公共生活中的道德规范：文明礼貌。它是调整和规范人际关系的行为准则，反映着一个人的道德修养，体现着一个民族的整体素质。大学生应当自觉讲文明、懂礼貌、守礼仪，塑造真诚待人、礼让宽容的良好形象。助人为乐。把帮助他人视为自己应做之事，是每个社会成员应有的社会公德，是有爱心的表现。大学生应当尽自己的努力帮助他人，积极参与公益事业，以力所能及的方式关心和关爱他人，并在对他人的关心和帮助中收获实现人生价值的快乐。爱护公物。对社会共同劳动成果的珍惜和爱护，是每个公民应该承担的社会责任和义务，它既显示出个人的道德修养水平，也是社会文明水平的重要标志。大学生要增强社会主人翁责任感，珍惜国家、集体财产，爱护公物，坚决同损害公共财产、破坏公物的

行为作斗争。保护环境。生态环境保护是功在当代、利在千秋的事业。人类发展活动必须尊重自然、顺应自然、保护自然，否则就会遭到大自然的报复。大学生要像对待生命一样对待生态环境，身体力行，倡导简约适度、绿色低碳的生活方式，为留下天蓝、地绿、水清的生产生活环境，为建设美丽中国作出自己应有的贡献。遵纪守法。遵纪守法是社会公德最基本的要求，是维护公共生活秩序的重要条件。在社会生活中，每个社会成员既要遵守国家颁布的有关法律法规，也要遵守特定公共场所的有关规定。

③网络生活中的道德要求

正确使用网络工具。"全媒体的出现，丰富了思想政治教育的内容形式，使得传统的信息内容从平面到立体，从静止到动态。"① 大学生应当正确使用网络，提高信息的获取能力，加强信息的辨识能力，提升信息的应用能力，使网络成为开阔视野、提高能力的重要工具。健康进行网络交往。大学生应通过网络开展健康有益的人际交往，树立自我保护意识，不轻信网友，避免受骗上当，避免给自己的人身和财产安全带来危害。自觉避免沉迷网络。适度上网对学习和生活是有益的，但长时间沉迷于网络对人的身心健康有极大损害。大学生应当从身心健康出发，合理安排上网时间，理性对待网络。养成网络自律精神。个体的道德自律成为维护网络道德规范的基本保障，大学生应当在网络生活中培养自律精神，做到自律"不逾矩"，促进网络生活的健康与和谐。积极引导网络舆论。作为新时代的大学生，应当带头引导网络舆论，对模糊认识要及时廓清，对怨气怨言要及时化解，对错误看法要及时引导和纠正，积极营造清朗网络空间。营造良好网络道德环境。大学生要加强网络道德自律，自觉抵制网络欺诈、造谣、诽谤、谩骂、歧视、色情、低俗等内容，反对网络暴力行为，维护网络道德秩序。

（2）职业道德的基本要求：

①社会主义职业道德的主要内容：

爱岗敬业。爱岗敬业反映的是从业人员对待自己职业的一种态度，也是一种

---

① 丁瑞兆、措吉、周洪军：《全媒体时代高校思想政治教育研究》，新华出版社 2023 年版，第 230 页。

内在的道德需要，它要求干一行爱一行，爱一行钻一行，精益求精，尽职尽责。

诚实守信。诚实守信既是中华民族的传统美德，也是我国公民道德建设的重点，还是社会主义核心价值观的一条重要准则。诚实守信既是做人的准则，也是对从业者的道德要求，它要求从业者在职业活动中诚实劳动、合法经营、信守承诺、讲求信誉。

办事公道。以公道之心办事，是职业活动所必须遵守的道德要求。办事公道，就是要求从业人员做到公平、公正，不损公肥私，不以权谋私，不假公济私。

服务群众。为人民服务是社会主义道德建设的核心，各行各业的从业人员都要以服务群众为宗旨。如果每一个从业人员都能自觉遵循服务群众的要求，社会就会形成人人都是服务者、人人都是服务对象的良好秩序与和谐状态。

奉献社会。奉献社会就是要求从业人员在自己的工作岗位上树立奉献社会的职业精神，兢兢业业地为社会和他人作贡献。这是社会主义职业道德中最高层次的要求，体现了社会主义职业道德的最高目标指向。

②树立正确的择业观和创业观

树立崇高的职业理想。职业活动不仅是人们谋生的手段，也是人们奉献社会、完善自身的必要条件。

服从社会发展的需要。择业和创业固然要考虑个人的兴趣和意愿，同时也要充分考虑现实的可能性和社会的需要，把自己对职业的期望与社会的需要、现实的可能结合起来。

做好充分的择业准备。大学生有了真才实学，才能在未来适应多种岗位。

培养创业的勇气和能力。要有敢于创业的勇气，只有勇敢地接受创业的挑战，破除依赖心理和胆怯心理，才能敢于创业、善于创业，做一个真正的创业者。要充分考虑自身的条件、创业的环境等各种现实的因素，努力提高自主创业的能力。

③自觉遵守职业道德

学习职业道德规范。通过学习职业道德规范，明确职业活动的基本规范和目的，从而提高自己的职业认知能力、判断能力和正确的价值理念，对青年人来说尤为重要。

增强职业道德意识。大学生要提高自己的职业道德素质，不应当停留在对道德知识的记忆和背诵的层面上，而应当将其内化为自身的素质，提高到自觉意识的层面。

提高践行职业道德的能力。大学通过多种渠道与社会紧密联系。在大学学习虽然不是一种职业，但是也可以通过多种途径体验职业生活，在服务他人、奉献社会中收获成长和进步，也为将来顺利走上工作岗位积累实践经验。

（3）家庭美德的基本要求：

①注重家庭、家教、家风

注重家庭。家庭和睦则社会安定，家庭幸福则社会祥和，家庭文明则社会文明。家庭的前途命运同国家和民族的前途命运紧密相连，只有实现中华民族伟大复兴的中国梦，家庭梦才能梦想成真。

注重家教。家庭是人生的第一个课堂，父母是孩子的第一任老师。家庭教育涉及很多方面，但最重要的是品德教育，是如何做人的教育，应该把美好的道德观念从小就传递给孩子。

注重家风。家风是指一个家庭或家族的传统风尚或作风。良好的家风，对家庭成员的个人修养产生着重要的作用，也对整个社会道德风尚的形成产生着重要的影响。

②恋爱、婚姻家庭中的道德规范

恋爱中的道德规范

恋爱是指男女双方培养爱情的过程或在爱情基础上进行的相互交往活动。恋爱作为一种人际交往，也必然要受到道德的约束。恋爱中的道德规范包括：尊重人格平等、自觉承担责任、文明相亲相爱。

婚姻家庭生活中的道德规范

家庭美德以尊老爱幼、男女平等、夫妻和睦、勤俭持家、邻里团结为主要内容，在维系和谐美满的婚姻家庭关系中具有重要而独特的功能。

③树立正确的恋爱观与婚姻观

不能误把友谊当爱情。异性之间要理智地把握好友谊与爱情的界限，异性之间完全可以建立和保持健康的友谊。

不能错置爱情的地位。切忌把爱情放在人生最高的地位，奉行爱情至上主义，沉湎于感情缠绵之中。

不能片面或功利化地对待恋爱。片面追求外在形象，或者只看重经济条件，或者仅仅把恋爱看成摆脱孤独寂寞的方式，都无法产生真正的爱情。

不能只重过程不顾后果。责任是爱情得以长久的重要保障，是坚贞爱情的试金石，如果把爱情当成游戏，既会伤害对方，也会伤及自己。

不能因失恋而迷失人生方向。恋爱过程是恋爱双方互相熟悉和情感协调的过程，恋爱成功与失败都是正常现象，大学生应该正确对待失恋现象，做到失恋不失志、失恋不失态、失恋不失学、失恋不失爱。

树立正确的恋爱观。大学生应当处理好恋爱与学习的关系、恋爱与关心集体的关系、恋爱与关爱他人和社会的关系。

（4）个人品德的基本要求：

①个人品德及其作用

个人品德是通过社会道德教育和个人自觉的道德修养所形成的稳定的心理状态和行为习惯，它是个体对某种道德要求认同和践履的结果，集中体现了道德认知、道德情感、道德意志和道德行为的内在统一。

个人品德的作用有：个人品德对道德和法律作用的发挥具有重要的推动作用；个人品德是个人实现自我完善的内在根据；个人品德是经济社会发展进程中重要的主体精神力量。

②掌握道德修养的正确方法

学思并重的方法。即通过虚心学习，积极思索，辨别善恶，学善戒恶，以涵养良好的德性。

省察克治的方法。即通过反省检验以发现和找出自己思想与行为中的不良倾向、不良念头，并及时抑制和克服。

慎独自律的方法。即在无人知晓、没有外在监督的情况下，坚守自己的道德信念，自觉按道德要求行事，不因为无人监督而恣意妄为。

知行合一的方法，即把提高道德认识与躬行道德实践统一起来，以促进道德要求内化为个人的道德品质，外化为实际的道德行为。

积善成德的方法。即通过积累善行或美德，使之巩固强化，以逐渐凝结成优良的品德。

③锤炼高尚道德品格

形成正确的道德认知和道德判断。最根本的就是要坚持以唯物史观的基本原理来看待道德。要客观评判古代传统道德观和近现代资本主义道德观的进步性与局限性，尤其要清醒认识当代西方资产阶级道德观念的不合理性。还要深刻理解以生产资料公有制为主体的社会主义生产实践基础上形成的道德所具有的历史优越性、时代进步性，牢固树立中国特色社会主义道德观念。

激发正向的道德认同和道德情感。自觉涵育对家庭成员的亲亲之情，对他人、集体的关心关爱，增强社会责任感、国家认同感、民族归属感、时代使命感，在与祖国同呼吸、与民族同步伐、与人民心连心的高尚情怀中，陶冶道德情操。

强化坚定的道德意志和道德信念。道德意志和道德信念是人们在践履道德原则、规范的过程中表现出的自觉克服一切困难和障碍的毅力，通过道德意志和信念的坚守，道德行为才能体现出恒久性。

（二）考研真题再现

1.单项选择题（下列每题给出的四个选项中，只有一个选项是符合题目要求的）

①社会公德是指人们在公共生活和社会交往中应该遵守的行为准则，是维护公共利益、公共秩序、社会和谐稳定的起码道德要求。社会公德最基本的要求是（　　）。[2018年考研政治真题]

A.遵纪守法　　　　　B.助人为乐

C. 爱护公物　　　　　D. 文明礼貌

【答案】A

【解析】人们在社会生活中逐渐形成了一整套调节人与人之间、个人与社会之间的行为准则，如遵纪守法、尊老爱幼、讲究卫生、维护公共秩序等。社会公德最基本的要求是遵纪守法。我国宪法明确规定，遵守社会公德是一切公民的义务，并以法律形式固定下来，用以保证正常的社会生产和社会生活秩序。

②公民道德建设，对于提高人民思想觉悟、道德水准、文明素养，提高全社会文明程度，具有至关重要的作用。适应新时代、新要求，中共中央、国务院根据变化了的新形势和新时代公民道德建设的新需要，于2019年颁布了《新时代公民道德建设实施纲要》，明确指出了新时代公民道德建设的着力点应该是（　　）。[2023年考研政治真题]

A. 弘扬民族精神和时代精神

B. 推动理想信念教育常态化、制度化

C. 推进社会公德、职业道德、家庭美德、个人品德建设

D. 传承孝老爱亲、扶危济困、见义勇为等中华美德

【答案】C

【解析】2019年颁布的《新时代公民道德建设实施纲要》明确指出，新时代公民道德建设，要把社会公德、职业道德、家庭美德、个人品德建设作为着力点。故选C。

③中华传统美德是中华优秀文化的重要组成部分，其内容博大精深、源远流长。从《诗经》中的"夙夜在公"到《尚书》中的"以公灭私"，从西汉贾谊《治安策》中的"国而忘家，公而忘私"到宋代范仲淹《岳阳楼记》中的"先天下之忧而忧，后天下之乐而乐"，再到清代林则徐的"苟利国家生死以，岂因祸福避趋之"，贯穿其中的传统美德是（　　）。[2022年考研政治真题]

A. 强调知行合一，注重躬行实践

B. 推崇"仁爱"原则，注重以和为贵

C. 重视整体利益，强调责任奉献

D. 提倡人伦价值，重视道德义务

【答案】C

【解析】两千多年前的《诗经》已经提出"夙夜在公"的道德要求，认为日夜为公家办事是一种高尚的道德品质。《尚书》也有"以公灭私,民其允怀"的思想，认为朝廷官员应当以公心灭除自己的私欲，这样就可以得到老百姓的信任和依附。西汉贾谊提出"国而忘家，公而忘私"，清代林则徐提出"苟利国家生死以，岂因祸福避趋之"，都体现了强烈的为国家、为民族献身的精神。正是从国家利益和整体利益的原则出发，中国古代思想家强调在"义"和"利"发生矛盾时，应当义以为上、先义后利、见利思义、见义勇为。C 正确。

2. 多项选择题（下列每题给出的四个选项中，至少有两个选项是符合题目要求的。多选、少选或错选均不得分。）

①社会主义道德是崭新类型的道德。与以往社会的道德形态相比，社会主义道德具有显著的先进性特征。社会主义道德的先进性主要体现在（　　）。[2023年考研政治真题]

A. 它是对人类优秀道德资源的批判继承与创新发展

B. 它克服了以往阶级社会道德片面性和局限性

C. 它是调节社会一切行为规范的准则

D. 它是社会主义经济基础的反映

【答案】ABD

【解析】本题考查的是马克思主义道德观的有关知识点。与以往社会的道德形态相比，社会主义道德具有显著的先进性特征。这种先进性主要体现在：社会主义道德是社会主义经济基础的反映；社会主义道德是对人类优秀道德资源的批判继承和创新发展；社会主义道德克服了以往阶段社会道德的片面性和局限性，坚持以为人民服务为核心，坚持以集体主义为原则，展现出真实而强大的道义力量，C 选项"一切行为规范"表述过于绝对，故选 ABC。

②2019年10月，中共中央、国务院印发的《新时代公民道德建设实施纲要》是在中国特色社会主义进入新时代的背景下，推动我国精神文明建设再上新高度、为实现中华民族伟大复兴中国梦凝心铸魂的指导性文件。新时代公民道德建设的重点任务是（　　）。[2020年考研政治真题]

A.筑牢理想信念之基

B.培育和践行社会主义核心价值观

C.传承中华传统美德

D.弘扬民族精神和时代精神

【答案】ABCD

【解析】2019年10月，中共中央、国务院印发的《新时代公民道德建设实施纲要》指出，新时代公民道德建设的重点任务是：筑牢理想信念之基；培育和践行社会主义核心价值观；传承中华传统美德；弘扬民族精神和时代精神。ABCD全选。

3.材料分析题（要求结合所学知识分析材料回答问题）

（1）结合材料回答问题：[2017年考研政治真题]

2015年五一劳动节前夕，央视新闻频道播出了《大国工匠》系列节目，讲述了8个工匠"八双劳动的手"所缔造的"神话"。节目播出之后，很快引起社会热议，在不到十天的时间里，相关话题的微博阅读量就超过了3560万次。人们发现，走入镜头的工匠们，他们文化不同，年龄有别，但拥有一个共同的闪光点——立足于本职工作，敬业奉献，数十年如一日地追求着职业技能的极致化，靠着传承和钻研，凭着专注和坚守，创造了一个又一个"中国制造"的奇迹。在2016年"两会"上，国务院总理李克强在《政府工作报告》中提出要积极培育"工匠精神"。"工匠精神"第一次正式写入政府工作报告。

"工匠精神"是一种职业精神，工匠们对所从事的事业的爱心和忠心，令人高山仰止。中国航天科技集团一院火箭总装厂高级技师高凤林，36年一直从事火箭的"心脏"——发动机焊接工作，以国家为重，扎根一线，是发动机焊接第一人，面对很多企业试图高薪聘请不为所动，他说："每每看到自己生产的发动机把卫星送到太空，就有一种成功后的自豪感，这种自豪感用金钱买不到。"这也代表了大国工匠们的心声。

"工匠精神"是一种工作态度。在工匠们的心目中，制作出来的产品没有最好，只有更好。高凤林在 36 年的工作中，攻克了 200 多项技术难关，经他的手焊接了 140 多发火箭的发动机，焊接的焊缝总长度达到 12 万多米，没有出现过一次质量问题。他先后获得过部院科技进步一等奖、国家科技进步二等奖、2014年纽伦堡国际发明展览会金奖等 30 多种奖励，而这没有一丝不苟的工作态度显然是无法做到的。

随着时代的发展，工匠的工作或许会逐渐被机器所取代，但是"工匠精神"却不可能被代替。我国作为一个拥有"四大发明"的文明古国，具有历史悠久而技艺高超的手工业，薪火相传的能工巧匠们留下了数不胜数的传世佳作。我们今天弘扬"工匠精神"，不仅是对传统工匠技艺的留恋，而且是对一切职业的道德呼唤。"工匠精神"，不仅仅是制造业的需要，也不仅仅是企业家的需要，它代表一个时代的气质，是我们每一个人的事业追求与人生态度。

——摘编自《中国青年报》（2015 年 5 月 11 日）、央视网（2016 年 4 月 22 日、10 月 9 日）等

请回答：

① "工匠精神"的实质是什么？

② 为什么说弘扬"工匠精神"是"对一切职业的道德呼唤"？

【参考答案】

① "工匠精神"的实质是什么？

答："工匠精神"的实质是对职业道德的遵守，是立足于本职工作、热爱本职工作的爱岗敬业精神，是锲而不舍、追求卓越的严谨工作态度。工匠精神崇尚劳动和贡献社会的人生价值，主张通过积极的劳动创造奉献人生、改变世界，这有助于在公众中引导确立正确的社会价值观。"工匠精神"是我们世代传承的精

神财富，任何领域任何时代都需要，工匠的工作可以被取代，但"工匠精神"却不可能被超越。对于当前的中国而言，"工匠精神"具有特殊意义，它契合于以改革创新为核心的时代精神，有助于诠释和展现中国精神的力量。"工匠精神"是平凡的岗位上为社会作贡献，尤其体现了职业道德中的爱岗敬业与奉献社会。

②为什么说弘扬"工匠精神"是"对一切职业的道德呼唤"？

答：弘扬"工匠精神"是"对一切职业的道德呼唤"，主要原因在于：

职业生活是人类社会生活中最普遍、最基本的活动方式，需要道德规范的指引和约束。"工匠精神"内包含的道德要求，不仅适用于工匠，也适用于一切从业者。

工匠精神是社会主义职业道德需要。工匠精神体现的是社会主义职业道德的要求，强调干一行爱一行的敬业精神和服务群众、奉献社会的职业道德。工匠精神是践行社会主义核心价值观的具体表现，核心价值观是个人层面的"敬业"和"诚信"，与"工匠精神"蕴含的职业理念和价值取向高度一致。

"工匠精神"尊崇爱岗敬业、诚实守信、服务群众、奉献社会的职业道德规范，有助于规范行业和社会主义市场秩序，有助于人们树立崇高的职业道德理想，有助于增强人们的职业道德意识，有助于提高践行职业道德的能力。

我们正处在积极应对经济新常态，转变经济发展方式，实施创新驱动发展战略的新时代，需要所有职业的从业者自觉遵守职业道德，弘扬工匠精神，为中国特色社会主义现代化建设，实现"两个一百年"奋斗目标做贡献。在当今这样一个经济高速发展期，应该使认真、敬业、执着成为更多人的职业追求，应该倡导人人都做"工匠精神"的践行者。

七、专题参考资料

[1] 中共中央党史和文献研究院：《习近平关于社会主义精神文明建设论述摘编》，中央文献出版社2022年版。

[2]《新时代公民道德建设实施纲要》，人民出版社2019年版。

第七专题 法安天下：治国安邦的圭臬准绳

　　法治兴则国家兴，法治衰则国家乱。什么时候重视法治、法治昌明，什么时候就国泰民安；什么时候忽视法治、法治松弛，什么时候就国乱民怨。法律是什么？最形象的说法就是准绳。用法律的准绳去衡量、规范、引导社会生活，这就是法治。

　　　　——习近平：《加快建设社会主义法治国家 坚定不移走中国特色社会主义法治道路》
（《人民日报》2014 年 10 月 24 日第 1 版）

一、专题教学目的

本专题要重点反映党的二十大对"坚持全面依法治国，推进法治中国建设"的战略部署，反映习近平法治思想的原创贡献和最新发展，为青年大学生全面提高法治素养指明路径。根据《法治中国建设规划（2020—2025年）》对法治的基本理论表述进一步加深理解，使大学生明确"法治是人类文明进步的重要标志，是治国理政的基本方式"。专题第一部分充分反映新时代十年法治中国建设的成就和经验，增加对新时代十年法治建设成就的概括，对中国特色社会主义法律体系的组成部分和发展进程进行补充和修改。专题第二部分根据党的二十大报告对建设中国特色社会主义法治体系，坚持全面推进科学立法、严格执法、公正司法、全民守法等相关内容进行了修改，增加"围绕保障和促进社会公平正义""全面推进国家各方面工作法治化"等重要内容。专题第三部分，增加"坚持宪法确定的中国共产党领导地位不动摇，坚持宪法确定的人民民主专政的国体和人民代表大会制度的政体不动摇"。增加"坚持宪法确定的中国共产党领导地位不动摇，坚持宪法确定的人民民主专政的国体和人民代表大会制度的政体不动摇"等内容。专题第四部分增加"程序法"的基本界定，增加"全国首例侵害英雄烈士名誉、荣誉刑事案"等拓展内容。本专题的教学目的在于：在全面依法治国、建设法治中国的进程中，大学生要学习马克思主义法治理论，特别是习近平法治思想，深刻理解社会主义法律的本质特征和运行机制，整体把握中国特色社会主义法治道路、法治体系的精髓，尊重和维护宪法法律权威，不断提升法治素养，努力做尊法学法、守法用法的模范。

二、专题设计思路

本专题总体思路是充分体现党的二十大报告精神，以问题为导向，按照"设计专题—突出问题—分析问题—调查研究—教师教研—理论支撑—课堂探讨—师生互动—专题总结"的思路进行。在课程专题教学过程中，教师要加强对新教材的研究，将党的二十大报告和《决议》中有关法治建设等内容与习近平总书记关于法治建设等问题的新的重要论述有机融入教学，首先做到讲"准"。同时，加强集体备课，把新融入的习近平法治思想和贴近大学生的法治案例充分运用到实际教学中，做到讲"活"。另外，充分结合新时代大学生的成长需求和接受特点，攻关教材讲解中的重难点问题，在理论说服上下功夫，做到讲"深"讲"透"。以此扎实推进新教材的使用，切实提升教育教学的实效。

在此基础上，教学活动的具体展开中，还需要关注以下几个方面：

一是把握立场观点方法，讲好习近平新时代中国特色社会主义思想的世界观和方法论。党的二十大报告指出："不断谱写马克思主义中国化时代化新篇章，是当代中国共产党人的庄严历史责任。继续推进实践基础上的理论创新，首先要把握好新时代中国特色社会主义思想的世界观和方法论，坚持好、运用好贯穿其中的立场观点方法。"新教材坚持以习近平新时代中国特色社会主义思想为指导，承担着推进习近平新时代中国特色社会主义思想进课堂、进学生头脑的重要使命。教学中要牢牢把握"六个必须坚持"，回答好新时代新征程发展实践提出的新问题。

二是注重理论联系实际，结合鲜活实践讲好党的最新理论成果。新时代十年来，中国特色社会主义制度更加成熟、更加定型，国家治理体系和治理能力现代化水平不断提高，党和国家事业焕发出新的生机活力，国家制度和治理体系的显著优势充分彰显，社会长期稳定健康发展的局面不断巩固。新教材系统梳理和有机融入了新时代十年中国特色社会主义法治建设的最新成就，在实际教育教学中，教师要善于用法治建设成就教育学生、鼓舞学生、激励学生，用新成就阐释新理论，引导青年大学生增强中国特色社会主义道路自信、理论自信、制度自信、文化自信。

三是坚持以学生为中心，增强教学的吸引力、亲和力和针对性。在教育教学中，教师要坚持以学生为中心，加大对"00后"大学生的认知规律和接受特点的精细化研究。通过课前深入的学情调研，全面把握"00后"大学生的思想动态、成长需求和接受特点，以新教材贴近学生的法治素材和案例为线索，精选教学资源，建立符合学生实际的教学问题库、素材库、案例库，以"00后"大学生喜闻乐见的教育教学方式讲好党的法治创新理论，切实提升教育教学的吸引力、亲和力和针对性。

四是善用"大思政课"，找准新教材知识点与社会大课堂的结合点。教师要深入研究教材，把握教材所反映的重大理论现实问题，充分利用课堂教学讲好重大理论和现实问题的同时，积极拓展教学时空，运用社会大课堂的平台、资源创新教学方式方法，实现思政小课堂与社会大课堂的有机融合。教育引导新时代大学生自觉尊法学法、守法用法，提高法治素养。

五是立足中国又面向世界，助力培育新时代好青年的法治素养。教师在教学中要深刻把握世界百年未有之大变局，深入理解新教材关于世界发展大势、科技发展潮流和不确定性发展态势的分析判断，深刻把握新时代中国发展的国情、社情、民情，引导"00后"大学生正确认识中国与世界，善于在批判鉴别中明辨是非，进而在新时代的现实境遇中，增进学生的思考、丰富学生的体验、涵养学生的情怀。

三、专题理论支撑

（一）社会主义法律论

我国社会主义法律是党的主张和人民意志的共同体现，是维护人民利益和公民权利的有力武器，是国家机关、社会组织和全体公民的活动规则和行为准绳。我们要准确把握社会主义法律的特征和本质，正确认识中国特色社会主义法律的时代价值，不断增强建设社会主义法治国家的责任感和使命感。

1.我国社会主义法律的本质特征

社会主义法律是新型的法律制度，有着与以往剥削阶级类型法律制度不同的经济基础与阶级本质。社会主义法律以公有制为经济基础，保障全体劳动者共同占有生产资料，通过解放生产力和发展生产力来推动社会物质财富和精神财富的日益丰富，从而实现人的全面发展和全体社会成员的共同富裕。社会主义法律是最广大人民群众意志的集中体现，是实现人民当家作主、实行人民民主专政的重要保证。社会主义法律反映社会主义生产关系的本质要求，为实现普遍意义的平等、自由奠定了坚实基础，开辟了广阔空间，实现了对历史上各种类型法律制度的超越。

我国社会主义法律体现了党的主张和人民意志的统一。我国社会主义法律既具有鲜明的阶级性，又具有广泛的人民性，体现了阶级性与人民性的统一。我国是中国共产党领导下的社会主义国家，人民是国家的主人，制定法律的权力属于人民。中国共产党是中国工人阶级的先锋队，同时是中国人民和中华民族的先锋队，是中国特色社会主义事业的领导核心。社会主义法律维护人民的根本利益，巩固中国共产党的领导地位，体现了党的主张和人民意志的统一。党领导人民制定宪法法律，党领导人民实施宪法法律，党自身必须在宪法法律范围内活动，这就是党的领导力量的体现，也是我国社会主义法律最本质特征的具体表现。

我国社会主义法律具有科学性和先进性。在剥削阶级占统治地位的社会中，法律受少数人狭隘利益的局限，容易与客观规律和历史发展趋势相背离。我国社会主义法律反映的不是少数人的特殊利益，而是全体人民的共同利益，尽管其具体内容会随着经济社会的发展而调整变化，但它与历史发展的基本方向和规律是一致的。因此，从本质上说，我国社会主义法律更能尊重和反映社会发展规律，具有科学性和先进性。我国法律坚持马克思主义世界观和方法论，并指导人们在法律实践中尊重和反映客观规律。我国法律适应时代发展要求，改革创新立法体制、立法程序、立法技术，使立法的质量和水平不断提高。

2. 我国社会主义法律的社会作用

我国社会主义法律是中国特色社会主义建设的重要保障。法的社会作用是从法在社会生活中要实现的目的角度来认识的。我国法律的社会作用体现了社会主义的本质要求，经济发展、政治清明、文化昌盛、社会公正、生态良好，都离不开社会主义法律的引领、规范和保障。经济建设方面，我国法律维护和巩固社会主义基本经济制度，促进社会主义市场经济持续健康发展，保障现代化经济体系建设顺利推进。政治建设方面，我国法律维护和巩固社会主义政治制度，保障全过程人民民主顺利推进，保证人民享有广泛的民主权利和自由，坚持人民民主专政的国体和人民代表大会制度的政体不动摇。文化建设方面，我国法律坚持马克思主义在意识形态领域指导地位的根本制度，倡导社会主义核心价值观，弘扬社会主义道德，促进文化事业和文化产业的繁荣发展，推动社会主义文化强国建设。社会建设方面，我国法律确保改革发展成果更多更公平惠及全体人民，保障和促进社会公平正义，形成有效的社会治理、良好的社会秩序，使人民获得感、幸福感、安全感更加充实、更可持续、更有保障。生态文明建设方面，我国法律遵循尊重自然、顺应自然、保护自然的要求，践行绿水青山就是金山银山的理念，推动绿色发展，推进环境污染防治，促进人与自然和谐共生。对外交往方面，我国法律维护我国的主权、领土完整和发展利益，维护世界和平和发展。

（二）全面依法治国论

全面依法治国是国家治理的一场深刻革命，关系党执政兴国，关系人民幸福安康，关系党和国家长治久安。必须更好发挥法治固根本、稳预期、利长远的保障作用，在法治轨道上全面建设社会主义现代化国家。

1. 全面依法治国的根本遵循

习近平法治思想是全面依法治国的指导思想和根本遵循。习近平法治思想是经过长期发展而形成的内涵丰富、论述深刻、逻辑严密、系统完备的法治理论体系，为建设法治中国指明了前进方向，在中国特色社会主义法治建设进程中具有重大政治意义、理论意义、实践意义。习近平法治思想从历史和现实相贯通、国际和国内相关联、理论和实际相结合上深刻回答了新时代为什么实行全面依法治国、怎样实行全面依法治国等一系列重大问题，是顺应实现中华民族伟大复兴时代要求应运而生的重大理论创新成果，是马克思主义法治理论中国化时代化的最新成果，是习近平新时代中国特色社会主义思想的重要组成部分。

习近平法治思想深刻回答全面依法治国由谁领导、依靠谁、走什么道路等大是大非问题，指明了中国特色社会主义法治的前进方向；深刻回答为什么要全面依法治国的问题，深刻揭示全面依法治国是新时代坚持和发展中国特色社会主义的基本方略，是党领导人民治理国家的基本方式；深刻回答全面依法治国如何谋篇布局的问题，明确全面依法治国的总目标、总抓手和基本思路；深刻回答全面依法治国如何突破的问题，指明中国特色社会主义法治的战略安排；深刻回答全面依法治国需要什么保障的问题，指明全面依法治国的人才支撑和"关键少数"。

2. 全面依法治国的正确道路

全面依法治国走中国特色社会主义法治道路。中国特色社会主义法治道路的核心要义，就是要坚持党的领导，坚持中国特色社会主义制度，贯彻中国特色社会主义法治理论，这充分体现了我国社会主义性质，具有鲜明的中国特色、实践特色、时代特色。

走中国特色社会主义法治道路，是历史的必然结论。中国共产党在领导中国人民进行新民主主义革命的伟大斗争和社会主义建设伟大实践中，不断探索适合中国国情的法治道路，最终走出了一条中国特色社会主义法治道路。

走中国特色社会主义法治道路，是由我国社会主义国家性质决定的。社会主义制度保证了人民当家作主的主体地位，也保证了人民在全面依法治国的中心地位，这是我们的最大制度优势。中国特色社会主义法治道路坚持人民主体地位，坚持法律面前人人平等，能够保证人民在党的领导下，依照法律规定，通过各种途径和形式管理国家事务，管理经济和文化事业，管理社会事务，本质上是中国特色社会主义道路在法治领域的具体体现。只有始终坚持以人民为中心，才能真正实现法治保障人民权益的根本目的。

走中国特色社会主义法治道路，是立足我国基本国情的必然选择。我们有自己的历史文化传统，有长期积累的经验和优势，要在较短时间内建成法治国家，必须走中国特色社会主义法治道路。中国特色社会主义法治道路的一个鲜明特点，就是坚持依法治国和以德治国相结合。从国情实际出发，不等于关起门来搞法治，我们要坚持以我为主、为我所用，认真鉴别、合理吸收世界上优秀的法治文明成果。

3. 全面依法治国的宏伟目标

全面依法治国的宏伟目标是建设法治中国。要以建设中国特色社会主义法治体系为总抓手，围绕保障和促进社会公平正义，坚持依法治国、依法执政、依法行政共同推进，坚持法治国家、法治政府、法治社会一体建设，坚持全面推进科学立法、严格执法、公正司法、全民守法，全面推进国家各方面工作法治化。

（三）宪法权威论

坚持依法治国首先要坚持依宪治国，坚持依法执政首先要坚持依宪执政，坚持宪法确定的中国共产党领导地位不动摇，坚持宪法确定的人民民主专政的国体和人民代表大会制度的政体不动摇。维护宪法权威，就是维护党和人民共同意志的权威；捍卫宪法尊严，就是捍卫党和人民共同意志的尊严；保证宪法实施，就是保证人民根本利益的实现。我们要正确理解宪法的地位和基本原则，充分认识加强宪法实施与监督的重大意义，不断增强宪法意识，忠实履行维护宪法尊严、保证宪法实施的职责。

1. 我国宪法的地位和基本原则

（1）我国宪法的地位

我国宪法是国家的根本法，是党和人民意志的集中体现。

我国宪法是国家各项制度和法律法规的总依据。宪法在中国特色社会主义法律体系中居于核心地位。宪法确立了社会主义法治的基本原则，明确规定中华人民共和国实行依法治国，建设社会主义法治国家，国家维护社会主义法制的统一和尊严。我国宪法具有最高的法律地位、法律权威、法律效力，具有根本性、全局性、稳定性、长期性。一切法律、行政法规、地方性法规的制定都必须以宪法为依据，遵循宪法的基本原则，不得与宪法相抵触。

我国宪法规定了国家的根本制度。我国宪法确立了中国共产党的领导地位，规定了国家的根本任务、领导核心、指导思想、基本原则、发展道路、奋斗目标。我国宪法确立了工人阶级领导的、以工农联盟为基础的人民民主专政的国体，确立了社会主义制度是中华人民共和国的根本制度，确立了人民代表大会制度的政体，确立了中国共产党领导的多党合作和政治协商制度、民族区域自治制度以及基层群众自治制度，确立了公有制为主体、多种所有制经济共同发展，按劳分配为主体、多种分配方式并存，社会主义市场经济体制等社会主义基本经济制度。

宪法是实现国家认同、凝聚社会共识、促进个人发展的基本准则，是维系一个国家、一个民族凝聚力的根本纽带。中国共产党领导人民制定的宪法，是中国历史上第一部真正的人民宪法，是规范国家权力运行、保障公民权利实现的根本活动准则。我们要以宪法为最高法律规范，充分发挥宪法的引领、规范和保障作用，把国家各项事业和各项工作全面纳入法治轨道，维护社会公平正义，实现国家和社会生活制度化、法治化，把依法治国、依宪治国工作提高到一个新水平。

（2）我国宪法的基本原则

宪法的基本原则是贯穿宪法规范始终，对宪法的制定、修改、实施、遵守等环节起指导作用的基本准则。我国宪法的基本原则集中反映了规范权力运行、保障公民权利的基本精神，体现了社会主义法治的根本性质。

党的领导原则。中国共产党是中国特色社会主义事业的领导核心。党的领导是人民当家作主的根本保证，是中国特色社会主义最本质的特征，是中国特色社会主义制度最大优势。中国共产党执政就是党领导、支持、保证人民当家作主，最广泛地动员和组织人民群众依法管理国家和社会事务，管理经济和文化事业，维护和实现最广大人民的根本利益。

人民当家作主原则。人民当家作主是社会主义民主政治的本质和核心。我国宪法体现了人民当家作主原则，强调国家的一切权力属于人民。

尊重和保障人权原则。法治是人权得以实现的保障。我国宪法将"国家尊重和保障人权"规定为一项基本原则，对公民的基本权利和自由作出全面规定，依法保障公民的基本权利。

社会主义法治原则。我国宪法明确规定："中华人民共和国实行依法治国，建设社会主义法治国家。"社会主义法治原则要求坚持宪法法律至上、法律面前人人平等，推进国家各项工作法治化，维护社会公平正义，维护社会主义法制的统一和尊严。

民主集中制原则。民主集中制是我国国家组织形式和活动方式的基本原则，是我国国家制度的突出特点和优势，也是集中全党全国人民集体智慧，实现科学决策、民主决策的基本原则和主要途径。

2. 宪法实施和监督

（1）宪法实施

全国各族人民、一切国家机关和武装力量、各政党和各社会团体、各企业事业组织，都必须以宪法为根本活动准则，并且负有维护宪法尊严、保证宪法实施的职责。任何组织或者个人都不得有超越宪法法律的特权。一切违反宪法法律的行为，都必须予以追究。加强宪法实施，党首先要坚持依宪执政，国家权力机关要加强和改进立法工作，国家行政机关、监察机关和司法机关要严格执行法律，维护宪法法律尊严。

（2）宪法监督

宪法的力量不仅因其地位崇高，更源于其有效的监督。

健全人大工作机制。全国人大及其常委会履行宪法赋予的宪法监督职责，要加强对宪法法律实施情况的监督检查，坚决纠正违宪违法行为。要依法行使监督权，加强对"一府一委两院"的行为是否合乎宪法的监督。要健全监督机制和程序。

健全宪法解释机制。全国人大常委会根据宪法规定行使宪法解释权，依照宪法精神对宪法规定的内容、含义和界限作出解释。

健全备案审查机制。将所有的法规、规章、司法解释和各类规范性文件依法依规纳入备案审查范围，是宪法监督的重要内容和环节。

健全合宪性审查机制。我国的合宪性审查，就是由有关权力机关依据宪法和相关法律的规定，对于可能存在违反宪法规定的法律法规、规范性文件以及国家机关履行宪法职责的行为进行审查，并对违反宪法的问题予以纠正。

宪法的根基在于人民发自内心的拥护，宪法的伟力在于人民出自真诚的信仰。宪法是每个公民享有权利、履行义务的基本遵循。我们要充分认识到宪法不仅是全体公民必须遵循的行为规范，而且是保障公民权利的法律武器。更加自觉地尊崇宪法、学习宪法、遵守宪法、维护宪法、运用宪法，大力弘扬宪法精神，不断增强宪法意识，把宪法作为判断大是大非的准绳，同一切破坏宪法权威、践踏宪法尊严的行为作斗争，在宪法的阳光照耀下追求国家富强和人民幸福。

（四）尊法守法论

推进全面依法治国需要全社会共同参与。大学生是未来国家建设的中坚力量，要积极培养法治思维，正确理解依法行使权利和履行义务，不断提升法治素养，自觉尊法学法守法用法，成为社会主义法治的忠实崇尚者、自觉遵守者、坚定捍卫者。

1.培养法治思维

法治思维是指以法治价值和法治精神为导向，运用法律原则、法律规则、法律方法思考和处理问题的思维模式。法治思维将法律作为判断是非和处理事务的准绳，要求崇尚法治、尊重法律，善于运用法律手段协调关系和解决问题。

法治思维包含以下几层含义：第一，法治思维以法治价值和法治精神为指导，蕴含着公正、平等、民主、人权等法治理念，是一种正当性思维。第二，法治思维以法律原则和法律规则为依据指导人们的社会行为，是一种规范思维。第三，法治思维以法律手段与法律方法为依托分析问题、处理问题、解决纠纷，是一种逻辑思维。第四，法治思维是一种符合规律、尊重事实的科学思维。因此，法治思维是一种融法律的价值属性和工具理性于一体的特殊的高级法律意识。

法治思维是基于对法律的尊崇和对法治的信念判断是非、权衡利弊、解决问题的思维方式，其要义是把对法治的尊崇、对法律的敬畏转化为思维方式和行为方式，坚持宪法法律至上，坚守法治底线，切实做到依法治国、依法执政、依法行政、依法治军、依法办事、依法维权。对公民而言，法治思维就是当自己的理想目标、思想感情、行为方式、权利诉求和利益关系等与法律的价值、规则或要求发生冲突时，能够服从法律，作出符合法律的选择，按照法律的指引实施自己的行为。

法治思维的内涵丰富、外延宽广，主要表现为价值取向和规则意识两个方面。价值取向是指如何看待和对待法律，规则意识是指如何用法律看待和对待自身。一般来讲，法治思维主要包括法律至上、权力制约、公平正义、权利保障、程序正当等内容。

2. 依法行使权利与履行义务

法律权利是指由一定的社会物质生活条件所制约的行为自由，是法律所允许的权利人为了满足自己的利益而采取的、由其他人的法律义务所保障的法律手段。法律权利具有以下四个方面的特征：一是法律权利的内容、种类和实现程度受社会物质生活条件的制约。不能脱离一个国家或地区的经济社会发展阶段和水平而空谈权利及其实现。二是法律权利的内容、分配和实现方式因社会制度和国家法律的不同而存在差异。三是法律权利不仅由法律规定或认可，而且受法律维护或保障，具有不可侵犯性。四是法律权利必须依法行使，不能不择手段地行使法律权利。国家机关行使权力不得任性，公民个人行使法律权利也不得任性。

法律义务是指由一定的社会物质生活条件所制约的社会责任，是保证法律所规定的义务人按照权利人要求从事一定行为或不从事一定行为以满足权利人利益的法律手段。只有承担法律义务的人履行法律义务，享有法律权利的人才能实现自己的合法权益。法律义务具有法定的强制性，违反法律义务必须承担法律责任。法律义务具有以下四个特点：第一，法律义务是历史的。法律义务的内容和履行方式随着经济社会的发展和人权保障的进步而不断调整和变化。第二，法律义务源于现实需要。一个国家或地区的制度性质、历史传统、文化背景、宗教信仰和安全形势等因素，会对法律义务的设定产生重要影响。第三，法律义务必须依法设定。法律义务必须由具有法定职权的国家机关依照法律程序设定，其他国家机关不得对公民违法设定法律义务。坚持义务法定，是建设法治国家和保障人权的重要方面。第四，法律义务可能发生变化。公民和社会组织承担的法律义务，在履行的过程中可能会基于法定情形而变更、消灭，或产生新的法律义务。

法律权利与法律义务就像一枚硬币的两面，不可分割，相互依存。在社会生活中，每个人既是享受法律权利的主体，又是承担法律义务的主体。在法治国家，不存在只享受权利的主体，也不存在只承担义务的主体。法律权利的实现必须以相应法律义务的履行为条件；法律义务的设定和履行也必须以法律权利的行使为根据。离开了法律权利，法律义务就失去了履行的价值和动力；离开了法律义务，法律权利也形同虚设。在法律权利与法律义务相一致的情况下，一个人无论是行使权利还是履行义务，实际上都是对自己有利的。

总之，法律上的权利和义务，不能只是写在纸上的条文，要让它们成为现实中的权利和义务。大学生应当正确把握依法行使权利、履行义务的基本要求，既珍惜自己权利又尊重他人权利，既善于行使权利又自觉履行义务。

我国公民享有广泛的权利，同时承担相应的义务；公民的权利和义务是平等的，任何人不得享有法外特权；公民的权利和义务是统一的，不允许任何人只享受法律权利，不履行法律义务；任何公民都是享有权利和履行义务的统一体，并把自己依法履行义务作为他人依法享受权利的实现条件。

四、专题问题聚焦

本专题承载着在课堂主渠道传播习近平法治思想，引导大学生提升法治素养的任务。需要我们在弄清教材修订思路的基础上，进一步突出重点难点，在如何讲清社会主义法律及其作用、如何讲清习近平法治思想的科学内涵和指导意义、如何讲清加强宪法实施与监督的措施和如何讲清提升法治素养的路径等问题上下功夫，以切实提高大学生法治教育质量。[①]

通过本专题的讲授、分析和研讨，我们要明晰以下几个问题：

（一）如何理解我国社会主义法律的本质特征？

我国社会主义法律是中国特色社会主义制度的重要组成部分，是党领导人民当家作主的制度保障，其本质特征主要表现为：

1.我国社会主义法律体现了党的主张和人民意志的统一。我国社会主义法律既具有鲜明的阶级性，又具有广泛的人民性，体现了阶级性与人民性的统一。党领导人民制定和实施宪法法律，党自身必须在宪法法律范围内活动，这就是党的领导力量的体现，也是我国社会主义法律最本质特征的具体表现。

2.我国社会主义法律是科学性和先进性的统一。从法律的实质内容来看，我国社会主义法律既是广大人民意志和利益的体现，又是社会历史发展规律的体现，

---

①陈大文、栗孟杰：《着力引导大学生不断提升法治素养》，《思想教育研究》2021年第11期。

既具有先进性，又具有科学性，是科学性和先进性的统一。

3.我国社会主义法律是中国特色社会主义建设的重要保障。我国法律的社会作用体现了社会主义的本质要求，经济发展、政治清明、文化昌盛、社会公正、生态良好，都离不开社会主义法律的引领、规范和保障。

（二）如何理解习近平法治思想的重大意义和主要内容？

习近平法治思想是全面依法治国的根本遵循和行动指南。习近平法治思想是顺应实现中华民族伟大复兴时代要求应运而生的重大理论创新成果，是马克思主义法治理论中国化的最新成果，是新时代全面依法治国的根本遵循和行动指南。习近平法治思想以强大真理力量、独特思想魅力和巨大实践伟力，引领我国社会主义法治建设取得历史性成就、发生历史性变革，为奋力开启法治中国建设新征程提供了强大思想武器。

习近平法治思想内涵丰富、论述深刻、逻辑严密、系统完备，深刻回答了关于全面依法治国的政治方向、战略地位、工作布局、主要任务、重大关系、重要保障等重大问题，主要内容包括：

1.坚持党对全面依法治国的领导，是中国特色社会主义法治的本质特征和内在要求。

2.坚持以人民为中心，是全面推进依法治国的力量源泉。

3.坚持中国特色社会主义法治道路，是全面推进依法治国的发展道路和正确方向。

4.坚持依宪治国、依宪执政，是全面推进依法治国的工作重点。

5.坚持在法治轨道上推进国家治理体系和治理能力现代化，是实现良法善治的必由之路。

6.坚持建设中国特色社会主义法治体系，是全面推进依法治国的发展目标和总抓手。

7.坚持依法治国、依法执政、依法行政共同推进，法治国家、法治政府、法治社会一体建设，是全面推进依法治国的战略布局。

8.坚持全面推进科学立法、严格执法、公正司法、全民守法，是新时代法治建设的"十六字"方针。

9.坚持统筹推进国内法治和涉外法治，是建设法治强国的必然要求。

10.坚持建设德才兼备的高素质法治工作队伍，是全面推进依法治国的组织保障。

11.坚持抓住领导干部这个"关键少数"，是全面推进依法治国的关键问题。

（三）为什么要坚持走中国特色社会主义法治道路？

1.中国特色社会主义法治道路是建设社会主义法治国家的唯一正确道路。

第一，走中国特色社会主义法治道路是历史的必然结论。

第二，走中国特色社会主义法治道路，是由我国社会主义国家性质所决定的。中国特色社会主义法治道路本质上是中国特色社会主义道路在法治领域的具体体现。

第三，走中国特色社会主义法治道路，是立足我国基本国情的必然选择。

2.中国特色社会主义法治道路，明确了建设社会主义法治国家的性质和方向，是社会主义法治建设成就和经验的集中体现，是建设中国特色社会主义法治体系，建设社会主义法治国家的正确道路，本质上是中国特色社会主义道路在法治领域的具体体现。走中国特色社会主义法治道路，必须坚持中国共产党的领导，坚持人民主体地位，坚持法律面前人人平等，坚持依法治国和以德治国相结合，坚持从中国实际出发。

（四）怎样理解我国宪法的地位和基本原则？

1.我国宪法的地位

（1）我国宪法是国家的根本法，是治国安邦的总章程，是党和人民意志的集中体现。我国现行宪法颁布以来，在坚持中国共产党领导，保障人民当家作主，促进改革开放和社会主义现代化建设，推动社会主义法治国家建设进程，维护国家统一、民族团结、社会稳定等方面发挥了有力的推动作用。

（2）我国宪法是国家各项制度和法律法规的总依据。宪法在中国特色社会主义法律体系中居于统帅地位。我国宪法具有最高的法律地位、法律权威、法律效力，具有根本性、全局性、稳定性、长期性。

（3）我国宪法规定了国家的根本制度。我国宪法确立了中国共产党的领导地位，确立了国家的国体、政体，也确立了我国的各项基本制度。宪法的生命在于实施，宪法的权威也在于实施。

2.我国宪法的基本原则

（1）党的领导原则。

（2）人民当家作主原则。

（3）尊重和保障人权原则。

（4）社会主义法治原则。

（5）民主集中制原则。

（五）什么是法治思维？大学生应当怎样培养法治思维？

法治思维是指以法治价值和法治精神为导向，运用法律原则、法律规则、法律方法思考和处理问题的思维模式。其基本内容包括：1.法律至上；2.权力制约；3.公平正义；4.权利保障；5.程序正当。

在日常生活中，大学生可以通过各种途径学习法律知识、掌握法律方法、参与法律实践、养成守法习惯、守住法律底线等，在学习和生活中逐渐提高法治思维能力，培养法治思维的途径主要包括：

1.学习法律知识；

2.掌握法律方法；

3.参与法律实践；

4.养成守法习惯；

5.守住法律底线；

6.尊重法律权威。

五、专题延伸内容

（一）本专题与新教材关系梳理

新时代大学生肩负着实现中华民族伟大复兴的历史使命。推进新时代大学生法治教育，是实现高等教育阶段法治教育目标的必然要求，是增强大学生社会适应能力的实际需要，是建设法治社会的题中之义。"思想道德与法治"课程作为校内课堂法治教育的主渠道，担负着满足大学生日益增长的法治新需求，提升大学生法治素养的重要任务。教学过程中应当注重将法治教育与课程紧密结合，更好地将法治教育的理念和内容传播给学生，引导青年学生成为知法、懂法、守法的模范。

本专题主要以新教材为蓝本和基础，将重点确定在充分体现党的最新理论成果，全面反映新时代十年的伟大实践，及时回应当代大学生的成长需求。具体来看，重点充实、反映党的二十大对"坚持全面依法治国，推进法治中国建设"的战略部署，反映习近平法治思想的原创贡献和最新发展，为青年大学生全面提高法治素养指明路径。根据党的二十大报告，在建设中国特色社会主义法治体系，坚持全面推进科学立法、严格执法、公正司法、全民守法等方面，增加以下重要内容："围绕保障和促进社会公平正义""全面推进国家各方面工作法治化""坚持宪法确定的中国共产党领导地位不动摇、坚持宪法确定的人民民主专政的国体和人民代表大会制度的政体不动摇""坚持宪法确定的中国共产党领导地位不动摇、坚持宪法确定的人民民主专政的国体和人民代表大会制度的政体不动摇"和"程序法"的基本界定等内容，增加"全国首例侵害英雄烈士名誉、荣誉刑事案"等拓展内容。

教材辅文内容方面，一是融入党的最新理论成果，推进习近平新时代中国特色社会主义思想进教材、进课堂、进学生头脑，回应青年大学生关注的思想理论和人生、法治热点问题。如增加党的二十大报告最新表述，"全面依法治国是国家治理的一场深刻革命，关系党执政兴国，关系人民幸福安康，关系党和国家长治久安。必须更好发挥法治固根本、稳预期、利长远的保障作用，在法治轨道上全面建设社会主义现代化国家"①,帮助青年大学生深入理解全面依法治国的必要性和时代意义,有利于丰富新教材中党的最新理论成果的呈现方式,有助于学生深化思想理论认识。二是更新辅文的相关内容和数据,突出新时代十年的新实践和新成就,用新时代中国特色社会主义建设的伟大成就教育青年大学生。如增加新时代"枫桥经验"、行政执法"三项制度"等拓展内容,充分反映新时代十年法治中国建设的成就和经验,充满时代感,充分体现新时代十年的成就,有利于激发学生的自豪感、自信心和责任感、使命感,有利于进一步拉近新教材与学生的距离,更贴近和吸引学生,便于提升教学的亲和力和针对性。

（二）本专题相关调研资料分析

"青年兴则国兴,青年强则国强。"青年大学生是国家和民族的未来,是社会主义事业的建设者和接班人,更是未来法治社会的参与者与建设者。本专题承担着对新时代大学生进行法治观教育,引导新时代大学生提升法治素养的重要任务,对于新时代大学生努力提升法治素养,展现新时代青年风采,为以后的人生发展打下良好基础,有着极其重要的意义。

近年来,大学生违法犯罪现象多发,主要有:盗窃、抢劫、诈骗、帮信、杀人、伤害、强奸、绑架、间谍、非法提供国家秘密、情报、资敌等,一定程度上暴露出一些大学生法治意识薄弱和抓好法治教育的重要性。为了了解、把握新时代大学生的法律知识、法治意识和法治思维等方面的情况,提高思想政治理论课的实效性,有必要对当前大学生的法治素养的现状、法治教育的现状进行比较深入的调研分析。

北京林业大学的戴秀丽、程琳琳、王露霏,中国矿业大学的艾伟东,齐鲁工业大学的林颖颖、梁家铭、杜霞,山西工程科技职业大学的段文芳等先后对大学生法治素养现状进行了调查统计、分析总结,综合他们的调研数据和分析报告,对于我们把握大学生法治素养的特征和大学生法治教育存在的问题有较强的借鉴

---

① 习近平:《高举中国特色社会主义伟大旗帜 为全面建设社会主义现代化国家而团结奋斗——在中国共产党第二十次全国代表大会上的报告》,人民出版社 2022 年版,第 40 页。

价值。

1. 当前大学生法治素养现状分析

分析和认识大学生法治素养现状，是培养和塑造新时代大学生法治意识、法治思维的前提和基础。当前大学生法治素养现状主要呈现以下几个方面特征：

（1）大学生更加关注法治建设，但对法治精神的内涵掌握不深

当前，大学生更加关注法治建设，对国家法治建设的相关政策和制度较为关切并有一定了解。他们法治观念较强，对法治教育比较感兴趣，具有自觉提高自身法律知识的潜意识，对关乎自身日常生活学习的相关法律法规，如《宪法》《刑法》《民法典》《著作权法》《消费者权益保护法》《劳动法》《教育法》等，兴趣比较浓厚且掌握程度较以前有明显提升。但是，大学生法治知识储备不够，法治基础比较薄弱，学习主动性不强，在提高自身法治观念的途径选择方面比较困惑，平常不太会主动学习法律法规政策内容，对法治的认识不够全面，对基本法律知识和法治精神的内涵掌握不深。

（2）大学生法治思维基本形成，但思维模式有待深化

大学生对宪法和法律规定的公民基本权利与义务的理解与接受程度较高，这也是作为一名公民对于其参与社会生活应当具备的基本素养的体现。他们更加注重法律公平和正义等作用的发挥，自认为可以做到遵守法律，在社会生活中运用法律的意识已初步形成。但目前很多大学生还没有形成系统的法治思维，在运用法治思维作出价值判断及行为选择方面仍存在不足。有需要求助咨询的法律问题时，不少学生选择优先搜索媒体社交平台，而不是咨询律师及相关人士。部分学生认为对大学生违法犯罪可以网开一面，也有不少大学生守法意识比较淡薄，认为遵守法律是对个性的约束，限制了自己的人身自由，觉得敢于违反法律就是敢于突破陈规陋习，敢于挑战世俗。这些认识显然不利于正确法治观念的培养和巩固，也体现了大学生的法治思维模式有待进一步深化。

（3）大学生尊崇法治的意识增强，但法治信仰有待巩固

新时代大学生对于法治进程中的法律规范性具有更强的敬畏感，绝大多数大

学生拥护并自觉遵守我国当前法律,对于司法程序信任度较高。并且,大多数大学生法律意识较强,当遇到侵权时能够自觉运用法律武器维护合法利益,基本形成法治信仰。但有少数学生缺乏法律意识,或受重道德教育轻法治教育和历史悠久的人治传统因素的影响,或受西方价值观和网络媒体不良信息传播的冲击,及网络"言论极端化""网络审判"等现象的影响,动摇对法治公正的信任和对法治权威性的认知。也有个别大学生对法治存在误解,认为法治也不能从根本上解决种种社会弊病,认为"人治和法治没什么区别",将法治单纯地视为一种"工具"。更有个别大学生认为在中国"权就应该大于法",遇到事情喜欢私了、忍让,认为抗争不能产生什么实际效果,也没有什么实际意义。这些学生的法治观念需要加强,法治信仰有待巩固。

(4)大学生法治行为的实践程度提升,但知行仍存在错位

大学生法治行为体现在行为选择及法治实践等方面。当前,大学生更加注重法律对自身的体验性,以依法维权为例,在面对一些纠纷时,学会依法进行维权尤为重要。调查数据显示,目前大学生群体对于自身合法权益的维护具有较强的法律意识,对于不当行为有较高的判断力,已逐步摆脱传统人情世故的束缚,逐步将其法律思维运用到实际纠纷的判断与处理中来,大多数大学生愿意选择运用法律保护自身与他人的合法权益,并且能够作出正确的价值判断。但是,大学生在知行合一真正实践法治方面仍存在错位,无论是在日常学习生活还是在工作就业方面,大都不愿也不敢很好维护自己的合法权利,他们很少甚至从未运用过法律知识,当自己的合法权利受到侵害,多数人听之任之,自认倒霉。对于法律意识培育与法律实践的关系,他们认为学习法律和真正运用好法律之间仍然存在难度,在现实中仍存在知行合一不足的问题。

通过上述分析可以看出,大学生法治信仰逐步深入人心,对国家的法治建设也更有信心,对法治的总体要求认识更加清晰,特别是对于权利义务意识以及与自身利益密切相关的法律知识掌握程度较高,并对新知识有着比较强烈的学习需求,运用法治思维参与法治实践主动性明显提升。但是,大学生对法治精神的内

涵、法治的作用认知仍须加强，法治意识有待深化，实践中知行合一的程度不高，学法用法的能力有待提升。

为了加强本专题教学的科学性、针对性和严谨性，任课教师应对大学生法治素养现状进行深入调研分析，可以设计符合本校大学生的调查问卷，以期获得更多贴近实际的有价值的信息，发动学生一起开展调研也是个不错的主意。调查问卷设计可以参考以下方案，从中筛选需要了解的项目调整组合成适当的问卷进行调研，也可以从"问卷星"中搜索同类问卷申请复制使用。

2. 当前大学生法治教育现状分析

大学是人生发展的关键阶段，大学生正处于世界观、人生观、价值观、道德观、法治观形成和发展的重要时期。这一时期，大学生急需在学校的正确教育和引导下，不断学习，努力提高和完善自己的思想道德修养和法律素养，对大学生加强法治教育意义重大。调查显示，大学生自身法律知识掌握情况与对我国现行法律法规的遵守程度之间呈明显正相关性，即对自身法治知识掌握水平越有把握的学生，对于我国现行法律法规的遵守程度也明显越高。由此可见，法治知识的储备、法治意识培育对于大学生遵法守法具有明显的效果。

当前，我国法治社会建设为大学生法治教育良好氛围的营造提供了有利条件，为大学生法治实践提供了不少便利，高校作为大学生法治教育的主要实施者，在提升新时代大学生法治素养，为党育人、为国育才方面作出了突出贡献。同时，也应看到大学生法治教育还存在一些需要改进的地方，主要表现在以下几个方面：

一是高校法治教育课程尚未形成体系，教育目标难以全面达成。

据调查，目前高校法治教育运行模式对引导大学生树立正确的法治观念、增长法治知识、培养法治思维虽有成效但仍不够理想。大学生选择法治教育课程渠道较窄，必修环节主要依托"思想道德与法治"课，法律通识课及各类法治教育选修课开设较少。而"思想道德与法治"课的开设目标不仅仅限于培养学生的法治素养，还需要全面提升学生的思想道德修养，难以满足大学生对相关法律知识和能力水平提升的需求。

"思想道德与法治"课的教学内容立足新时代，围绕时代新人的目标，以及怎样成为时代新人这一条主线展开，课程教材在内容设置方面存在比重不均衡现象，向教学体系的有效转化深度不够。"思想道德与法治"教材内容除绪论外一共分为六章，划分为思想道德和法治教育两大部分，但这两大部分的各自占比明显不均衡，前五章均为思想道德部分，法律部分只占最后一章。教材内容明显重思政、轻法治。对任课教师而言，如何在备课和授课过程中将这两大部分内容充分融合、有效贯通，向青年学生集中阐明生存于社会不能任意而为，必须受到约束，帮助学生厘清道德与法律的辩证关系，引导学生提升自身法治素养，成为德法兼修、知行合一的时代新人，如何实现教材体系到教学体系的深度转化是当前亟待解决的问题。

二是任课教师法学知识储备不足，导致课堂实效性不强。

从"思想道德与法治"内容上看，道德和法治是两大主题，需要将两种教育更好地结合，才能实现培养德法兼备的时代新人的目标。课程绝大部分教师都有思想政治教育背景，拥有系统化法学学习经历的教师所占比例过低。法学思维本身同其他学科存在很大差异，如果没有受过充分完整的法学学科训练的话，受到专业限制在教学过程中便不能得心应手，非法学专业的教师很难对法治理论进行更专业化、更深层次的解读。

有些教师在课程教学过程中存在囿于理论或是过度注重形式，导致法治教育不到位。教师虽然都明确要让青年学生在案例中感受法治观念，但教学过程中往往将法律案例教学简单化为举例，做不到选用具有专业特色的案例进行教学，不能及时地回应学生对社会热点问题的关注，引导学生了解、掌握我国现行法律法规。虽然教师大都能使用信息化教学手段进行教学，但存在为信息化而信息化的现象，教学环节流于形式，针对性不强。由于不能熟练运用法学理论对本专题内容进行深入讲解，导致一些教师常常压缩本部分的教学，甚至直接略过这一部分。

三是大学生获取法治知识来源的渠道繁杂，对法治教育产生了不利影响。

大学生思维活跃、自主意识强、信息来源广、求新求异，分析事物仍具有不确定性，面对舆论热议的社会问题时容易被似是而非的观点所迷惑。当前大学生学习法律知识主要有两个途径：学习相关课程和接受媒体宣传。除法学专业学生外，其他专业的学生主要通过公共必修课"思想道德与法治"的学习获得法律认知，少数学生选择法学类公共选修课拓宽知识视野，而媒体的法律宣传是多数非法学专业大学生学习法律知识的直接途径。这两个途径获得的法律知识量比较有限，系统性不强，难以较好地帮助学生树立法治思维与观念。

互联网因传播便捷迅速、覆盖面广等特点对大学生法治认知影响最为深远，由于当前互联网平台的监管和预警机制不到位，导致内容质量良莠不齐。大学生价值观尚未完全确立，容易受到不良思想的影响，从而使得大学生获得法律知识的质量难有保障，法治认知水平参差不齐。当前，互联网已经成为意识形态斗争的主战场，一些西方国家加紧对我国进行价值观渗透，在其错误价值观误导下，部分大学生自主学习兴趣较低，功利化学习倾向严重，对公共法律课程不够重视，更有甚者会因网络媒体中关于我国司法实践片面、不实的报道而对当前的法治建设产生怀疑，这对大学生树立法律权威、巩固法治信仰提出了新的挑战。

四是大学生法治实践渠道有限，实效性及获得感不佳。

法治知识的学习、法治思维的养成，不仅仅源于书本、课堂，还源于实践。对于尚未步入社会的大学生群体而言，直接参与到法治实践中的机会较少，而高校所提供的法律实习基地以及庭审参观等资源大多仅供法学专业学生使用，面向全体学生的实践教学渠道有限，导致法治教育课程内容难以与实践接轨。同时目前学校中设置的法律援助中心以法学专业学生采取志愿服务形式与上级法律援助部门合作开展活动的方式为主，在学生群体中影响力仍待提升，难以真正帮助学生在实践中形成法治思维。

（三）本专题教学效果提升策略探究

高校是普及法律知识、涵养法治文化的重要阵地，对全社会塑造法治意识和弘扬法治精神具有重要的示范作用。为确保这一阵地发挥应有的作用，完成大学生法治教育任务，我们必须改进大学生法治教育中存在的问题，提高对大学生法治教育的重视度，突出其在大学生教育过程中的重要地位，增强大学生法治教育的实效性，为新时代中国特色社会主义事业培养出更多更优秀的建设者和接班人。

为增强当代大学生的法治意识和法治素养，更好地把我国建设成为法治国家，必须不断提升本专题对大学生进行法治教育的效果。

1. 以习近平法治思想为根本指导，深度融入党的二十大精神

为提升新时代大学生法治教育的有效性，必须完善高校法治教育体系，丰富现有课程中新时代中国特色社会主义法治体系内容，为大学生法治素养的提升提供思想指导和制度保障。

教育部思政课教指委专家陈大文教授指出，习近平法治思想是全面依法治国的指导思想和根本遵循，这一思想深刻回答了如何正确处理德治与法治等重大问题，明确提出必须坚持依法治国和以德治国相结合，德法共治。因此，通过"思想道德与法治"课提升大学生法治素养的核心要义，就是坚持以习近平法治思想为根本指导，遵循"德法共治"理念，深入开展新时期高校道德和法治教育，加强法治基本理论与精神的教授，树立正确的价值导向，有效培养和造就"德法兼修"的时代新人。①

党的二十大关于法治建设的重要论断和部署是我们党坚持全面依法治国，推进法治中国建设的政治宣言。把党的二十大精神融入高校法治教育，要准确把握四个着力点：一讲法治思想，着力阐明习近平法治思想的科学内涵和重大意义，引导学生深刻理解习近平法治思想是全面依法治国的根本遵循和行动指南；二讲法治作用，着力阐明社会主义法治固根本、稳预期、利长远的保障作用，引导学生充分认识全面依法治国的战略地位；三讲法治成就，着力阐明新时代全面依法治国的历史性成就，引导学生坚定中国特色社会主义法治道路自信；四讲法治任务，着力阐明新征程推进法治中国建设的主要任务，引导学生正确理解中国特色社会主义法治理论，读懂法治社会建设的"规划图"，增强加快建设社会主义法

① 陈大文：《习近平法治思想融入高校思政课教学的思考》，《社会主义核心价值观研究》2021年第4期。

治国家的使命感和责任感。①（陈大文：党的二十大精神融入高校法治教育的着力点，《思想政治教育研究》，2023 年第 4 期。）

2. 系统设计法治教育方案，拓展全员法治教育渠道

当前，法治中国建设使得大学生对提升自己法律知识的愿望愈加强烈，因此，课程改革势在必行。高校要构建法治教育思想政治理论课＋通识课程群。目前，高校开设的法治教育课程尚不能充分满足法治学习需求，应当鼓励有法学背景法律专长的教师更多开设法律通识选修课，这样不仅能够满足学生需求，也是培养高质量法治素养人才的重要手段。还要加强"思想道德与法治"课程教材中法治教育内容。作为课堂法治教育的主要渠道，"思想道德与法治"课的作用至关重要。从总体上看，教材经几次改版法治教育内容仍然偏少，需要广大任课教师共同努力，转变观念、更新理念，增加法治教育内容的比重，将道德教育和法治教育并重，有效实现道德和法治教育的有效融合、协同共进，以顺应学生期待和时代要求。

同时，法治素养的培育是一个系统工程，必须从宏观层面到微观环节各方面相互配合。在充分利用课程教育的基础上，开展多种形式的校园法治活动，促进校园法治文化建设，将校园作为深化法治教育的第二课堂，营造民主公平的校园环境，实现对学生管理的科学化和法治化，让法治成为师生活动的行为准则，促进大学生形成法治信仰，通过开拓校园内法治教育资源和组织力量，善用"大思政"思维模式进行多维度、多形态的法治教育。还可以将社会、家庭和学校、朋辈的力量整合起来，通力合作，让专业化法治资源走进校园，拉近大学生与社会法治实践的距离，实现全员宣导。加大力度建设拓展大学生法治教育实践基地，定期合理安排学生参与旁听法院庭审，实地观摩律所、监狱、司法场所运行状态，利用假期组织开展社会调查和社会实践活动，并借助新媒体平台资源努力构建一个以校园文化为主导，家庭和社会共同参与的"三位一体"法治氛围，形成全方面、深层次和系统化的"法治教育网"，充分发挥全员法治教育春风化雨、润物无声

① 陈大文：《习近平法治思想融入高校思政课教学的思考》，《社会主义核心价值观研究》2021 年第 4 期。

的力量和优势，提升法治素养的培育成效。

3. 提升任课教师法治素养，创新课程教学方法

高校"思想道德与法治"课教师承担着提升大学生法治素养的重任，教师需要具备较高的法治素养，才能有效增强大学生法治教育的实效。

"学高为师，身正为范"，任课教师应以身示范，积极参加相关培训，不断学习法律基础知识，不断进行深入地学习和理解习近平法治思想和党的二十大精神，及时了解我国最新法律规范的相关内容，在日常生活中自觉运用法治思维，不断提升自身的法治素养，并率先做到将法治理论与中国特色社会主义具体实践相结合，带头将法治知识、法治思维应用到鲜活的现实实践中，切实提高运用法律思维解决具体问题的能力，进而引导学生树立正确的世界观、人生观和价值观，弘扬法治精神、坚定法治信仰，形成法治思维。

同时要改革教学方式，创新课程教学方法，打造精品课程。对于新时代大学生，呆板的、强制性的灌输已不能奏效，必须改变以往简单罗列、堆砌知识点的平铺直叙的教学模式，创新教学手段、方式方法，突出学生的主体性，调动他们学习法律的积极性、主动性。首先，善于运用案例教学法，回应大学生对法治的关切和需求。案例教学在法治教育中的地位十分关键，可以说案例是整个法治教育的细胞。按照课程教学内容和安排，选择学生关注的、容易产生困惑和误解的热点法律问题，选取贴近大学学习生活的真实案例，让学生在汲取法律知识的同时，生动再现法律知识的运用场景，通过"案例选编—案例分析—焦点总结—裁判思路—案例评论"等运行过程，引导学生将学到的法律理论、法律规则，在具体的案例中适用，以案说法、以案普法、以案释法、以案析法，打造教材和教学的契合点，在解决案例的过程中凸显法治思维的重要性，使学生及时有效地了解各项民事权利内容，掌握权益救济的途径，懂得当自身权利受到侵犯时要使用法律武器维护自己权益，养成自觉守法、遇事找法、解决问题靠法的思维习惯和行为方式，加强学生法治思维的培养和塑造，增强法治教育的实效，把学法与育人有机统一起来。其次，善于运用各种教学手段方法，突出教学的实践特色。尝试借助

问题链设置、课前推送、课堂展示、场景再现、案例选编、分组讨论、热点聚焦、案例剖析、模拟法庭、法治微电影、法治短剧、法律辩论、知识竞答、社会调查、法治画报等多种方式，针对相关的法律实施和典型经验，有计划地围绕课堂上所学的法律知识，从实践角度进行深度解读，提高大学生对法律基础知识的认识和把握，深化对法治精神的理解和体会，从而更好培养学生的法治思维和法治意识。再次，适应新时代大学生善用互联网的思维特点，推进信息化教学，充分发挥"互联网＋"作用，利用雨课堂、学习通、智慧树、慕课等网课平台，结合微博、抖音、微信公众号等当前学生喜欢的宣传模式，寓教于学，寓教于乐，形成多维学习空间，改善教学效果，全方位加强法治学习，提升法治素养。（张艳、杨晓燕、张建东编著：《＜思想道德与法治＞专题教学案例解析》，天津大学出版社2022年版。）

4.鼓励学生努力学习法律知识，积极参与法律实践

在社会走向法治的过程中，每个大学生都有责任、有义务去提升自己的法律知识和素质，提高自我维权的能力。学习和掌握一定的法律知识，是提升法治素养的基本前提，法治思维就是运用法律知识和法律方法思考、分析和解决问题的过程。要积极引导大学生注重学习掌握法律条文的核心要义、法律方法的使用路径，积极参与法律实践，提升自身的法治素养。

法律知识一般包含法律法规和法律原理、原则方面的内容，这两部分法律知识对于法治思维培养、法治素养的提升都很重要。针对大学生的特点和成长成才的需要，应当懂得的法律法规主要有：宪法、刑法、国家安全法、民法典、教育法、劳动法、劳动合同法、道路交通安全法、消费者权益保护法、刑事诉讼法、治安管理处罚法等，对这些法律条文的核心要义、法律解释、法律方法的使用路径，大学生应加强学习，勇于探索，主动求知，主动思考，主动交流，真正将法律知识记在脑子里、将法治放进心里，做到入眼入脑入心，增长法律知识，锻炼法治思维，提升法治水平。

任课教师应当重视大学生的主体性，侧重从学法的方法入手，介绍一些适合的学习资源，课堂内外想方设法多为学生提供身临其境的体验机会，引导学生积

极参与法律实践，让他们在实践中增强获得感。比如，通过学生社团、学生会等组织学法活动小组，成立法律社团、法律诊所、法律援助中心，开展校园法治广播、普法知识竞赛、宪法宣传日、法治宣传周活动，开展相关学术讲座、专家报告、主题论坛、竞赛辩论、同台 PK、金课打卡、学术交流、体会分享、参与立法讨论等线上线下品牌活动，进行法治宣传，为学生提供法律帮助，解决学生现实中遇到的法律难题等，使学生通过切身体验深化对有关法律问题的思考，增进对所学知识的理解和掌握，把法律知识转化为尊崇法律的意识和实际行动的能力，增强法治教育的实效性。

六、相关习题解析

（一）课后思考题

1.联系实际谈谈为什么说我国社会主义法律是党的主张和人民意志的共同体现。

答：我国社会主义法律是党的主张和人民意志的共同体现，其主要原因在于：

（1）我国社会主义法律在中国共产党的领导下发展完善，是中国共产党治国理政理念的集中体现，具有鲜明的阶级性；我国社会主义法律着眼于维护最广大人民的根本利益，因而又具有广泛的人民性，是阶级性与人民性的统一。

（2）我国是中国共产党领导下的社会主义国家，人民是国家的主人，制定法律的权力属于人民。中国共产党是中国工人阶级的先锋队，同时是中国人民和中华民族的先锋队，是中国特色社会主义事业的领导核心。社会主义法律维护人民的根本利益，巩固中国共产党的领导地位，体现了党的主张和人民意志的统一。

2.2020 年 11 月，中国共产党历史上首次召开中央全面依法治国工作会议，将习近平法治思想明确为全面依法治国的指导思想。谈谈你对习近平法治思想核心要义的理解。

答：习近平法治思想的核心要义主要包括：

（1）坚持党对全面依法治国的领导，是中国特色社会主义法治的本质特征和内在要求。中国共产党的领导是中国特色社会主义最本质的特征，是社会主义法治最根本的保证。全面依法治国绝不是要削弱党的领导，而是要加强和改善党的领导，不断提高党领导依法治国的能力和水平，巩固党的执政地位。我们必须推进党的领导制度化、法治化，不断完善党的领导体制和工作机制，把党的领导贯彻到全面依法治国全过程和各方面。

（2）坚持以人民为中心，是全面推进依法治国的力量源泉。人民是国家的主人，依法治国的主体。社会主义法治建设必须为了人民、依靠人民、造福人民、保护人民。要依法保障全体公民享有广泛的权利不受侵犯，保证公民的经济、文化、社会等各方面权利得到落实，不断增强人民群众获得感、幸福感、安全感，用法治保障人民安居乐业。

（3）坚持中国特色社会主义法治道路，是全面推进依法治国的发展道路和正确方向。中国特色社会主义法治道路是中国特色社会主义道路在法治领域的具体体现。全面推进依法治国，我们既不走封闭僵化的老路，也不走改旗易帜的邪路，而要从中国国情和实际出发，传承中华优秀传统法律文化，从我国革命、建设、改革的实践中探索适合自己的法治道路，同时学习借鉴人类法治文明的有益成果，为全面建设社会主义现代化国家、实现中华民族伟大复兴夯实法治基础。

（4）坚持依宪治国、依宪执政，是全面推进依法治国的工作重点。宪法是国家的根本大法，是党和人民意志的集中体现，具有最高的法律地位、法律权威、法律效力。坚持依法治国首先要坚持依宪治国，坚持依法执政首先要坚持依宪执政。党领导人民制定宪法法律，领导人民实施宪法法律，党自身必须在宪法法律范围内活动。要坚持宪法确定的中国共产党领导地位不动摇，坚持宪法确定的人民民主专政的国体和人民代表大会制度的政体不动摇。

（5）坚持在法治轨道上推进国家治理体系和治理能力现代化，是实现良法善治的必由之路。坚持全面依法治国，是中国特色社会主义国家制度和国家治理体系的显著优势。法治是国家治理体系和治理能力的重要依托。宪法是国家根本大法，是国家制度和法律法规的总依据。通过宪法法律确认和巩固国家根本制度、基本制度、重要制度，并运用国家强制力保证实施，保障了国家治理体系的系统性、规范性、协调性、稳定性。实现国家治理现代化，必须推进国家治理的制度化、程序化、法治化，在宪法范围内和法治轨道上推进国家治理体系和治理能力现代化。

（6）坚持建设中国特色社会主义法治体系，是全面推进依法治国的发展目标和总抓手。我们要努力形成完备的法律规范体系、高效的法治实施体系、严密的法治监督体系、有力的法治保障体系，形成完善的党内法规体系。充分发挥依法治国和依规治党的互补性作用，确保党既依据宪法法律治国理政，又依据党内法规管党治党、从严治党。坚持依法治国和以德治国相结合，法安天下，德润民心，实现法治和德治相辅相成、相得益彰。

（7）坚持依法治国、依法执政、依法行政共同推进，法治国家、法治政府、法治社会一体建设，是全面推进依法治国的战略布局。全面依法治国是一个系统工程，必须统筹兼顾、把握重点、整体谋划，更加注重系统性、整体性、协同性。

依法治国、依法执政、依法行政是一个有机整体，关键在于党要坚持依法执政、各级政府要坚持依法行政。法治国家、法治政府、法治社会三者各有侧重、相辅相成，法治国家是法治建设的目标，法治政府是建设法治国家的主体，法治社会是构筑法治国家的基础。法治政府建设是重点任务和主体工程，要重点推进，率先突破。

（8）坚持全面推进科学立法、严格执法、公正司法、全民守法，是新时代法治建设的"十六字"方针。在全面推进依法治国的工作格局中，科学立法是前提条件，严格执法是关键环节，公正司法是重要任务，全民守法是基础工程。开启全面依法治国新征程，要完善中国特色社会主义法律体系，加强重点领域、新兴领域、涉外领域立法，提高依法行政水平，完善监察权、审判权、检察权运行和监督机制，促进司法公正，有效发挥法治固根本、稳预期、利长远的保障作用。全面推进依法治国需要全社会共同参与，需要全社会法治观念增强，必须深入开展法治宣传教育，在全社会弘扬社会主义法治精神，建设社会主义法治文化。

（9）坚持统筹推进国内法治和涉外法治，是建设法治强国的必然要求。法治兴则国兴，法治强则国强。面对世界百年未有之大变局，必须统筹推进国内法治发展和涉外法治建设，积极参与全球治理体系改革和建设，加强涉外法治体系建设，加强国际法运用，维护以联合国为核心的国际体系和以国际法为基础的国际秩序，共同应对全球性挑战。中国走向世界，以负责任大国形象参与国际事务，必须善于运用法治，加强国际法治合作，推动全球治理体系改革，构建人类命运共同体。

（10）坚持建设德才兼备的高素质法治工作队伍，是全面推进依法治国的组织保障。全面推进依法治国，必须着力建设一支忠于党、忠于国家、忠于人民、忠于法律的社会主义法治工作队伍，推进法治专门队伍正规化、专业化、职业化，提高职业素养和专业水平。

（11）坚持抓住领导干部这个"关键少数"，是全面推进依法治国的关键问题。全面推进依法治国必须抓住领导干部这个"关键少数"，不断提高他们运用法治思维和法治方式深化改革、推动发展、化解矛盾、维护稳定的能力。要坚持依法治权，用宪法和法律法规设定权力、规范权力、制约权力、监督权力，把权力关进法律和制度的笼子里。

3. 有人说，宪法规定的大多是一些原则性内容且很抽象，而且司法判决一般也不援引宪法条文，因而宪法是一部与公民生活关系不大、高高在上的"闲法"。谈谈如何看待这一说法。

答：这一说法是错误的。主要原因如下：

（1）宪法是我国的根本大法，是我们国家党和人民意志的集中体现，在推动国家统一、民族团结和社会稳定中发挥着极为重要的作用。中国特色社会主义发展道路所取得的重大成就，证明我国的宪法是符合国情、符合实际和符合时代发展要求的好宪法；同时也证明我国的宪法是增进人民福祉、保证人民创造幸福生活的好宪法。

（2）我国宪法并非高高在上的"闲法"，它是国家各项制度和法律法规的总依据，宪法在中国特色社会主义法律体系中处于统帅地位，确定了中国共产党的领导核心地位，规定了国家的根本制度，确立了中国的各项基本制度，在我国的国家运行与治理框架中发挥着不可替代的作用。

（3）我国宪法在中国特色社会主义法律体系中的统帅地位决定其所规定的内容不同于一般法律规定的具体性，因而看似"远离"公民生活；但我国宪法是党和人民意志的集中体现，是实现国家认同、凝聚社会共识、促进个人发展的基本准则，是维系我们国家和民族凝聚力的根本纽带。过去、现在以及未来都将持续性发挥重大作用，服务广大人民。

（4）结合实际谈谈大学生应怎样依法行使权利与履行义务以及如何提升法治素养。

答：任何公民都是享有权利和履行义务的统一体，不允许任何人只享受法律权利而不履行法律义务。

（1）大学生依法行使权利

我国宪法法律规定的权利主要包括政治权利、人身权利、财产权利、社会经济权利、宗教信仰自由及文化教育权利等。

①依法行使法律权利，我们要注意权利行使目的的正当性。行使权利不仅要在形式上符合相关法律的规定，也要符合立法意图和精神，不得违反宪法法律确定的基本原则；行使权利不得破坏公序良俗，妨碍法律的社会功能和法律价值的实现。

②依法行使法律权利，我们要注意权利行使的必要限度，必须在国家法律所许可和规定的限度内来行使权利。

③依法行使权利，我们要注意权利行使方式的法定性。权利行使的方式分为口头方式、书面方式和行为方式，有时口头方式和书面方式可以兼用。我们应在法定范围内选择适当的权利行使方式。

④依法行使权利，我们要注意权利行使的正当程序。通常情况下，行使权利的程序是法律规定的，公民应当严格依照法律规定的程序行使相关权利。

（2）大学生依法履行义务

我国宪法法律规定的义务主要包括维护国家统一和民族团结的义务、遵守宪法和法律的义务、维护祖国安全、荣誉和利益的义务、依法服兵役的义务和依法纳税的义务。

①履行维护国家统一和民族团结的义务。在维护国家统一方面，当代大学生应自觉同破坏国家统一、威胁国家公共安全的行为作坚决斗争；在维护和促进民族团结方面，要尊重少数民族的风俗与文化习惯，参与乃至帮助不发达地区少数民族进行政治经济文化等方面的建设与发展，同一切危害民族团结的言论与行为作斗争。

②履行遵守宪法和法律的义务。具体来说，大学生一是要保守国家秘密；二是爱护公共财产；三是遵守劳动纪律；四是遵守公共秩序；五是尊重社会公德。

③履行维护祖国安全、荣誉和利益的义务。当代大学生在享受宪法法律规定的权利与自由的同时，必须自觉地维护祖国利益，正确处理国家、集体与个人利益之间的相互关系，不得有危害祖国安全、荣誉和利益的行为，并同损害祖国利益的行为作斗争。

④履行依法服兵役的义务，按照相关要求积极服兵役。

⑤履行依法纳税的义务。纳税人既要自觉履行纳税的义务，也要有监督税务机关的执法行为、关心国家对税收的使用、维护自己的合法权益的意识。

（3）如何提升法治素养

①尊重法律权威。尊重法律权威，就要从内心真诚信仰法律，对法律常怀敬畏之心；就要遵守法律，用实际行动保障法律实施；就要服从法律，拥护法律的规定，接受法律的约束，履行法定的义务。

②学习法律知识。法律知识主要包括法律法规方面的知识和法律原理、原则方面的知识，这要求我们既要掌握法律法规在某个问题上的具体规定，又要了解法律的基本原理和法则。而在学习法律知识的具体渠道上，我们既可以从传统的书本等媒介上获得，又可以从新媒体等最新媒介中获得。

③养成守法习惯。守法即任何组织或个人都必须在宪法和法律规定的范围内

活动。养成守法习惯，一方面要求我们要增强规则意识，以法律为准绳严格规范自己的日常行为，依法依规办事；另一方面要求我们守住法律底线，形成底线思维，坚决不越法律雷池半步。

④提高用法能力。一方面大学生要通过增强权利意识，用法处理纠纷和维护自身权利；另一方面也要运用法律来维护社会公共利益，勇于揭露和抵制违法犯罪行为，与损害社会公共利益的违法犯罪行为进行坚决斗争。

（二）考研真题再现

1. 单项选择题（下列每题给出的四个选项中，只有一个选项是最符合题目要求的）

（1）（2023年第14题）党的二十大报告指出，我们要坚持走中国特色社会主义法治道路，建设中国特色社会主义法治体系、建设社会主义法治国家，围绕保障和促进社会公平正义，坚持依法治国、依法执政、依法行政共同推进，坚持法治国家、法治政府、法治社会一体建设，全面推进科学立法、严格执法、公正司法、全民守法，全面推进国家各方面工作法治化。坚持依法治国首先要（　　　）。

A. 坚持依宪治国　　B. 坚持依法行政　　C. 坚持依法执政　　D. 坚持公正司法

【答案】A

【解析】党的二十大报告指出，全面依法治国是国家治理的一场深刻革命，关系党执政兴国，关系人民幸福安康，关系党和国家长治久安。必须更好发挥法治固根本、稳预期、利长远的保障作用，在法治轨道上全面建设社会主义现代化国家。我们要坚持走中国特色社会主义法治道路，建设中国特色社会主义法治体系、建设社会主义法治国家，围绕保障和促进社会公平正义，坚持依法治国、依法执政、依法行政共同推进，坚持法治国家、法治政府、法治社会一体建设，全面推进科学立法、严格执法、公正司法、全民守法，全面推进国家各方面工作法治化。要完善以宪法为核心的中国特色社会主义法律体系。坚持依法治国首先要坚持依宪治国，坚持依法执政首先要坚持依宪执政，坚持宪法确定的中国共产党领导地位不动摇，坚持宪法确定的人民民主专政的国体和人民代表大会制度的政体不动摇。

（2）（2022年第14题）法律作为上层建筑的重要组成部分，不是凭空产生的，也不是永恒存在的，是由一定的社会物质生活条件所决定的。决定法律本质、内容和发展方向的根本因素是（　　）。

A. 地理环境　B. 物质资料的生产方式　C. 人口素质　D. 统治阶级的意志

【答案】B

【解析】法律作为上层建筑的重要组成部分，产生于特定社会物质生活条件基础之上。社会物质生活条件是指与人类生存相关的物质资料生产方式、自然地理环境和人口因素等。其中，物质资料的生产方式（包括生产力与生产关系两个方面）既是决定社会面貌、性质和发展的根本因素，也是决定法律本质、内容和发展方向的根本因素。

（3）（2020年第13题）全面推进依法治国，涉及立法、执法、司法、守法等各个方面，涉及中国特色社会主义事业"五位一体"总体布局的各个领域，必须加强顶层设计、统筹谋划，在实际工作中必须有一个总揽全局、牵引各方的总抓手。全面依法治国的总抓手是（　　）

A. 坚持依法治国和以德治国相结合

B. 建设中国特色社会主义法治体系

C. 坚持有法可依、有法必依、执法必严、违法必究

D. 坚持科学立法、严格执法、公正司法、全民守法

【答案】B

【解析】2014年10月20日，习近平在党的十八届四中全会上所作的《中共中央关于全面推进依法治国若干重大问题的决定》的说明中指出：全面推进依法治国涉及很多方面，在实际工作中必须有一个总揽全局、牵引各方的总抓手，这个总抓手就是建设中国特色社会主义法治体系。

2. 多项选择题（下列每题给出的四个选项中，至少有两个选项是符合题目要求的）

（1）（2023 年第 31 题）法律义务是指由一定的社会物质生活条件所制约的社会责任，是保证法律所规定的义务人按照权利人要求从事一定行为或不从事一定行为以满足权利人利益的法律手段。以下关于法律义务的表述，正确的有（　　　）。

A.法律义务必须依法设定　　B.法律义务是一成不变的

C.法律义务源于现实需要　　D.法律义务是义务人自主实施的行为

【答案】AC

【解析】法律义务与法律权利相对应。法律义务是指由一定的社会物质生活条件所制约的社会责任，是保证法律所规定的义务人按照权利人要求从事一定行为或不从事一定行为以满足权利人利益的法律手段。法律义务具有法定的强制性，违反法律义务必须承担法律责任。法律义务具有以下 4 个特点：第一，法律义务是历史的。法律义务的内容和履行方式随着经济社会的发展和人权保障的进步而不断调整和变化。第二，法律义务源于现实需要。一个国家或地区的制度性质、历史传统、文化背景、宗教信仰和安全形势等因素，会对法律义务的设定产生重要影响。第三，法律义务必须依法设定。法律义务必须由具有法定职权的国家机关依照法律程序设定，其他国家机关不得对公民违法设定法律义务。坚持义务法定，是建设法治国家和保障人权的重要方面。第四，法律义务可能发生变化。公民和社会组织承担的法律义务，在履行的过程中可能会基于法定情形而变更、消灭，或产生新的法律义务。

（2）（2022 年第 31 题）习近平法治思想是全面依法治国的根本遵循和行动指南。2020 年 11 月，习近平在中央全面依法治国工作会议上，用"十一个坚持"对全面依法治国进行了系统阐释、部署，从全面依法治国的政治方向、战略地位、工作布局、主要任务、重大关系、重要保障等方面提出了一系列新理念新观点新论断。其中关于全面依法治国政治方向的是（　　　）

A.坚持党对全面依法治国的领导　　B.坚持以人民为中心

C.坚持中国特色社会主义法治道路　　D.坚持统筹推进国内法治和涉外法治

【答案】ABC

【解析】2020年11月，中央全面依法治国工作会议正式提出习近平法治思想，并将其确立为全面依法治国的指导思想和根本遵循。习近平法治思想的主要内容就是"十一个坚持"：第一，坚持党对全面依法治国的领导。第二，坚持以人民为中心。第三，坚持中国特色社会主义法治道路。第四，坚持依宪治国、依宪执政。第五，坚持在法治轨道上推进国家治理体系和治理能力现代化。第六，坚持建设中国特色社会主义法治体系。第七，坚持依法治国、依法执政、依法行政共同推进，法治国家、法治政府、法治社会一体建设。第八，坚持全面推进科学立法、严格执法、公正司法、全民守法。第九，坚持统筹推进国内法治和涉外法治。第十，坚持建设德才兼备的高素质法治工作队伍。第十一，坚持抓住领导干部这个"关键少数"。其中，前3个坚持是习近平法治思想指明的政治方向，回答全面依法治国由谁领导、依靠谁、走什么道路等。

（3）（2021年第30题）2020年颁布的《中华人民共和国民法典》是新中国第一部以法典命名的法律。这部法典共7编1260条，包括总则、物权、合同、人格权、婚姻家庭、继承、侵权责任以及附则，被称为"社会生活的百科全书"。它系统地整合了新中国成立70多年来司法实践中形成的民事法律规范，汲取和借鉴了中外优秀法治文明建设的有益成果，是一部具有鲜明中国特色、实践特色、时代特色的民法典，开创了我国法典编纂立法的先河。编纂民法典的重大意义是（　　　）。

A. 坚持和完善中国特色社会主义制度的现实需要

B. 推进全面依法治国、推进国家治理体系和治理能力现代化的重大举措

C. 坚持和完善社会主义基本经济制度、推动经济高质量发展的客观要求

D. 增进人民福祉、维护最广大人民根本利益的必然要求

【答案】ABCD

【解析】《中华人民共和国民法典》2020年5月28日在第十三届全国人民代表大会第三次会议通过，自2021年1月1日起施行。编纂一部真正属于中国人民的民法典，是新中国几代人的夙愿。编纂民法典的重大意义在于：第一，编纂

民法典是坚持和完善中国特色社会主义制度的现实需要。第二，编纂民法典是推进全面依法治国、推进国家治理体系和治理能力现代化的重大举措。第三，编纂民法典是坚持和完善社会主义基本经济制度、推动经济高质量发展的客观要求。第四，编纂民法典是增进人民福祉、维护最广大人民根本利益的必然要求。

（4）（2021年第31题）法律权威是指法律在社会生活中的作用力、影响力和公信力，是法律应有的尊严和生命。法律是否具有权威取决于（　　）。

A．法律在国家和社会治理体系中的地位和作用

B．法律本身的科学程度

C．法律在实践中的实施程度

D．法律被国际社会认可和尊崇的程度

【答案】ABC

【解析】法律权威是指法律在社会生活中的作用力、影响力和公信力，是法律应有的尊严和生命。法律是否具有权威，取决于四个基本要素：一是法律在国家和社会治理体系中的地位和作用，只有法律占主导地位和起决定性作用，法律才具有权威；二是法律本身的科学程度，只有法律反映客观规律和人类理性，法律才具有权威；三是法律在实践中的实施程度，只有法律在实践中得到严格实施和遵循，法律才具有权威；四是法律被社会成员尊崇或信仰的程度，只有为人民真诚信仰，法律才具有权威。

（5）（2020年第31题）法律规定公民有表达权，但权利要依法行使，尤其是自媒体时代，人人都有"麦克风"、处处都是"直播间"，这支"麦克风"并不是可以随心所欲使用的，应以法律的相关规定为界限。对行使法律权利界限的正确理解是（　　）。

A．权利行使要有目的的正当性　　B．权利行使的方式具有唯一性

C．权利行使不能超过法定的限度　　D．权利行使要遵循程序正当的原则

【答案】ACD

【解析】在现代法治社会，人们行使任何权利、做任何事情都不能超越法律

界限。行使权利要符合权利行使的目的、限度、方式和程序。第一，权利行使要有目的的正当性。行使法律权利不仅要在形式上符合相关法律的规定，也要符合立法意图和精神，不得违反宪法法律确定的基本原则，保障权利行使的正当性。行使权利不得破坏公序良俗，妨碍法律的社会功能和法律价值的实现。第二，权利行使不能超过法定的限度。任何权利的行使都不是绝对的，都有其相应的限度，必须依照法律规定的限度来行使权利。我国宪法规定，公民在行使自由和权利的时候，不得损害国家的、社会的、集体的利益和其他公民的合法的自由和权利。第三，权利行使的方式分为口头方式、书面方式和行为方式，有时口头方式和书面方式可以兼用。权利行使还可分为直接行使和间接行使。也就是说，权利行使的方式不具有唯一性。第四，权利行使要遵循程序正当的原则。通常情况下，行使权利的程序是法律规定的。

（6）（2019年第31题）中国特色社会主义法治道路的一个鲜明特点，就是坚持依法治国和以德治国相结合。法治和德治，是治国理政不可或缺的两种方式。这是因为法治和德治（　　　）。

A. 发挥作用方式不同　B. 调整范围不同　C. 所处地位不同　D. 实现途径不同

【答案】ABCD

【解析】走中国特色社会主义法治道路，必须坚持依法治国和以德治国相结合。法治和德治，是治国理政不可或缺的两种方式，如车之双轮或鸟之两翼，忽视其中任何一个，都将难以实现国家的长治久安。必须明确：第一，法治和德治所处地位不同。对国家和社会治理而言，法治是治国理政的基本方式，依法治国是基本方略，法治具有根本性、决定性和统一性，它强调对任何人都一律平等，任何人都必须遵守法律。德治是治国理政的重要方式，以德治国就是通过在全社会培育、弘扬社会主义核心价值观和社会主义道德，对不同人群提出有针对性的道德要求。第二，法治和德治调整范围不同。法治依靠法律的作用对公民和社会组织的行为进行约束，以国家强制力为后盾，制裁违法者；德治发挥的是道德引领和教化作用，调整社会关系的范围更加广泛，方式更加灵活，可以弥补法律调整的短板。第三，法治和德治的作用不同。法治和德治对社会成员都具有约束作用，法律规范和道德规范也都具有必须遵守的性质，但约束作用的内在要求和表现形式不同，行为人违反两种规范以后承担的后果也不相同。法治发挥作用要以国家强制力为后盾，主要依靠法律的预测作用、惩罚作用、威慑作用和预防作用对公民和社会组织的行为进行约束，并对违反法律的行为追究法律责任；德治发挥作用主要通过人们的内心信念、传统习俗、社会舆论等进行道德教化，并对违反道德的行为进行道德谴责。第四，法治和德治的实现途径不同。法治主要依靠制定和实施法律规范的形式来推进和实施，国家要保护什么、不保护什么，倡导什么、禁止什么，都得有明确的法律依据，实行法有禁止不得为，体现的是规则之治。德治主要依靠培育和弘扬道德等途径来推进和实施，道德是内心的法律，以价值、精神和理念等形式表现出来，引导人们自觉地在行动上符合道德才可为，违反道德不可为。

3. 材料分析题

（2019年第37题）结合材料回答问题：

2018年9月30日，在我国第五个烈士纪念日到来之时，党和国家领导人同各界代表向天安门广场人民英雄纪念碑敬献花篮，表达着13亿多人民对英烈的深切缅怀和崇高敬意。

人民英雄纪念碑基座上镶嵌的8幅革命历史浮雕，镌刻了从虎门销烟到解放战争时期为争取民族独立和人民幸福而牺牲的人民英雄。这一纪念中国革命胜利的全景图，凝聚了无数先烈的铁骨精魂，更象征着中国人民不忘历史、砥砺奋进的民族精神。

"欲知大道，必先为史。"习近平总书记指出："历史是一面镜子。以史为鉴，才能避免重蹈覆辙。对历史，我们要心怀敬畏、心怀良知。历史无法改变，但未来可以塑造。"

"天地英雄气，千秋尚凛然。"一个有希望的民族不能没有英雄，一个有前途的国家不能没有先锋。英雄烈士的事迹和精神是中华民族共同的历史记忆和宝贵的精神财富。

一段时间以来，历史虚无主义思潮沉渣泛起。社会上质疑英雄烈士、歪曲历史的现象和行为不时出现，造成了极其恶劣的社会影响，引起了社会舆论的高度关注。

在社会各界不断的呼声中，2018 年 4 月 27 日，十三届全国人大常委会第二次会议全票表决通过了《中华人民共和国英雄烈士保护法》，英雄烈士的姓名、肖像、名誉、荣誉受法律保护，禁止歪曲、丑化、亵渎、否定英雄烈士的事迹和精神，宣扬、美化侵略战争和侵略行为将被依法惩处直至追究刑责。

英雄烈士保护法生效一个月后，最高人民法院、最高人民检察院相继下发通知要求依法惩处侵害英雄烈士权益、形象等违法行为；文化和旅游部部署查处抹黑英雄烈士等违法违规经营行为；各主要互联网文化单位纷纷采取措施清理违规信息、视频和账号；多地检察机关针对侵害英雄烈士名誉等问题依法启动诉讼程序。

"昨天你用生命捍卫了我们，今天我们用法律保护你。"网友真挚的话语道出了人们对英雄烈士的敬意和爱戴。

从设立烈士纪念日"立大德于社会"，到缅怀英雄烈士仪式"扬大义于国家"，再到制定英雄烈士保护法"布大信于天下"，一系列致敬英烈、崇尚英雄的国家行动，筑起了民族复兴征程的闪亮灯塔。

摘编自《光明日报》（2018 年 4 月 6 日）、《人民日报》（2018 年 6 月 13 日、10 月 1 日等）

（1）如何理解"英雄烈士的事迹和精神是中华民族共同的历史记忆和宝贵的精神财富"？

（2）从法律社会作用的角度，分析为什么要用法律的名义保护英雄烈士？

【答案要点】（1）人民是历史的创造者，英雄烈士从来都不曾脱离人民，他们是民族精神的代表。各个时期涌现出的英雄烈士以自身坚定执着的信念和无私无畏的言行构筑起特定时代的主流价值，融入中华民族代代相传的历史和文化中，成为中华民族共同的历史记忆。英雄烈士光照历史、感动时代的事迹和精神，引领大众、影响社会，成为推动中华民族伟大复兴宝贵的精神财富。对英雄烈士的心怀崇敬，是为了继承和发扬民族精神，是从历史中汲取养分；对历史虚无主义的反对抵制，是为了树立正确历史观，坚定信念稳步前行。

（2）法律是国家制定或认可并以国家强制力保证实施的反映由特定社会物质生活条件所决定的统治阶级意志的规范体系。歪曲、亵渎英雄烈士的乱象，是对英雄烈士权益和形象的侵犯，应受法律的制裁。我国法律的社会作用体现了社会主义的本质要求，经济发展、政治清明、社会公正等离不开法律的引领、规范和保障。国家通过立法并以法律的名义保护英雄烈士，是捍卫英雄烈士及其所代表的主流价值的体现；也是发挥法律惩恶扬善功能、守护公平正义、维护社会主义核心价值观、弘扬社会主义道德的体现。

【解析】2018年4月27日，十三届全国人大常委会第二次会议全票表决通过了《中华人民共和国英雄烈士保护法》，英雄烈士的姓名、肖像、名誉、荣誉受法律保护。英雄烈士保护法生效一个月后，最高人民法院、最高人民检察院相继下发通知，要求依法惩处侵害英雄烈士权益、形象等违法行为，在社会上引起了热烈的反响，得到人民群众的高度肯定。

英雄烈士的事迹和精神是中华民族共同的历史记忆和宝贵的精神财富。英雄烈士来自人民，是人民群众中的佼佼者，他们是民族精神的代表。英雄烈士的精神融入中华民族代代相传的历史和文化中，成为中华民族共同的历史记忆，成为推动中华民族伟大复兴宝贵的精神财富。所凝聚的民族历史记忆，是当代中国社会核心价值观的重要来源和组成部分，承载了中华民族几代人的共同记忆。崇敬英雄烈士，树立正确历史观，从历史中汲取养分，继承和发扬民族精神，坚定信念稳步前行。

法律是国家制定或认可并以国家强制力保证实施的反映由特定社会物质生活条件所决定的统治阶级意志的规范体系，我国社会主义法律是中国特色社会主义建设的重要保障，我国法律的社会作用体现了社会主义的本质要求，经济发展、政治清明、社会公正等离不开法律的引领、规范和保障。国家通过立法并以法律的名义保护英雄烈士，是捍卫英雄烈士及其所代表的主流价值的体现；也是发挥法律惩恶扬善功能、守护公平正义、维护社会主义核心价值观、弘扬社会主义道德的体现。法律是底线的道德，也是捍卫社会公平正义的最后防线。

七、专题参考资料

[1] 习近平：《高举中国特色社会主义伟大旗帜　为全面建设社会主义现代化国家而团结奋斗——在中国共产党第二十次全国代表大会上的报告》，人民出版社2022年版。

[2] 中共中央宣传部、中央依法治国委员会办公室：《习近平法治思想学习纲要》，人民出版社、学习出版社2021年版。

[3] 中共中央：《法治社会建设实施纲要（2020—2025）》。

[4] 习近平：《论坚持全面依法治国》，中央文献出版社2020版。

[5] 陈大文：《党的二十大精神融入高校法治教育的着力点》，《马克思主义理论学科研究》2023年第4期。

[6] 沈壮海、邢国忠、谢玉进：《〈思想道德与法治（2023年版）〉修订说明和教学建议》，《思想理论教育导刊》2023年第3期。

[7] 邓斌：《习近平法治思想融入高校思政课教学的价值意蕴、内容体系与实践方略》，《思想理论教育导刊》2022年第11期。

[8] 李牧、董明皓：《论全面依法治国视域下的大学生法治教育》，《思想理论教育导刊》2022年第7期。

[9] 陈大文、栗孟杰：《着力引导大学生不断提升法治素养——〈思想道德与法治（2021年版）〉第六章重点难点解析》2021年第11期。

附录：

“思想道德与法治”课程教学情况调查问卷

亲爱的同学：

　　本学期课程即将结束，感谢你积极参与本门课程的学习！现请你对如下问题做真实的意思表达，以期本门课程的教学和管理日趋完善。本次调查目的是了解“德法”课的教学情况，对于你的回答情况，我们予以保密，不计入平时成绩，所有选项及回答内容没有对错之分，只需按真实情况，选出你认为最合适或最接近的答案。请在合适的选项编号上画“√”，一些题目需要你在横线处填写。祝同学们身体健康，学习愉快，期末取得好成绩！

“德法”课程授课教师：

年　　　月　　　日

学生姓名：_____　学号：_____　电子邮箱：_____

第一部分：对“德法”课程的评价

1. 你认为学习“德法”课程最主要目的是？（　　　）

A. 提高自身的思想政治素质　B. 开阔视野　C. 促进专业课学习

D. 拿学分，不学不行　E. 不清楚　F. 其他（请说明）

2. 你在"德法"课程的学习中碰到的障碍是？（　　　）

A. 学习动力不足

B. 学习目标模糊

C. 学习氛围不好

D. 教学方式不合理　　E. 学习内容难懂　　F. 其他（请说明）_____

_____

3. 你上"德法"课程的基本情况是？

选项	从不	偶尔	经常	总是
A. 翘课或缺课				
B. 作业缺交、应付了事				
C. 和老师讨论课程的问题				
D. 和同学讨论课程的问题				
E. 搜集、阅读课程相关的参考资料				
F. 专心上课				

4.（1）你在"德法"课程课堂上的表现是？（　　　）

A. 认真听课，积极参与课堂讨论

B. 紧跟教师的讲课思路，但不参与课堂互动

C. 偶尔听讲和做点笔记

D. 看其他的书或做其他科作业

E. 打瞌睡　　F. 其他（请说明）_____

（2）你在"德法"课程课堂经常喜欢坐的教室位置是？

A. 前三排座位　　B. 中间座位　　C. 靠后位置座位　　D. 最后一排座位

5. 通过学习"德法"课程你是否有收获？

A. 收获很大　　B. 收获较大　　C. 有些收获　　D. 没有收获

6. 如果有收获，主要有哪些收获？（可多选）

A. 提高了自己的思想素质和政治素质

B. 掌握了马克思主义的基本观点、基本立场和基本方法

C. 深入地理解了国家发展战略、重大决策和大政方针

D. 扩展了知识领域，拓展了思维空间　E. 促进了专业课学习，增强了学习动力　F. 提升了自己社会使命感、职业责任感和奉献精神

G. 其他（请说明）_____

7. 你对"德法"课程专题式教学的态度是（　　　）。

A. 非常赞成　　　　B. 基本赞成　　　　C. 无所谓　　　　D. 反对

8.（1）对于本门课程的 32 个专题,你最感兴趣是哪一个?　_____（编号）

（2）以下 32 个专题中,最能体现"两性一度"是哪一个?　_____（编号）

（3）以下 32 个专题中,你最喜欢的五个专题依次是_____（编号）

专题名称	专题名称
1. 时代之问：辨析历史方位	17. 传承弘扬：新时代孝文化
2. 复兴大任：功成不必在我	18. 警钟长鸣：警惕十条诫令
3. 立德知法：提升修为素养	19. 共同追求：全民价值所向
4. 人生初见：探人生之为何	20. 坚定自信：核心价值观念
5. 洞若观火：人生观之树立	21. 道德之行：践履修齐治平
6. 同学少年：如何度过此生	22. 时代先锋：新时代的模范
7. 识人路径：孔明知人七法	23. 道德之问：明晰核心原则
8. 审视评价：人生价值意义	24. 道德观念：大德公德私德
9. 沧海云帆：理想信念之思	25. 道德之辩：舆论习俗信念
10. 志当高远：民族复兴之梦	26. 道德之果：辨别吸收借鉴
11. 中国精神：强国兴国之魂	27. 现身说法：学生涉法案例
12. 爱国主义：中华民族大义	28. 源远流长：中国法律起源
13. 血沃北疆：东北抗联英雄	29. 法家翘楚：韩非其人其书
14. 威武不屈：杨靖宇的故事	30. 学用结合：法律成语解析
15. 精神力量：红色沂蒙故事	31. 根本大法：宪法与大学生
16. 改革创新：接续远航动力	32. 法律观念：何以知学守用

第二部分对"德法"课程老师的评价

9.你对"德法"课程教师教学水平的总体评价？（   ）

A.非常满意　　　　B.基本满意　　　　C.不满意　　　　D.非常不满意

10.你认为"德法"课程授课教师哪几项给你留下了深刻印象？（可多选）
（   ）

A.态度认真，备课充分，能严格要求学生

B.知识渊博、有理论深度和视野开阔

C.注意理论与实践的结合，观点鲜明深刻

D.授课启发性强，鼓励学生独立思考

E.教学手段多样化灵活，善于使用多媒体和网络

F.风趣幽默，注重营造教学氛围

G.常与学生交流，关心学生

H.全程雨课堂的应用，时代感强

I.专题教学非常深入，印象深刻

J.其他（请说明）_____

授课教师最突出特点是:（请填写选项）_____（如没有可写○）

11.（学后感）你对思政课"德法"课程授课教师想说的话是:

_____

_____

_____

_____

学生签名：_____　　　　年　　　月　　　日

后　记

在《"思想道德与法治"专题教学研究》一书即将圆满付梓之际，我深感责任之重与使命之荣。回望撰写此书的过程，每一专题的推敲、每一案例的甄选、每一内容的凝练，都展现了我们《"思想道德与法治"专题教学研究》编写组各位老师对教育事业的无限热爱与对"思政课"的深刻理解。本书撰写工作即将落下帷幕，这不仅仅意味着一段文字创作的结束，更代表着对"思想道德与法治"课专题教学的研究再次开启了一个崭新的历程。

在本书中，我们尝试以"两分两专"为理念，以专题的形式，深入剖析了"思想道德与法治"课程的核心要义与实践路径。从理论体系的构建到教学方法的创新，从传统文化的传承到现代法治理念的融入，我们力求为读者呈现一幅既丰富多彩又逻辑严密的知识图谱和实践路径。然而，知识的海洋浩瀚无垠，教育的实践永无止境，本书虽然已尽我们所能，但仍须在未来继续深化和拓展。书中引用了诸多前辈同行的真知灼见，其中掠美之处尽可能在脚注中注明，当然也有遗漏之可能，在此深表歉意和谢意。

在接下来的日子里，我们将继续关注社会热点，紧贴时代脉搏，将最新的理论成果和实践经验纳入研究视野。同时，我们也期待与更多的教育工作者、学者以及社会各界人士携手合作，共同推动"思想道德与法治"课程建设进一步创新发展。我们相信，通过不懈努力和持续探索，我们能够为培养具有高尚品德、法治观念和社会责任感的新时代大学生贡献更多的智慧和力量。

我要向参与本书编写、编辑、出版和审阅的各位专家和学者表示衷心的感谢。是你们的智慧与汗水，共同铸就了这本凝聚着我们对教育事业深沉热爱的著作。

同时，我也要向广大读者表示最诚挚的感谢和敬意。是你们的关注与支持，给予了我们不断前行的动力与信心。在未来的日子里，我们将继续秉承初心、砥砺前行，为"思政课"建设贡献更大的力量。

在此，我也要向我的家人和朋友们表示由衷的感激，是你们的支持和鼓励让我在写作过程中获得最大的动力。在本书的撰写过程中，临沂大学副校长崔晓红、教务处处长吕慎金、教务处韩小菲；马克思主义学院党委书记颜骁、院长赵长芬；新华出版社等提供了支持和帮助，在此深表谢意。

最后，我要感谢这个时代，在习近平新时代中国特色社会主义思想指导下，让我有更多思考并能得到各个方面的支持去完成本书的撰写。"路虽远，行则将至；事虽难，做则必成。"希望我们携手共进，共同致力于新时代的"思政课"课程改革与建设，共同承担起"思想道德与法治"课传播者与建设者的责任与使命，共同培养出能够担当民族复兴大任的新时代好青年！

杨志刚

2024 年 10 月 30 日